新编21世纪高等职业教育精品教材·公共基础课系列

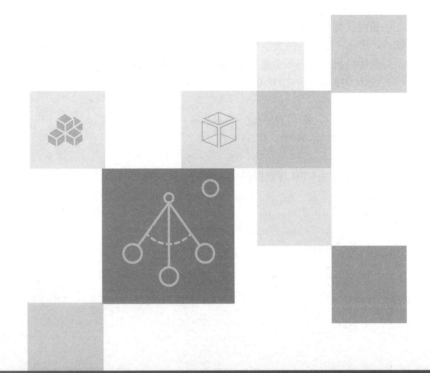

新时代高职生就业指导

XINSHIDAI GAOZHISHENG JIUYE ZHIDAO

主　编◎陶昌学　朱　彦　陈文俊

副主编◎刘建明　严学新　吕永明　曾　琴　周利平　周娅敏

参　编◎梅　欣　陈孝平　杨　鹏　陈瑶玲　徐　飒　李泽东
　　　　吕航亚　唐　玉　王淑华　董　博

中国人民大学出版社
·北京·

图书在版编目（CIP）数据

新时代高职生就业指导 / 陶昌学，朱彦，陈文俊主编. -- 北京：中国人民大学出版社，2023.8

新编21世纪高等职业教育精品教材. 公共基础课系列

ISBN 978-7-300-32038-0

Ⅰ.①新… Ⅱ.①陶…②朱…③陈… Ⅲ.①职业选择–高等职业教育–教材 Ⅳ.①G717.38

中国国家版本馆CIP数据核字（2023）第144317号

新编 21 世纪高等职业教育精品教材·公共基础课系列

新时代高职生就业指导

主　编　陶昌学　朱　彦　陈文俊

副主编　刘建明　严学新　吕永明　曾　琴　周利平　周娅敏

参　编　梅　欣　陈孝平　杨　鹏　陈瑶玲　徐　飒　李泽东

　　　　吕航亚　唐　玉　王淑华　董　博

Xinshidai Gaozhisheng Jiuye Zhidao

出版发行	中国人民大学出版社			
社　　址	北京中关村大街 31 号		邮政编码	100080
电　　话	010 - 62511242（总编室）		010 - 62511770（质管部）	
	010 - 82501766（邮购部）		010 - 62514148（门市部）	
	010 - 62515195（发行公司）		010 - 62515275（盗版举报）	
网　　址	http://www.crup.com.cn			
经　　销	新华书店			
印　　刷	北京七色印务有限公司			
开　　本	787 mm×1092 mm　1/16		版　　次	2023 年 8 月第 1 版
印　　张	16.25		印　　次	2023 年 8 月第 1 次印刷
字　　数	322 000		定　　价	42.50 元

版权所有　　侵权必究　　印装差错　　负责调换

党的二十大报告指出，要统筹职业教育、高等教育、继续教育协同创新，推进职普融通、产教融合、科教融汇，优化职业教育类型定位，充分体现了党和国家对职业教育的关心和重视。目前我国已建成全世界规模最大的职业教育体系，中高职学校每年培养1000多万高素质技术技能人才，为经济社会发展提供了源源不断的技术技能人才。切实加强教材建设，编写质量可靠的优质教材，是贯彻落实党的二十大精神，为新时代职业教育贡献一份力量的重要体现。

职业教育是为国家培养技术技能人才、促进就业创业、推动制造强国和服务中国式现代化建设不可替代的类型教育。这些年来，各级党委和政府认真贯彻党中央、国务院决策部署，大力推进职业教育发展并取得显著成绩。各职业院校坚持以习近平新时代中国特色社会主义思想为指导，坚持为党育人、为国育才，落实立德树人根本任务，着眼服务中国式现代化建设、推动职业教育高质量发展，着力推进改革创新，借鉴国内外先进经验，努力建设高水平、高层次的技术技能人才培养体系。

为了帮助职业院校学生掌握就业、择业的基本知识与技能，增强就业竞争力，本书结合高等职业院校的教育教学改革和现行的就业政策、就业形势，以用人单位的现实需求为导向，理论联系实际，全面阐述了新时期大学生就业工作的新理念，凸显了时代性和实用性。全书从认识大学生就业、就业途径与求职方式、就业准备与心理调适、求职技巧与职场礼仪、提升就业能力、就业权益与保障、职业适应与发展、大学生自主创业等方面做了指导与阐述，提出了大学生就业指导的思路和方法，有针对性地指导广大高校毕业生全面系统地认识就业与择业的关系，客观评估自己的就业能力和素养，正确树立科学的就业观念和职业理想，掌握毕业求职阶段所需的相关知识和求职技巧，帮助大学生理智地处理好就业过程中的各类问题。这些理论和方法有助于当代大学生将个人理想、社会需求和国家建设需要有机结合起来，对帮助大学生顺利步入社会具有很强的指导作用。

本书既可作为各类高职院校开设大学生就业指导的教材，又可作为从事大学生就业指导工作人员的培训教材及其他择业人员的自学参考书。

本书共分九章三十一节，由陶昌学统稿。第一章、第二章由朱彦编写；第三章由陈文俊编写；第四章、第五章由陶昌学编写；第六章由刘建明、严学新编写；第七章、第八章由吕永明、曾琴编写；第九章由周利平、周娅敏编写。

在本书的编写过程中，编写组结合了自身多年的教学和实践经验，同时引用了国家关于就业方面的相关政策文件，借鉴了相关大学生就业指导的文献资料和研究成果。在本书编写中，黄勇林教授给予了大力支持和指导帮助，在此，谨向黄勇林教授及各位学者表示衷心的感谢！书中难免出现一些不足之处，恳请广大读者提出宝贵意见，也请专家学者批评指正，我们将努力改进、不断提高本书质量，在此深表感谢。

本书编写组

目录

第一章 认识大学生就业

　　大学生是我国宝贵的人力资源，对我国实施科教兴国战略以及实现中华民族伟大复兴有着举足轻重的作用。在当前大学生就业形势较为严峻的背景下，做好大学生就业工作至关重要。妥善解决大学生就业问题是当前社会发展进程中的一个重要课题，也是关系政府、社会、高校和大学生本人的一个系统工程。因此，分析大学生的就业形势、找出影响大学生就业的因素、提出促进大学生就业的新途径和新思路、探索营造大学生就业的良好外部环境，具有重要的理论和现实意义。

学习目标

1. 了解大学生就业指导的含义、任务及内容。
2. 了解大学生就业现状，能够正确认识当前就业形势。
3. 掌握影响大学生就业的因素。
4. 熟悉我国现行就业制度及政策。

案例导入

　　小张是某高校自动化专业2020届的毕业生，直到2021年9月，他还没有落实自己的就业单位。他一直希望毕业后能够到经济水平较高的城市工作，同时希望自己能够在毕业后拿到可观的薪酬。在2020年的冬季和2021年的春季，他相继参加了学校、政府、企业组织的数十场招聘会，投递了近百份的个人简历。结果，一些用人单位总是有地域、薪资等条件无法满足他的需求，而一些心仪的用人单位却因为他的综合成绩、实践经历等条件不符合要求选择与他"擦肩而过"。

　　小张的择业思想在毕业生求职过程中具有一定的代表性。不少毕业生过于向往经济发达地区，尤其是沿海地区的中心城市，最低的期望也是回到自己家乡所在地的中心城市。这些大学生只关注经济文化发达、工作环境优越的一面，而忽视了这些地区人才济济的一面。他们的择业期望高，从而导致主观意愿与现实需求之间存在巨大落差。

　　如今，像小张这样过分看重单位所在地的毕业生不在少数。某高校2020届毕业生的抽样问卷调查结果显示：在衡量单位是否符合个人选择标准时，大多数毕业生选择地域好、薪资高的单位，许多毕业生对目标单位的要求是地处大中城市；愿意到急需人才的边远地区、艰苦行业的毕业生很少。这些同学如果不能认清形势、积极调整心态，就会处于"高不成、低不就"的尴尬状态，找不到适合的就业单位。

第一节　就业指导概述

一、大学生就业指导的含义

大学生就业指导可分为狭义和广义两大类。狭义的就业指导是为大学生传递就业信息，并给予指导的过程。广义的就业指导包括预测有就业需求的劳动力资源、社会需求量，收集、传递就业信息，培养劳动力劳动技能，组织劳动力市场以及推荐、介绍、组织招聘等与就业有关的综合性社会咨询、服务活动；同时，还包括就业政策导向和与之相应的思想教育工作。简言之，大学生就业指导就是指帮助大学生根据自身特点和社会职业需求，选择最能发挥自己才能的职业，迅速、高质量地完成工作，实现自己的人生价值和社会价值的活动。

二、大学生就业指导的任务

大学生就业指导的主要任务包括 3 个方面：政策指导、思想指导和技巧指导，如图 1–1 所示。

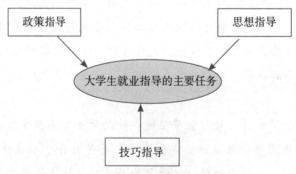

图 1–1　大学生就业指导的主要任务

（一）政策指导

如果大学生对国家的就业政策缺乏了解，那么，在择业时就可能具有很大的随意性和盲目性。国家的就业政策涵盖了与大学生就业相关的法律和法规，以及就业岗位的描述、就业时所享受的待遇和获得这些岗位的方式。

什么是基层就业？国家鼓励大学生到基层就业的主要优惠政策包括哪些？到基层就业如何办理户口、档案、党团关系等手续？目前社会或者各高校编制的《毕业生就业指导手册》涵盖了大部分相关的国家政策指导内容。

（二）思想指导

大学生就业思想指导是指对大学生关于世界观、人生观、成才观、择业观的教育，就业指导中的思想指导主要包括择业定位、职业生涯规划、择业心理调适、诚信就业教育、创业教育等内容。

1. 适应社会与自身发展的指导思想

帮助大学生树立正确的成才观和择业观是思想指导的一项重要内容。大学生主要应从自身实际、主动适应社会发展需要两个维度，认真做好职业生涯规划和择业定位。

当今社会，大学生的择业标准呈现出多样化、多元化的特点，指导大学生择业的基本原则是把个人理想与国家需要结合起来，避免和纠正大学生在择业上的短视行为，抵制眼前功利的诱惑，做到以事业为重、以国家需要为重，勇于到基层去、到祖国最需要的地方去，为全面建设小康社会、构建和谐社会建功立业，实现人生的价值。

2. 培养大学生诚实、守信的就业态度

开展诚信就业教育，帮助大学生确立高尚的求职道德是思想指导的另一项重要内容。鼓励大学生养成诚实正直、实事求是、与人为善的态度，反对在求职择业时吹嘘自己、贬低别人、弄虚作假，认识到拉关系、走后门等是不正当竞争。通过就业指导，大学生应该懂得，缺乏良好道德修养的人是难以顺利成才的，特别是在当今社会主义市场经济日益发达的环境中，个人的信誉和职业道德尤为重要。

思想指导的内容还包括帮助大学生调适就业心态，选择正确的成才道路。大学生要认识到一个人是否能够成功，是个人主观努力和抓住适当机遇的结果。通过思想指导，大学生可以正确地处理社会需要与个人成才、成才与发财、事业与生活、个人与集体、个人与他人的关系，以积极进取的健康心态过好"就业关"。

（三）技巧指导

技巧指导是就业指导的主要内容之一。在求职过程中，一些大学生不仅思想准备不足，对就业政策掌握较少，而且对就业程序、应聘技巧、个人自荐材料的准备以及应有的礼仪和言谈举止等方面缺乏相应的了解。求职技巧指导在大学生就业指导过程中显得非常必要。

三、大学生就业指导的内容

大学生就业指导的主要内容，通常包括提供信息、评价指导、择业咨询、就业教育 4 个方面，如图 1-2 所示。

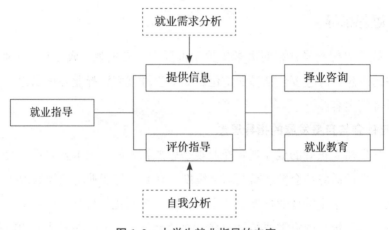

图 1-2　大学生就业指导的内容

（一）提供信息

提供信息又称提供就业信息，是指学校或相关单位以大学生求职择业意向为前提，为大学生提供准确的职业需求信息，包括哪里有就业需求、需求量、需求岗位的具体要求等。需求信息可由学校就业部门集中统一发布，也可建立信息库供大学生查询，还可由用人单位通过广告形式直接向求职的大学生公布。这项工作的重点是对信息进行分类整理和统计，并对就业形势进行预测分析。

（二）评价指导

评价指导又称自我评价指导，是指就业指导者通过谈话、观察、问卷调查、心理测验等方式，对大学生的个性、能力、职业倾向、知识结构与专业特长等方面进行客观评估，并把这种评价反馈给大学生的过程。评价指导的作用是帮助大学生客观认识自己，做好就业定位，选择最适合自己、最能发挥自己潜能的职业。

（三）择业咨询

择业咨询也称就业咨询，是指被咨询者以问答的形式，回答大学生与就业有关的各种问题，为大学生选择职业提供必要的建议，是双方对一些问题的共同探讨和平等协商。择业咨询既可以是面对面的，也可以是书面的，还可以通过电子邮件或者网络平台进行。

咨询的内容通常包括职业信息、大学生自我评价、就业政策、择业心理、求职技巧等方面。

被咨询者既可以是教师或就业指导者，也可以是家长、亲友、同学、校友。择业咨询具有针对性强、不受时间和地点的限制、气氛宽松、方式灵活多样的特点。择业咨询在就业指导工作中具有十分重要的意义。

（四）就业教育

就业教育主要是指就业教育主讲人采用面授、讨论、分析案例或情景模拟的形式，针对大学生就业过程中面临的各种问题进行辅导。常用的就业教育形式包括为大学生开设就业指导课程，不定期地举办就业指导讲座，个别谈话等。

就业教育主讲人多是具体从事就业指导工作、经验丰富的教师或就业指导服务部门的领导。此种就业指导方式的主要特点是内容正规、系统、全面，所提供的就业信息和就业政策具有权威性。

四、就业指导与职业生涯规划

就业指导是在大学生职业生涯规划的基础上进行的。职业生涯规划又称职业生涯设计，是指在对自己职业生涯的主客观条件进行测定、分析、总结的基础上，对自己的兴趣、爱好、能力、特点等进行综合分析与权衡，结合时代特点，根据自己的职业倾向，确定最佳的职业奋斗目标，并为实现这一目标做出行之有效的安排的过程。

就业指导具有全程指导与个性化咨询相结合的特点。全程指导是指对大学生职业生涯的规划和就业的指导工作贯穿于整个大学阶段。个性化咨询是指根据每一个大学生的特点，有针对性地进行就业指导，使每一个大学生的职业生涯规划指导都不同于他人。

微课

职业生涯规划

职业生涯规划是一个持续发展的过程，以此为依据的大学生就业指导在各阶段具有不同的内容和特点。

（一）围绕职业教育开展就业指导

对入学新生的就业指导应该围绕职业教育展开。大学生的主要任务是客观地认识自我，能够回答自己是谁，即自己的个性是怎样的；自己想要什么，即自己的职业目标是什么；自己会什么，即自己现在的知识与能力有哪些；自己该做什么，即围绕自己的职业目标该做些什么；除完成自己的学习目标外，还应该做哪些事情，即确定自己在大学期间的职业发展规划与计划。

（二）对照职业发展规划与计划进行检验

高职二年级与三年级的大学生应该对照职业发展一年级所做的职业发展规划与计划进行检验，回答这样的问题：我做了些什么，即是不是完成了计划、做得如何；完成计划的程度，即事情做得怎么样；我还应该做什么，即新的任务是什么。这一阶段也是大学生职业目标调整的阶段，如果没有实现以前的目标，就应该考虑自己能力与目标的匹配性、时间与目标的匹配性，以便修正自己的目标，制定新的计划。

（三）结合具体就业意向开展就业指导

高职三年级的就业指导工作就要结合具体就业意向展开，如大学生如何应聘、如何签订三方协议书、如何维护自己的权利、升本科应该做哪些准备、考公务员有哪些政策。学校主要提供就业信息、政策与法规，就业技巧等内容。

第二节　大学生面临的就业形势

就业形势直接关系到每一位大学生的择业历程，了解就业形势对于大学生是非常必要的。通过理解和分析，大学生能更加清楚就业形势，以便提前做好心理准备。就业形势直接影响大学生的就业率和就业质量。制定合理的职业目标，并做出科学的职业生涯规划，有利于大学生更好地根据自身条件和当前所面临的机遇与挑战，积极转变观念，实现主动就业。

一、大学生就业现状

我国高等教育已经实现了由"精英教育"向"大众教育"转变，高校大学生就业到了一个新阶段。近些年，全国高校毕业生人数逐年增长。大学生就业现状的特点主要体现在以下几个方面：

（一）总体就业形势分析

近年来高校持续扩招，我国高校毕业生人数逐年递增。根据教育部的统计，2014

年全国普通高校毕业生人数突破 700 万人；2018 年全国普通高校毕业生人数突破 800 万人；2021 年全国普通高校毕业生规模高达 900 余万人；2022 年全国普通高校毕业生人数突破 1 000 万人。

2022 年 11 月 15 日，教育部、人力资源和社会保障部召开 2023 届全国普通高校毕业生就业创业工作网络视频会议，全面部署做好 2023 届高校毕业生就业创业工作。会议指出，2023 届高校毕业生规模预计 1 158 万人，同比增加 82 万人。

由于高校毕业生人数持续增长，毕业生的就业需求越来越大，就业竞争也越来越激烈。

（二）差距扩大

地域方面，北京、上海等发达地区用人需求旺盛，需求总量大于当地的生源数；而中西部不少省、自治区虽然有较大的用人需求，但由于工作和生活条件相对一般，往往招不到合适的人才，于是出现了"有人没地方去，有地方没人去"的现象。

"双一流"高校毕业生的就业情况较好，其他院校次之。

（三）专业"冷暖不一"

有些大学生在填报高考志愿时，热衷于高薪行业的相关专业，结果是这些"热门"专业的大学生数量陡然增加，"冷门"专业的大学生数量急剧减少；同时，一些具有专业特色的高校为了追求综合发展，纷纷开设"热门"专业，减少"冷门"专业，使得"热门"专业的人才培养数量远远高于市场的需求，市场出现人才过剩的情况。此外，一些专业院校的办学经验较少、教学资源不足，造成这些"热门"专业大学生的知识技能不精通，缺乏有效的市场竞争力，无法充分地展示自己，最终无法从事理想的行业。专业"冷暖不一"的情况直接影响了当前大学生的就业现状，甚至出现了"'热门'专业就业不'热'，'冷门'专业就业不'冷'"的现象。

（四）就业机会不均等

当前的就业形势使得大学生的就业方向更加灵活。目前多数大学生通过"自主择业""竞争择业"等途径就业。由于就业市场中的法律法规并不完善，而"自主择业"又存在激烈竞争，因此出现了同等教育程度下不同大学生有不同就业效果的现象。

大学生面临的
就业形势

另外，在就业市场中，存在一定程度的性别差异问题。《中华人民共和国劳动法》明确规定："妇女享有与男子平等的就业权利。"但在实际就业中，某些就业岗位还是存在一定的性别差异。

此外，一些单位在网络招聘时，在选拔人才的环节上，对应聘者的学历、身高、相貌等方面有所限制。

（五）应届毕业生优势不明显

近年来，部分单位出于对工作效率及员工培训成本等方面的考虑，部分岗位很少招收应届毕业生。原因主要有两个方面：一方面，应届毕业生缺乏相关工作经验，无法独立完成工作，如果先进行相关业务培训，那么需要花费的培训成本较高；另一方面，应届毕业生工作心态不稳定，频繁跳槽，人才流失率较高，也许会给单位带来不必要的损失。

体验活动

调查一下你所认识的往届毕业生目前从事什么工作，他们认为目前就业形势如何。结合自己所学专业，畅想一下你毕业时就业形势会是什么样的。

知识拓展

平等就业

平等就业一般体现为：任何公民都享有平等就业的权利。在应聘某一职位时，任何公民都须平等地参与竞争，任何人不得享有特权，任何人也不得受到歧视。平等不同于同等，平等是指对于符合要求、符合特殊职位条件的人要平等对待。在就业问题上，各级政府应制定政策、采取措施，本着扶持、援助就业困难人员的原则，消除歧视，创造平等就业的环境。

二、影响大学生就业的因素

当前大学生面临的就业形势，既受到社会环境、用人单位、学校等方面的客观因素的影响，也受到大学生自身主观因素的影响。这些外在的客观因素以及大学生自身主观因素的局限性，是影响大学生就业的主要因素，也是大学生就业时无法避免的问题。

（一）社会环境方面

政府决策影响经济发展，经济发展水平影响社会需求，而社会需求影响大学生的就业状况。例如：高校大学生技术技能与社会需求不相符，致使劳动力市场供求失衡。

（二）用人单位方面

不少用人单位在选择大学生时或多或少存在误区。这些误区主要有以下几个方面：

第一，过分关注学历。部分用人单位认为，学历越高越好。选人学历化，造成受聘人员水平和能力与岗位不相适应，或造成人才浪费。现实工作中，有些人的能力与学历并不完全相等。

第二，存在性别差异。在同等情况下，少数用人单位考虑到女性生理因素、婚姻因素、成就动机，以及生育保险费和女性劳动保护费用等，更倾向于录用男性。

第三，生源地域差异。部分用人单位考虑到本单位的业务情况与地方联系的紧密程度，希望受聘者熟悉当地方言及风俗，选用人才时优先考虑本地人才。

第四，用人单位忽视大学生的潜力和可塑性，过分看重工作经验。经验不足是大学生最大的劣势之一，不少用人单位经营状况不佳，急于招聘某一方面的"能人"，并且希望他们很快给企业带来变化，而一般大学生无法满足用人单位此项要求。其实经验都是在实践中培养起来的，多数大学生有较高的理论水平，经过短期实践可以胜任岗位。

（三）学校方面

学校影响大学生就业情况，主要表现在以下方面：

第一，部分学校的学科设置与市场需求之间存在结构性矛盾。一些学科设置得过窄过细，导致培养的大学生就业面较窄，不能适应社会需求，就业机会少；一些专业设置的人才培养模式不合理，没有随着社会的发展而调整，滞后于社会发展；一些教学计划、教学模式和教材与时代脱节，培养的大学生在知识结构、思维模式等方面与社会的需求有较大差距，使人职匹配产生错位，形成了结构性就业矛盾。

第二，部分学校市场信息灵敏度不够。随着高校的扩招，一些学校追求短期效应，不顾自身的实力，盲目开办一些"热门"专业，导致"专业趋同"现象十分严重，造成人才过剩；一些学校不及时减少"冷门"专业的招生人数，导致部分大学生"未毕业先失业"；部分学历证书不能有效反映大学生的职业能力。

（四）大学生自身方面

大学生自身存在的一些问题也会影响就业。部分大学生对自己的认知不明确，不能立足现实、放眼长远，导致无法从根本上解决就业问题。

1. 对于定位缺乏理性思考

有些大学生在就业前夕，过高地估计自己的实力，觉得自己具有一定的专业知识，学业上也有一技之长，不担心找不到合适的工作，从而忽视社会的实际需求。这种大学生一般表现为：在求职过程中挑三拣四，要求过高；获得工作岗位后不珍惜，不能脚踏实地工作，心态浮躁、朝三暮四，总觉得后面还有更好的工作，时时刻刻寻找"跳槽"的机会。准备求职的大学生一定要正确认识自己，避免求职过于理想化而陷入就业误区。

2. 过分强调专业对口

有些大学生对自己所学的专业引以为豪，认为父母全力以赴地供养自己上大学，就是为了学习心仪的专业。这些大学生会认为，职业必须与所学的专业对口，这样才能学以致用，具体表现为：在求职过程中，片面考虑职业是否与所学专业对口，择业余地较小，因而常常遭遇失败；若从事的职业与专业不对口，就会觉得工作不理想，导致工作不踏实，缺乏干劲，没有激情。

大学生择业时过分追求专业对口，其实是在给自己的求职制造障碍，因为后续的学习要远比专业对口重要得多。因此，大学生在求职过程中一定要把目光放长远一些。大学生只有在工作中不断学习，才能真正做到理论和实践相结合，才有可能在今后的工作中取得更大的成就。

3. 期望与能力不匹配

有些大学生在就业前很少接触社会，自以为历经"十年寒窗"，有知识、有能力、懂技术，择业时热衷寻找较为稳定、经济收入高、地域条件好、环境舒适的单位，不愿到条件艰苦、地域偏僻、信息闭塞、交通不便的地方去锻炼。事实上，他们的知识技能远远达不到所期望职业的现实要求，导致最后出现"高不成，低不就"的现象。

 知识拓展

记住三点，应届毕业生就业并不难

（1）细节决定成败。随着社会的快速发展，企业对人才的考查已不只是专业、技能、经验，还考查性格、是否合群、创新能力。可有些求职者没有真正领会"勿以恶小而为之，勿以善小而不为"的古训，导致求职屡屡失败。

（2）突出自己的优势。应届毕业生与社会人士相比有不足之处，但未必所有方面都居人之下。应届毕业生如果在求职过程中能将自己的性格特征、专业优势、亮点表现出来，或许能让用人单位耳目一新，被录用的可能性就会增加。有时候，一些应届毕业生因为不能突出自己的优势特长而导致求职失败。

（3）乐意从基层干起。万丈高楼平地起，如果应届毕业生不愿意到基层接受锻炼，那么，有哪家企业敢冒风险，将项目交给一个几乎没有抵御风险能力的新手完成呢？应届毕业生想成为企业的顶梁柱，还需要在社会这所大学中，到基层去吃苦。相信能够看到生活的残酷，又勇于不断前行的人，才是真正的"赢家"！

4. 乐于舒适，不愿意到艰苦岗位工作

有些大学生家庭环境比较优越，衣食住行比较舒适，社会交际面相对广泛，具有一定的社会基础；有些大学生习惯安稳舒适，在社会上经历风雨的机会比较少，在意志上比较脆弱、胆怯，在行动上逃避、退缩。他们只愿意到舒适、优越的岗位工作，在面对艰苦的岗位时，往往打退堂鼓，宁可待业，也不愿意到艰苦的岗位去就业。

5. 心境浮躁，行动盲从

有些大学生入学时成绩平平，虽然拼搏努力，但成绩并不突出。通过几年大学生活的历练，他们虽然具备了一些特长和优势，但缺乏实践经验。因此，当他们步入社会，选择职业时，就会表现出心境浮躁，不确定自己的择业方向和发展目标，遇到问题不知所措，或盲目找份工作维持生活，或频繁更换岗位。

 精选案例

> 小杨所学专业为计算机，毕业之后他到一家计算机公司干了两个月。他觉得公司的销售业务量大、技术含量小，学不到太多有用的知识，于是跳槽到了一家软件公司。他以为这下有学习的机会了，结果工作项目拿不下来，自身技术也跟不上，工作中所涉及的知识与自己原来所学专业关联性不大，工作质量和进度都不能满足公司要求。上级领导很生气："这是公司，不是培训班！"最终小杨被"炒了鱿鱼"。两个月后，小杨才找到了一家专做弱电的公司，公司业务范围很广，电子、通信、计算机都能用上，小杨和几个老员工负责的是局域网安装。工作中，小杨看不惯的事情很多。单调重复的工作、紧张疲惫的加班以及沉闷压抑的气氛再一次让小杨有了离开的念头。

一些刚毕业的大学生缺乏职业规划，自我认知不够，不知道自己可以从事哪些职业。大学生要明确，找工作就是人岗匹配，不能高攀，抱有高攀的心理就很难达到期望；也不能随意将就，否则会浪费自己的资源，心态不好致使跳槽。从工作第一天开始，大学生就要锻炼自己各方面的能力，扬长避短。虚心、耐心、热心、诚心地面对自己的工作，这是对职场新人基本的素质要求。大学生只要认真地培养自身扎实的工作作风和敬业精神，充分展现自己的才能，就能获得用人单位的欣赏，个人的心态也会积极开朗。

三、大学生的就业前景

大学生要充分利用当前国家营造的相对宽松的就业环境，主动投身于就业环境中，以进取的态势，积极参与就业竞争，做好参与竞争的各种准备。大学生具有独特的优势，也面临新的挑战及机遇。一方面，大学生的数量不断增多，一直呈增长的趋势；另一方面，大学生的就业理念亟待转变。大学生需要培养适应社会、融入社会的能力，破除传统的就业观念，建立多元化的就业理念，不断提升自己的就业能力，这样才能在就业市场中凸显自身优势。

（一）经济健康快速发展为大学生就业提供广阔的舞台

从国家社会经济发展的趋势来看，大学生的就业前景总体上是非常乐观的，经济增长与产业结构升级将为大学生就业创造广阔的空间。特别重要的是，伴随我国经济结构的调整，市场对大学生的需求将会更大。传统产业加速转型升级，企业会对员工文化水平的要求有所提高，企业需要更多高素质人才作支撑，因此对高素质人才的需求进一步提升。

（二）就业政策促进就业效应进一步显现

就业政策的持续优化将为大学生从学校到单位的转换创造更好的就业环境。

一是"拓渠道"。针对灵活就业形式多样、主体多元的特点，突出加大对个体经营、非全日制、新就业形态的支持。在个体经营方面，主要是引导劳动者创办投资小、见效快、易转型、风险小的小规模经济实体，支持发展各类特色小店，给予创业担保贷款、税收优惠、创业补贴等政策支持。在非全日制方面，主要是推动非全日制劳动者较为集中的保洁绿化、批发零售、建筑装修等行业提质扩容，增强养老、托幼和社会工作等社区服务业吸纳就业能力，对符合条件人员给予社保补贴。在新就业形态方面，主要是实施包容审慎监管，推动网络零售、移动出行、线上教育培训、互联网医疗、在线娱乐等行业发展。

二是"优环境"。针对灵活就业人员自主创业，重点在审批管理、资金、场地等方面给予政策支持，提出"四免"政策：（1）免营业执照，对在指定场所和时间内销售农副产品、日常生活用品或从事便民劳务活动符合条件的，无须办理营业执照；（2）免部分收费，取消涉及灵活就业的行政事业性收费，对经批准占道经营的，免征城市道路占用费；（3）免租金，落实阶段性减免国有房产租金政策，鼓励各类业主减免或缓收房租；（4）免费提供场地，鼓励有条件的地方将社区综合服务设施闲置空间等改造为免费的经营场地，优先向重点群体提供。

三是"强保障"。针对培训服务少、维权渠道窄、抗风险能力弱等不足之处，重点从新职业开发、针对性培训、就业服务、权益保障等方面强化扶持。在新职业开发方面，动态发布新职业，创造更多直播销售、网约配送、社群健康等新就业形态；在针对性培训方面，开展针对性创业培训、技能培训，增强劳动者就业能力；在就业服务方面，拓宽公共就业信息服务范围，鼓励人力资源服务机构提供专业化服务，促进灵活就业供求对接。同时，还要加强维护劳动保障权益，加大对困难灵活就业人员帮扶力度。

（三）高等教育持续改革促进大学生就业能力提升

第一，高等教育改革更加关注大学生就业能力的市场内涵。我国经济的市场化、知识化与全球化使得就业政策与教育政策正在围绕"职业路径"进行重组，教育与工作联结的机制，有助于提升大学生就业能力，实现充分就业与满意就业的目标。高校已经开始强化对外部市场的反应速度和能力，增强高校的人才培养质量和竞争能力，加大高校的投入和产出的效率，这极大地提升了大学生的就业能力，消除了大学生劳动力市场上的结构性失业问题。

第二，高校正在将就业能力的市场内涵转化为教学创新行动。在教学创新行动方面，高校不断尝试以强化通识教育为目的的通识型教学、以需求驱动和实践基地建设为标志的实践型教学、以强调研究方法为内容的研究型教学、以拓宽国际视野为目标的国际型教学、以培养就业能力与学习能力为内容的能力型教学、以强化学生的参与和投入为目标的参与型教学等，试图通过教学创新行动，培养更加适应市场需求的大学毕业生。

第三，在就业指导服务方面，高校充分利用学校就业指导中心的信息网络，充分利用校友的人脉资源，及时有效地将社会招聘信息传递给大学生，帮助大学生了解就业环境；借助讲座、座谈、模拟、案例、演示等手段帮助大学生了解职业市场要求，提升他们展示专业水平的能力；高校正在寻求建立与用人单位之间的伙伴关系，了解社会需求，并将其传递给各个具体的教学和研究部门，然后这些部门基于社会的需求创新课程，创新专业甚至创新高校。通过全方位的就业指导与服务，高校努力增强大学生从学校到工作的"市场能力"。

（四）大学生就业形式多样化

调查大学生就业的产业分布后发现，大学生就业去向最多的是第三产业，其次为第二产业，最后是第一产业。从趋势上看，在医疗、社会服务、护理等行业就业的大学生比例攀升，在矿业、各类加工业就业的大学生比例明显下降，在交通工具制造业、运输业、房地产开发销售及租赁业就业的大学生比例呈现先快速增加、后大幅下降的明显波动态势。近几年，我国居民对医疗、社会服务、护理等方面服务需求的增加，使相关产业得到了较快发展，对人才的需求也相应增加。而中低端制造业、采矿业、房地产行业随着产业的收缩，就业比例也在下降。未来，大学生在去产能、去库存行业中的就业比例还会进一步下降，在中高端服务业的就业比例还会进一步增大。2020年，一些领域出现了商机：医疗、心理咨询、健身、保健、人工智能及数据分析、远程办公及视频处理、快递外卖、无人零售机器人、公共事务管理、自媒体短视频、直播及VR/AR、线上娱乐。总之，与互联网、大数据、人工智能相关的产业，迎来了新的机遇。

第三节　熟悉就业制度与政策

一、熟悉我国现行的就业制度

（一）公务员制度

《中华人民共和国公务员法》对公务员的条件、义务与权利，职务、职级与级别，录用，考核，职务、职级任免，职务、职级升降，奖励，监督与惩戒，培训，交流与回避，工资、福利与保险，辞职与辞退，退休，申诉与控告，职位聘任，法律责任都有明确的规定。

录用国家公务员应当按照下列程序进行：第一，发布招考公告；第二，报名与资格审查；第三，考试；第四，考察与体检；第五，公示、审批或备案。必要时，省级以上公务员主管部门可以对上述程序进行调整。录用特殊职位的公务员，经省级以上公务员主管部门批准，可以简化程序。

（二）人事代理制度

人事代理是代理机构按照国家人事政策法规的相关要求，受单位或个人委托，为委托人提供所需的各项人事服务，如档案工资调整、工资核算、职称评审与推荐。

人事代理是由政府人事部门所属的人才服务中心，按照国家有关人事政策法规要求，接受单位或个人委托，为多种所有制经济，尤其是非公有制经济单位及各类人才提供全方位服务，其服务项目范围如下：①档案材料的收集、归纳、保管、借阅和传递；②审核计算工龄；③办理转正定级，核定档案工资；④职称评定；⑤户籍和组织关系托管；⑥代办养老及社会保险；⑦出具以档案材料为依据的有关证明；⑧办理流动调配手续；⑨提供就业信息。

办理人事代理应按照一定的程序，主要步骤如下：①选择代理机构，各地就业管理部门都设有人事代理机构，这些代理机构都是大学生较好的选择；②签订人事代理协议或开具档案接收函；③根据人事代理协议或档案接收函到学校办理派遣手续；④前往代理机构报到。

（三）劳动合同制度

劳动合同的内容由以下几个方面构成：①用人单位的名称、住所和法定代表人或主要负责人；②劳动者的姓名、住址和居民身份证或其他有效身份证件号码；③劳动合同期限；④工作内容和工作地点；⑤工作时间和休息休假；⑥劳动报酬；⑦社会保险；⑧劳动保护、劳动条件和职业危害防护；⑨法律、法规规定应当纳入劳动合同的其他事项，如试用期、培训、保守秘密、补充保险和福利待遇、竞业限制等其他事项。

劳动合同分为固定期限劳动合同、无固定期限劳动合同和以完成一定工作任务为期限的劳动合同3种。固定期限劳动合同是指用人单位与劳动者约定合同终止时间的劳动合同；无固定期限劳动合同是指用人单位与劳动者约定无确定终止时间的劳动合同；任务劳动合同是指用人单位与劳动者约定以完成一定工作任务为期限的劳动合同。

建立劳动关系时，应注意以下问题：①用人单位招用劳动者，不得扣押劳动者的居民身份证和其他证件，不得要求劳动者提供担保或以其他名义向劳动者收取财物。②用人单位招用劳动者时，应当如实告知劳动者工作内容、工作条件、工作地点、职业危害、安全生产状况、劳动报酬，以及劳动者要求了解的其他情况；用人单位有权了解劳动者与劳动合同直接相关的基本情况，劳动者应当如实说明。③建立劳动关系，应当订立书面劳动合同。劳动合同应在平等自愿的前提下订立。已建立劳动关系，未同时订立书面劳动合同的，应当自用工之日起一个月内订立书面劳动合同。④用人单位自用工之日起满一年不与劳动者订立书面劳动合同的，视为用人单位与劳动者已订立无固定期限劳动合同。⑤用人单位未在用工的同时订立书面劳动合同，与劳动者约定的劳动报酬不明确的，劳动报酬按照集体合同规定的标准执行；没有集体合同或集体合同未规定的，实行同工同酬。

（四）职业资格制度

国家按照有利于经济发展、社会公认、国际可比、事关公共利益的原则，在涉及国家、人民生命财产安全的专业技术领域，实行专业技术人员职业资格制度。

专业技术人员职业资格是对从事某一职业所必备的学识、技术和能力的基本要求。职业资格包括从业资格和执业资格。职业资格证书分为从业资格证书和执业资格证书。

从业资格是政府规定专业技术人员从事某种专业技术性工作的学识、技术和能力的起点标准。从业资格通过学历认定或考试取得，供用人单位参考。从业资格并不作准入控制。

执业资格是政府对某些责任较大，社会通用性强，关系公共利益的专业技术工作实行的准入控制，是专业技术人员依法独立开业或独立从事某种专业技术工作的学识、技术和能力的必备标准。执业资格通过考试取得。执业资格考试由国家定期举行。执业资格实行注册登记制度。取得执业资格证书者，应在规定的期限内到指定的注册管理机构办理注册登记手续。

 知识拓展

大学生就业创业的主要政策文件和服务平台

（1）《教育部办公厅关于进一步做好高校毕业生就业创业工作的通知》（教学厅〔2016〕5号）。

（2）《关于进一步引导和鼓励高校毕业生到基层工作的意见》（中办发〔2016〕79号）。

（3）《教育部关于贯彻落实中央文件精神进一步引导和鼓励高校毕业生到基层工作的通知》（教学〔2017〕3号）。

（4）《国务院关于做好当前和今后一个时期促进就业工作的若干意见》（国发〔2018〕39号）。

（5）《人力资源社会保障部 教育部 公安部 财政部 中国人民银行关于做好当前形势下高校毕业生就业创业工作的通知》（人社部发〔2019〕72号）。

（6）《人力资源社会保障部 教育部 财政部 商务部 国务院国资委 共青团中央 全国工商联关于进一步加强就业见习工作的通知》（人社部函〔2020〕66号）。

（7）《人力资源社会保障部 财政部 教育部关于扩大院校毕业年度毕业生参加职业技能培训有关政策范围的通知》（人社部发〔2021〕31号）。

（8）《中共中央组织部 人力资源社会保障部等十部门关于实施第四轮高校毕业

生"三支一扶"计划的通知》（人社部发〔2021〕32号）。

　　人力资源和社会保障部现已在中国国家人才网开通了高校毕业生就业创业政策宣传平台。该平台汇集了近年来国家和地方出台的众多促进高校毕业生就业创业政策。高校毕业生可以通过平台查询各地促进高校毕业生就业创业的政策、措施和办事渠道，也可以就政策和服务等问题进行咨询。高校毕业生就业创业政策宣传平台可登录中国国家人才网查看。

二、熟悉我国目前的就业政策

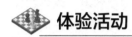 **体验活动**

　　你所了解的就业政策有哪些？哪些政策适用于大学生就业？

　　就业政策是根据国民经济发展战略和人才培养、市场需求的客观要求而提出的，是根据各个不同时期的政治、经济任务而制定的。大学生应在国家就业方针和政策原则的范围内，根据个人实际情况自主择业。政府对大学生就业给予了极大的关注和支持，并根据各个时期的经济发展和就业状况出台了一系列促进大学生就业的政策，缓解就业压力，帮助大学生顺利就业。

　　了解和掌握就业政策有利于大学生转变就业观念，提高综合素质。熟悉国家就业政策、了解社会职业信息、掌握求职技巧，能使大学生实现自己的人生价值和社会价值。了解和掌握就业政策对国家经济建设和社会稳定、深化高等教育改革，以及促进大学生的学习、就业和成才，都具有重要的现实意义。

微课

就业见习政策

　　强化就业优先政策，千方百计稳定和扩大就业，完善重点群体就业支持体系，其中促进高校毕业生就业是就业工作的重中之重。近年来，高校大学生就业形势复杂，就业工作任务艰巨。为贯彻落实党中央、国务院"稳就业""保就业"决策部署，教育部于2020年11月20日印发了《教育部关于做好2021届全国普通高校毕业生就业创业工作的通知》，决定实施"2021届全国普通高校毕业生就业创业促进行动"，进一步完善高校毕业生就业支持体系，全力促进高校毕业生更加充分、更高质量就业，服务加快构建以国内大循环为主体、国内国际双循环相互促进的新发展格局。各地各高校要做好以下几个方面的工作：

（一）积极拓展政策性岗位

用足用好稳就业政策。各地教育部门要配合和会同相关部门，推动稳就业政策向高校毕业生重点倾斜，落实好党政机关、事业单位、国有企业等今明两年空缺岗位主要招聘应届高校毕业生等政策，统筹协调好招录工作安排。

积极拓宽基层就业渠道。各地各高校要会同有关部门，围绕实施乡村振兴战略、服务乡村建设行动，做好"特岗计划""大学生村干部""三支一扶""西部计划"等基层项目组织招录工作，落实好学费补偿代偿、升学优惠等政策。各地教育部门要协调相关部门，尽可能扩大地方性基层就业项目规模。鼓励采用市场化社会化办法，给予更多政策支持，引导毕业生围绕城乡基层社区各类服务需求就业创业。

深入推进大学生征兵工作。各地各高校要配合兵役机关落实"两征两退"改革新要求，实施一年两次大学生征集工作，分别安排在2—3月、8—9月，预征工作提前2个月进行，第一批重点动员征集高校毕业生。强化军地协同，按照新的时间节点，制定本地本校大学生征兵工作方案。实施更大力度激励政策，2021年起"退役大学生士兵"专项硕士研究生招生规模由目前5 000人逐步扩大至8 000人，2022年起普通专升本可免试招录退役的普通高等（专科）毕业生。加强征兵动员，重点宣传新激励政策和新体检标准，提高大学生征集规模特别是毕业生征集比例。

扩大科研助理招录规模。各地各高校要落实科学技术部、教育部等部门相关文件要求，把开发科研助理岗位作为深化科技管理体制改革的重要举措。增强科研助理岗位吸引力，落实社会保险、户口档案等相关政策，合理确定薪酬标准。各高校要对院系及科研团队招录科研助理给予经费、政策等支持。

树立正确用人导向。抓好中共中央、国务院印发的《深化新时代教育评价改革总体方案》落实落地工作，各省级教育部门要协调和配合有关部门，推动党政机关、事业单位、国有企业带头扭转"唯名校""唯学历"的用人导向，在招聘公告和实际操作中不得将毕业院校、国（境）外学习经历、学习方式（全日制和非全日制）作为限制性条件，建立以品德和能力为导向、以岗位需求为目标的人才使用机制，改变人才"高消费"状况，形成不拘一格降人才的用人氛围。各地各高校要建立用人单位招聘黑名单制度，将经认定存在就业歧视、欺诈等问题的用人单位纳入黑名单，定期向毕业生发布警示提醒信息。

（二）积极拓展市场化岗位

建立就业岗位拓展新机制。成立高校毕业生就业创业指导委员会，广泛汇聚市场化社会化就业创业资源。组织举办重点省份、重点城市、重点行业、中小微企业等就业创业供需对接系列活动。各地各高校要主动联系用人单位和招聘机构，多种方式拓宽岗位信息来源。鼓励举办区域性、行业性、联盟性招聘活动。

拓展新兴领域就业空间。各地各高校要挖掘平台经济、共享经济中的就业机会，引导毕业生发挥智力优势，到战略性新兴产业就业创业。鼓励毕业生到先进制造业、现代农业、现代服务业等领域多元化多渠道就业。配合有关部门完善社会保障和灵活就业支持政策。

持续推进创业带动就业。加大"双创"支持力度，会同有关部门落实大学生创业优惠政策。继续举办中国国际"互联网＋"大学生创新创业大赛。组织开展"高校毕业生创业服务专项活动"，发挥创业孵化基地作用，推动各类创新创业大赛获奖项目成长发展、落地见效，带动更多毕业生实现就业。

推进就业实习见习。建立全国高校毕业生就业实习信息平台，汇集发布高校毕业生就业实习岗位信息。各地各高校要将实习作为促就业的重要渠道，加快完善就业实习管理制度，深化校企校地合作，建设大学生就业实习基地，开发更多就业实习岗位，推动更多毕业生通过实习实现就业。配合有关部门实施好"三年百万青年见习计划"，提供不断线就业服务，推动离校未就业毕业生参与就业见习。

（三）进一步提升就业指导服务水平

强化就业育人实效。各地各高校要把毕业生就业作为立德树人的重要环节，作为"三全育人"的重要内容，不断健全"就业思政"工作体系。开展以"成才观、职业观、就业观"为核心的就业主题教育活动，通过政策形势讲座、榜样示范引领等形式，引导毕业生把个人理想追求融入现代化国家建设新征程，主动投身国家重大工程、重大项目、重要领域就业。

加强职业发展教育和就业指导。加强大学生职业发展教育，组织开展"全国大学生职业发展教育活动月"等活动。举办"互联网＋就业指导"公益直播课，建立"全国大学生就业创业指导专家库"，打造大学生就业创业指导"名师金课"。各地各高校要针对不同年级开展大学生职业发展和就业指导活动，提供职业发展咨询和就业心理咨询服务，引导大学生树立健康、积极、理性的就业心态。

建设高质量就业服务平台。加强就业服务信息化水平，优化完善"24365校园网络招聘服务"，建设"24365高校毕业生智慧就业平台"，构建部、省、校联通共享的高质量就业服务体系，组织高校就业指导工作人员、毕业班辅导员和毕业生注册使用。各地各高校要共同参与实施"24365岗位精选计划"，精确采集岗位要求和求职意向，向高校毕业生精准推送岗位信息。优化完善本地本校网上就业服务，提升人岗匹配精准度和实效性。

加强重点群体就业帮扶援助。实施低收入家庭毕业生、少数民族、残疾等重点群体毕业生就业创业能力提升行动，开展重点群体毕业生就业创业能力培训。各地各高校要建立低收入家庭毕业生就业帮扶工作台账，按照"一人一档""一人一策"要求重点帮扶，帮助有就业意愿的贫困生尽快就业。

（四）加强领导和组织保障

就业指导工作
开展措施

加强就业指导工作队伍建设。各地各高校要进一步加强高校毕业生就业指导工作保障，严格落实就业机构、人员、场地、经费"四到位"要求，按照有关规定配齐配强校级专职就业指导工作人员。定期开展业务技能培训，提升专业化素质。鼓励高校院系专设就业辅导员，建立健全全员参与就业指导工作长效机制。各地要将高校落实"四到位"要求及就业指导工作队伍建设情况纳入就业进展情况督查重要内容。

选树推广就业创业工作典型。发挥就业创业工作典型的示范引领作用，注重发掘毕业生就业创业工作中涌现出的优秀典型，开展全国普通高校毕业生就业创业典型案例征集活动，并以多种形式总结推广先进经验。鼓励各地各高校结合本地本校实际，培育选树促就业创业典型经验，组织遴选一批优秀案例和优秀成果。

做好就业总结宣传工作。完善就业宣传引导机制，开展"普通高校毕业生就业创业政策宣传月""全国大学生就业创业榜样短视频展播"等系列活动，大力宣传国家和各地支持高校毕业生就业创业的政策措施，营造全社会支持就业的良好舆论氛围。各地各高校要用好各类媒体渠道，宣传推广促就业的好做法好经验。

三、高校毕业生就业促进措施

党的二十大报告明确指出："人才是第一资源""实施就业优先战略""强化就业优先政策，健全就业促进机制，促进高质量充分就业"。高校毕业生是国家宝贵的人才资源，是促进就业的重要群体。为深入学习贯彻党的二十大精神，全面落实党中央、国务院对高校毕业生就业创业工作的决策部署，教育部决定实施"2023届全国普通高校毕业生就业创业促进行动"，各地各高校要切实增强责任感使命感，紧密结合实际，创新思路举措，千方百计促进高校毕业生多渠道就业创业，奋力开创高校毕业生就业创业工作新局面。

（一）更大力度开拓市场化社会化就业渠道

1. 深入开展市场化岗位开拓行动

各地各高校要深入开展全国高校书记校长访企拓岗促就业专项行动，二级院系领导班子成员也要积极参与。鼓励高校与对接企业和用人单位开展集中走访，深化多领域校企合作。教育部在全国范围内组织开展"校园招聘月""就业促进周"等岗位开拓和供需对接系列活动。充分发挥全国普通高校毕业生就业创业指导委员会和行业协会作用，完善"分行业就指委＋分行业协会"促就业工作机制。

2. 实施"万企进校园计划"

各地各高校要充分发挥校园招聘主渠道作用积极举办线下校园招聘活动，确保校园招聘活动有序开展。高校要创造条件主动邀请用人单位进校招聘，支持院系开展小而精、专而优的小型专场招聘活动。

3. 全面推广使用国家大学生就业服务平台

教育部将进一步优化升级国家大学生就业服务平台功能和服务，不断提升平台专业化、智能化、便利化水平。各省级大学生就业网站、各高校就业网站要于2022年12月底之前，全部与国家大学生就业服务平台互联互通，实现岗位信息共享。鼓励地方和高校依托平台联合举办区域性、行业性专场招聘活动。各地各高校要指导2023届毕业生、毕业班辅导员、就业工作人员及时注册使用平台，确保有需要的毕业生都能及时获得就业信息。

4. 充分发挥中小企业吸纳就业作用

开展民营企业招聘高校毕业生专项行动，精准汇集推送岗位需求信息。会同有关部门举办"全国中小企业人才供需对接大会""民企高校携手促就业""全国中小企业网上百日招聘高校毕业生""全国民营企业招聘月"等活动，为中小企业招聘高校毕业生搭建平台。各地教育部门要配合本地相关部门落实对中小企业吸纳高校毕业生的优惠政策，支持开发创造更多适合高校毕业生的就业岗位。各高校要加强与中小企业的供需对接，为中小企业进校招聘提供便利，引导更多高校毕业生到中小企业就业。

5. 支持自主创业和灵活就业

各地各高校要积极鼓励和支持高校毕业生自主创业，在资金、场地等方面向毕业生创业者倾斜，为高校毕业生创新创业孵化、成果转化等提供服务。推动中国国际"互联网＋"大学生创新创业大赛等大学生创业项目转化落地。各地教育部门要配合有关部门落实灵活就业社会保障政策，为毕业生从事新形态就业提供支持，推动灵活就业规范化发展，切实维护高校毕业生合法权益。

（二）充分发挥政策性岗位吸纳作用

1. 优化政策性岗位招录安排

各地教育部门要配合有关部门统筹好政策性岗位招录时间安排，尽早安排高校升学考试、公务员和事业单位、国企等政策性岗位招考及各类职业资格考试。充分发挥政策性岗位稳就业作用，稳定并适度扩大招录高校毕业生规模。发挥国有企业示范作用，办好第四季"国聘行动"。

2. 积极拓宽基层就业空间

各地教育部门要积极配合有关部门挖掘基层医疗卫生、养老服务、社会工作、司法辅助、科研助理等就业机会，组织实施好"特岗计划""三支一扶""西部计划"等基层就业项目，拓展"城乡社区专项计划"，鼓励扩大地方基层项目规模，引导更多毕业生到中西部地区、东北地区、艰苦边远地区和基层一线就业创业。健全支持激励体系，落实好学费补偿贷款代偿、考研加分等优惠政策。

3. 积极配合做好大学生征兵工作

各地各高校要密切军地协同，加大征兵宣传进校园工作力度，畅通入伍绿色通道，配合兵役机关做好兵员预征预储、高校毕业生征集等工作。各地教育部门要研究制定细化方案和实施办法，落实好退役普通高职（专科）士兵免试参加普通专升本招生、退役大学生士兵专项硕士研究生招生计划等优惠政策。

（三）建设高质量就业指导服务体系

1. 全面加强就业指导

各地各高校要健全完善分阶段、全覆盖的大学生生涯规划与就业指导体系，确保有需要的学生都能获得有效的就业指导。要进一步完善就业创业指导课程标准，打造一批就业指导名师、优秀就业指导课程和教材。充分利用"互联网＋就业指导"公益直播课等各类资源，提升就业创业指导课程质量和实效。要通过校企供需对接、职业规划竞赛、简历撰写指导、面试求职培训、一对一咨询等多种形式，为学生提供个性化就业指导和服务。要打造校内外互补、专兼结合的就业指导教师队伍，鼓励用人单位、行业组织更多参与高校生涯教育和就业指导。

2. 深入推进就业育人

各地各高校要把就业教育和就业引导作为"三全育人"的重要内容，深入开展就业育人主题教育，引导高校毕业生保持平实之心，客观看待个人条件和社会需求，从实际出发选择职业和工作岗位。开展就业育人优秀案例创建活动，选树一批就业典型人物，积极引导高校毕业生到祖国需要的地方建功立业。

3. 切实维护毕业生就业权益

各地各高校要积极营造平等就业环境，在各类校园招聘活动中，不得设置违反国家规定的有关歧视性条款和限制性条件。配合有关部门畅通投诉举报渠道，对于存在就业歧视、招聘欺诈、"培训贷"等问题的用人单位，要纳入招聘"黑名单"并及时向高校毕业生发布警示提醒。加强就业安全教育，督促用人单位与高校毕业生签订劳动（聘用）合同或就业协议书，帮助和支持毕业生防范求职风险，维护就业权益。积极配合有关部门推进毕业生就业体检结果互认。

（四）精准开展重点群体就业帮扶

1. 健全就业帮扶机制

各地各高校要重点关注脱贫家庭、低保家庭、零就业家庭、残疾等困难高校毕业生，建立帮扶工作台账，按照"一人一档""一人一策"精准开展就业帮扶工作。健全"一对一"帮扶责任制，高校和院系领导班子成员、就业指导教师、班主任、专任教师、辅导员等要与困难学生开展结对帮扶，确保每一个困难学生都得到有效帮助。做好离校未就业毕业生不断线服务。

2. 深入实施宏志助航计划

继续组织实施"中央专项彩票公益金宏志助航计划——全国高校毕业生就业能力培训项目"，开展线上线下就业能力培训，提升毕业生就业竞争力。各地各高校和各培训基地要精心组织实施，配备优秀师资，优化培训内容，提升培训质量。鼓励各地各高校配套设立省级、校级项目，推动"宏志助航计划"覆盖更多毕业生。各地要强化培训基地管理，宣传推广优秀典型经验。

（五）简化优化求职就业手续

1. 稳妥有序推进取消就业报到证

《国务院办公厅关于进一步做好高校毕业生等青年就业创业工作的通知》（国办发〔2022〕13号）明确规定，从2023年起，不再发放《全国普通高等学校本专科毕业生就业报到证》和《全国毕业研究生就业报到证》（以下统称就业报到证），取消就业报到证补办、改派手续，不再将就业报到证作为办理高校毕业生招聘录用、落户、档案接收转递等手续的必需材料。各地要制定落实取消就业报到证的工作方案。各省级教育部门和高校要加强与组织、公安、人力资源社会保障等部门的工作协同，做好相关工作的衔接，向用人单位和毕业生开展解读宣传，耐心细致做好指导咨询，帮助毕业生顺利完成就业报到、落户和档案转递。

2. 建立毕业去向登记制度

根据国务院办公厅有关文件要求，从2023年起，教育部门要建立高校毕业生毕业去向登记制度，作为高校为毕业生办理离校手续的必要环节。全面推广使用全国高校毕业生毕业去向登记系统。各地各高校要统筹部署、精心安排，指导本地本高校毕业生（含结业生）按规定及时完成毕业去向登记。实行定向招生就业办法的高校毕业生，各省级教育部门和高校要指导其严格按照定向协议就业并登记去向信息。教育部有关单位根据有关部门需要和毕业生本人授权，统一提供毕业生离校时相应去向登记信息查询核验服务。

3. 强化就业统计监测工作

各地各高校要严格落实就业统计监测工作"四不准""三严禁"要求，严格执行毕业生就业统计监测工作违规处理办法，对违反规定的高校和相关人员，严肃查处通报，纳入负面清单管理。严格落实就业统计监测规范要求，严格审核学生就业信息及相关佐证材料。组织开展就业统计监测专门培训，强化高校毕业生就业数据的报送、统计和分析工作。持续开展毕业生就业状况布点监测，丰富完善布点监测内容。

（六）完善就业与招生培养联动机制

1. 健全完善就业反馈机制

各地各高校要建立完善就业与招生培养联动的有效机制，把高校毕业生就业状况作为高等教育结构调整的重要内容。引导高校重点布局社会需求强、就业前景广、人才缺口大的学科专业，及时淘汰或更新升级已经不适应社会需要的学科专业。教育部将把高校毕业生就业状况作为"双一流"建设成效评价、学科专业设置和评估、招生计划安排等工作的重要依据。实行高校毕业生就业去向落实率红黄牌提示制度。深入开展高校毕业生就业状况跟踪调查，调查结果作为衡量高校人才培养质量的重要参考。

2. 深化就业工作评价改革

探索实施高校毕业生就业工作合格评价，建立部、省两级就业工作合格评价机制，促进高校就业工作制度化、规范化。加强全国就业工作优秀经验宣传推广，推动高校毕业生就业工作能力和服务水平不断提升。

（七）加强组织领导

1. 压紧压实工作责任

各地各高校要把高校毕业生就业摆在突出重要的位置，落实就业"一把手"工程，建立健全主要领导亲自部署、分管领导靠前指挥、院系领导落实责任、各部门协同推进、全员参与的协调机制，将就业工作纳入领导班子考核重要内容。建立完善就业风险防范化解机制，确保安全稳定。各省级教育行政部门适时牵头成立高校毕业生就业工作专班，制定工作方案，明确任务清单，全力推进各项工作任务。教育部将省级人民政府及相关职能部门制定促进毕业生就业政策及其实施情况，纳入省级人民政府履行教育职责评价重要内容。

2. 加强就业工作机构和队伍建设

各地教育部门、各高校要积极创造条件认真落实高校毕业生就业机构、人员、场地、经费"四到位"要求，根据本地实际情况，明确提出各项指标要求，并报教育部备案。各高校要配齐配强就业指导人员，鼓励就业指导人员按要求参加相关职称评审。组织开展毕业班辅导员、就业工作人员全员培训，加大资源供给和培训保障力度。

3. 做好就业总结宣传工作

大力宣传就业工作典型高校、用人单位和先进人物。持续开展全国普通高校毕业生就业创业工作典型案例总结宣传，推出一批具有推广价值的优秀案例。各地各高校要多渠道、全方位宣传国家就业创业政策，营造全社会关心支持毕业生就业的良好氛围。

 知识拓展

签约及去向登记服务

教育部推出"全国高校毕业生毕业去向登记系统"（以下简称"网签平台"），用人单位和毕业生可根据高校的要求，选择在线签约和去向登记。可通过"国家24365大学生就业服务平台"（以下简称"平台"）的"去向登记"板块进入网签平台。

毕业生可使用平台完成线上签约/解约、线下签约/解约、登记就业协议信息等，具体操作方式可咨询学校就业部门。

签订就业协议的毕业生在平台上传就业协议，经学校（院系）审核通过后，完成去向登记。

其他去向的毕业生通过平台选择毕业去向类型，按照具体要求填写去向信息，上传证明材料，经学校（院系）审核通过后，完成去向登记。

 实训练习

就业形势调查

实训目的

了解当前我国整体就业形势，以及自己所学专业的就业形势，以便及时调整自身的职业规划，或根据就业形势提高自身能力，为今后的职业发展打下坚实的基础。

实训内容

调查当前我国整体就业形势、本地的就业形势及所学专业的就业形势。

（1）以小组为单位，通过网络、访谈和调查问卷等方式，调查当前我国整体就业形势、本地的就业形势及所学专业的就业形势。

（2）撰写调查报告。

（3）与其他小组进行交流，以便更全面地了解当前就业形势。

实训检测

活动结束后，教师根据表1–1进行评分。

表 1–1　实训活动评价表

评分标准	分值	实际得分	备注
积极参与调查活动	25		
所选调查方式合适，准备工作充足	25		
团队分工合理，合作密切	25		
调查报告符合实际，条理清晰	25		
总分	100		

第二章　就业途径与求职方式

　　就业签约和入职报到是每个大学生都会面对的事情，详细了解就业工作的环节和基本程序，有利于大学生顺利办理各项就业手续。

　　同时，大学生就业问题是关系国计民生的大问题，因此备受重视。在党和政府的指导下，各职业院校应全力做好大学生就业创业指导工作，以实现促进大学生高质量就业、充分就业的目标。

学习目标

1. 了解毕业前需要核实的资料。
2. 熟悉就业协议书和劳动合同的签订。
3. 熟悉毕业生离校、就业报到的基本程序。
4. 明确大学生毕业后的去向。
5. 掌握求职方式，预防求职陷阱。

案例导入

　　某高校 2020 届生物制药专业毕业生小池来自云南罗平，毕业后没有继续深造的打算，准备直接参加工作。大三阶段，小池开始进行求职准备，他明确自己的求职意向：工作地点在昆明市，工作单位不限。

　　2020 年国家专门为大学生和企业组织了供需见面协调会（以下简称"协调会"），一位朋友将小池的求职材料带到了协调会上，恰好罗平县的一家制药厂参加了此次协调会。对小池来说，如果选择这家企业，专业对口，工作地点又在家乡，这应该是不错的就业机会；对企业来说，他们恰好需要小池这样的人才。但得到消息的小池却表示，他不考虑罗平县这家企业，因为工作地点不符合他的意愿；他还表示，他将来选择的工作单位，地点必须在昆明市，至于什么样的单位、具体从事什么工作都无关紧要，除此以外，其他任何单位他都不考虑。就这样，一直到 2021 年 3 月，小池仍未落实工作单位。

　　大学生毕业后的去向有许多种，直接就业可能是多数人的选择。由于受到传统观念和个人价值观的影响，选择留在东南沿海地区或就业机会较多的大城市、国企和事业单位的人相对较多。但是由于目前我国整体就业形势严峻、就业压力大，如果不及时调整思路，往往容易错失机会。

我国目前实行"自主择业、双向选择"的就业制度，使毕业生可以有更多的选择机会，毕业生的就业方式更是多种多样，毕业后的去向亦呈多元化。

第一节　毕业生就业程序

大学生毕业离开学校，需要办理很多手续，程序十分复杂，如何做好毕业流程管理，正确掌握就业流程，顺利走向工作岗位，建立健康的劳动关系，关系到毕业生顺利毕业和未来职业生涯的健康发展。

一、毕业前需要认真核实资料

（一）证书的复印

复印两份毕业证、学位证[①]并收好。因为弄丢毕业证、学位证原件是补办不了的，只能开证明件，所以毕业生切勿大意。师范生有教师资格证，教师资格证全国通用。

建议毕业生将重要证书扫描，并保存电子版。原件丢了就无法补回，连补开证明都很麻烦。

（二）就业协议书的签订

1. 就业协议书的作用

《全国普通高等学校毕业生就业协议书》（以下简称"就业协议书"）是明确毕业生、用人单位、学校在毕业生就业工作中权利和义务的书面表现形式，是毕业生和用人单位关于就业意向的初步约定，是编制毕业生就业方案和将来双方签订劳动合同的依据，具有一定的法律效力。

就业协议书的内容：①毕业生介绍自身情况。②毕业生表达到用人单位工作的意愿。③单位同意接收。④学校同意推荐毕业生并列入派遣建议方案。

2. 就业协议书的主要条款

就业协议书是面向全国招生、面向全国就业的学校的毕业生与用人单位签订就业合

---

① 注：高职毕业生无学位证。

同时使用的协议书，由教育部制定样式，作为示范性文本。就业协议书一般包括以下主要条款：

（1）毕业生应按照国家规定就业，向用人单位如实介绍自己的情况，了解用人单位的用人意图，表明自己的就业意见，在规定的时间内到用人单位报到，如遇特殊情况不能按时报到，须征得用人单位的同意。

（2）用人单位要如实介绍本单位的情况，明确对毕业生的要求及用人意图，做好各项接收工作。

（3）学校要如实向用人单位介绍毕业生的情况，做好推荐工作，用人单位同意录用后，经学校审核列入建议就业方案，报主管部门批准，学校负责办理离校手续。

（4）各方应严格履行协议，任何一方若违反协议，应承担违约责任。

（5）如有其他约定，应在备注栏中明确，并视为就业协议的一部分。

（6）就业协议书一式四份，毕业生、学校、用人单位和上级主管部门各执一份。

3. 签订就业协议书的基本程序

签订就业协议书的基本程序如图 2–1 所示。

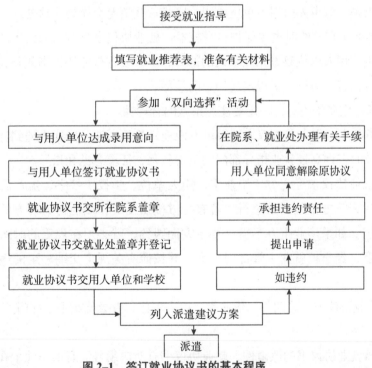

图 2–1　签订就业协议书的基本程序

4. 签订就业协议书应注意的问题

签订就业协议书时要如实完整填写，注意增加的补充条款，查看户口档案转移要求，慎重签约。

（1）签订就业协议书前，毕业生一定要全方位地了解用人单位的相关情况，如用人单位的发展趋势、用人单位招聘的岗位性质、用人单位的员工培养制度、待遇状况、福利项目等内容；不但要掌握资料，还要实地考察；还需要重点了解用人单位的人事状况，了解用人单位是否具有应届毕业生的接收资格。有些毕业生涉世不深、社会经验不足，在选择用人单位时往往被用人单位罗列的诱人条件所迷惑，也不管这些信息是否真实，甚至对用人单位附加的诸多苛刻条件也满口答应，等到发现事实真相，已为时晚矣。

（2）毕业生在签约时要按照正常程序进行。毕业生到学校领取就业协议书后，要认真如实填写基本情况及就业意见（以下简称"意见"）并签名；用人单位、主管部门及人事调配部门签订意见，了解档案详细转递地址；院系签署意见；毕业生将意见交给学校就业主管部门，该部门代表学校签署意见后，就业协议书生效并送到省级就业主管部门签约。有的毕业生为节约时间，要求学校先签署意见，这样做使学校无法起到监督的作用，最可能受害的将是毕业生本人。

（3）毕业生签署就业协议书时，一定要认真、如实地填写。如果毕业生报考了专升本或准备出国，应事先向用人单位说明，隐瞒这些情况会受到违约处理。

（4）毕业生在签约时也要保护自身权益。就业协议书具有双向约定的作用，如果有需要毕业生、用人单位双方相互承诺的部分，一定要在就业协议书或补充协议上加以说明。双方可在就业协议书中规定违约金的数额。

（5）毕业生在签约时，一定要注意条款的合理性。

（6）毕业生、用人单位双方不得单方面拖延签约周期。毕业生遇到问题而犹豫不决时，最好及时咨询高校就业指导部门的负责教师，征求意见和指导。

（7）就业协议书经三方（毕业生、用人单位、学校）签字、盖章后生效。签订就业协议书后，三方都应严格履行，若有一方提出变更，须征得另两方的同意，责任由违约方承担。如果毕业生万不得已要单方面毁约，就必须在规定的时间内征得原用人单位的同意，经学校就业主管部门批准，并按照有关规定交纳一定的违约金后，方可改派。

（8）就业协议书一式四份，毕业生、用人单位、省级就业主管部门、学校各执一份，复印无效。

为保障就业协议书的严肃性，就业协议书有对应编号。有的毕业生在与用人单位签订就业协议书后，又去联系其他用人单位，误解了双向选择的真正含义，这种做法是错误的，是不负责任的、没有信誉的表现。就业协议书是劳动合同的一种，随意违约是要受到法律制裁的，包括一定的经济制裁。

精选案例

　　某高等职业院校毕业生李某用已经确定专升本的同班同学刘某的就业协议书与A单位签约。在就业协议书已经完成三方签字、盖章的情况下，李某又反悔了，他不想去A单位工作了，又用另一位专升本同学蔡某的就业协议书与B公司签约。为了撕毁已达成的协议，李某到A单位谎称学校要其将就业协议书取回，补办手续，并保证在规定时间内一定办好。A单位相信了他，将就业协议书还给了他。李某一拿到就业协议书就到学校谎称A单位欺骗了他，因解决不了户口问题而将其退回，并要求学校在他与B单位签订的就业协议书上签字盖章。为谨慎起见，学校与A单位联系，得知李某的不诚实行为，对其进行严厉批评，并责令其向该单位道歉，请求谅解。谁知李某以熟悉法律规定为由，声称A单位没有任何证据证明自己违约，拒不道歉。A单位致电学校，希望学校处分李某。最后，李某为自己的行为付出了代价。

5. 就业协议书的解除

　　就业协议书的解除即就业违约。从实际情况来看，一部分就业违约为毕业生违约，且毕业生违约终会给自己带来不良后果。

　　毕业生、用人单位签署就业协议书，学校审查同意后即具有法律效力，三方应严格履行就业协议书规定的内容，任何一方不得擅自解除，否则违约方应向守约方支付规定的违约金。毕业生只能与一个用人单位签订就业协议书。

　　毕业生违约，除本人应承担违约责任、支付违约金外，往往还会造成其他不良的后果，主要表现在以下几个方面：

　　第一，影响用人单位的人才引进工作。用人单位招聘人才是要花费成本的，其为录用一名毕业生做了大量的工作，有时甚至对毕业生将要从事的具体工作已经有所安排；同时，毕业生就业工作时间相对比较集中，一旦毕业生因某种原因违约，势必导致用人单位先前的录用工作付诸东流，用人单位若再选择其他毕业生，一时间难以找到，从而给用人单位的人才引进工作造成不利影响。

　　第二，影响学校和用人单位的长期合作关系。用人单位往往将毕业生违约行为认定为学校管理不严，从而影响学校的声誉。用人单位因毕业生违约，会对学校的推荐工作表示怀疑。从历年情况来看，有可能出现一旦毕业生违约，用人单位几年之内不愿到该校来挑选毕业生的情况。面对激烈的就业竞争局面，用人单位的人才需求就是毕业生择业成功的前提，如此下去，必定影响学校今后的毕业生就业工作。

　　第三，影响同届同专业其他毕业生就业。用人单位到学校挑选毕业生，一旦与某毕业生签订就业协议书，就不可能再录用其他毕业生。若日后该毕业生违约，有些当初希望到该用人单位工作的毕业生由于录用时间受限，也无法补缺，造成就业信息的浪费，影响其他毕业生就业。

 **体验活动**

> 一位参加了专升本考试的毕业生，因不想放弃就业机会，当年4月与某公司签订了就业协议书，5月初，他又接到某高校的录取通知书。假设：若他现在不想继续上学了，该怎么办？若他选择继续读书，放弃就业，又该怎么办？

（三）劳动合同的签订

1. 劳动合同的概念

劳动合同是指劳动者与用人单位之间确立劳动关系，明确双方权利和义务的协议。订立和变更劳动合同，应当遵循平等自愿、协商一致的原则，不得违反法律、行政法规的规定。劳动合同依法订立，即具有法律约束力，当事人必须履行劳动合同规定的义务。

劳动合同的
作用

2. 劳动合同的基本内容

劳动合同的基本内容有两个部分：一个是必备条款，另一个是协商约定条款。

（1）必备条款。根据《中华人民共和国劳动合同法》第17条的规定，劳动合同应当具备以下条款：

① 用人单位的名称、住所和法定代表人或者主要负责人。

② 劳动者的姓名、住址和居民身份证或者其他有效身份证件号码。

③ 劳动合同期限。

④ 工作内容和工作地点。

⑤ 工作时间和休息休假。

⑥ 劳动报酬。

⑦ 社会保险。

⑧ 劳动保护、劳动条件和职业危害防护。

⑨ 法律、法规规定应当纳入劳动合同的其他事项。

（2）协商约定条款。用人单位与劳动者订立劳动合同时除上述必备条款外，还可以协商约定其他的内容，即协商约定条款。这部分条款的内容，是当国家法律规定不明确，或者国家尚无法律规定的情况下，用人单位与劳动者根据双方的实际情况协商约定的一些随机性的条款，如可以约定试用期、保守用人单位商业秘密等内容。随着劳动合同制的实施，人们的法律意识、合同观念越来越强，劳动合同中约定条款的内容越来越多，这是改变劳动合同千篇一律状况、提高劳动合同质量的一个重要体现。

3. 签订劳动合同时须遵循的原则

（1）合法原则。劳动合同必须依法以书面形式订立。做到主体合法、内容合法、形式合法、程序合法。只有合法的劳动合同才能产生相应的法律效力。任何一方面不合法的劳动合同，都是无效合同，不受法律承认和保护。

（2）协商一致原则。在合法的前提下，劳动合同的订立必须是劳动者与用人单位双方协商一致的结果，是双方"合意"的表现，不能是单方同意的结果。

（3）地位平等原则。在劳动合同的订立过程中，劳动者与用人单位的法律地位是平等的。劳动者与用人单位不因为各自性质的不同而处于不平等地位，任何一方不得对他方进行胁迫或强制命令，严禁用人单位对劳动者横加限制或强迫命令。只有真正做到地位平等，才能使所订立的劳动合同具有公正性。

（4）等价有偿原则。劳动合同明确劳动者和用人单位在劳动关系中的地位作用。劳动合同是一种双向有偿合同，劳动者承担和完成用人单位分配的劳动任务，用人单位付给劳动者一定的报酬并负责劳动者的保险。

4. 签订劳动合同的注意事项

毕业生与用人单位订立劳动合同是一件非常严肃认真的事情，不能有丝毫马虎。一份完善的劳动合同不仅可以保障工作顺利、安全地进行，更能够在发生纠纷时及时、妥善地解决，把损失减少到最小。

（1）劳动合同签订的时间。劳动者与用人单位自用工之日起一个月内订立书面劳动合同即可，否则用人单位须向劳动者支付双倍工资。用人单位自用工之日起超过一年未与劳动者签订书面劳动合同的，视为已经形成无固定期限劳动合同。

（2）劳动合同的期限。劳动合同的期限有 3 种：固定期限劳动合同、无固定期限劳动合同和以完成一定工作任务为期限的劳动合同。用人单位与劳动者在签订劳动合同时要根据双方的需求来协商确定劳动合同的期限。同时，如果劳动合同中约定试用期，试用期是包含在劳动合同期限内的；若劳动合同仅约定试用期，则试用期不成立，该期限为劳动合同期限。依照《中华人民共和国劳动合同法》规定，以完成一定的工作为期限的劳动合同或者劳动合同期限不满三个月的，不得约定试用期。

（3）劳动合同的内容。劳动合同的内容要全面，包括劳动合同中的必备条款和协商约定条款，尤其是必备条款的内容不要遗漏。劳动合同字句要准确、清楚、完整、明白易懂，不能用缩写或含糊不清的文字表达；每项条款的表述应明确，以没有歧义为标准，否则就有可能在执行过程中产生误解或曲解，甚至带来不必要的争议，给订立双方造成损失，也为合同争议的处理带来困难。

（4）审慎对待自己的签字。在签订劳动合同时，毕业生应注意认真审查条款，明显对自己不利的条款应及时向用人单位提出，并且不能匆忙签字，更不能因为觉得自己处于弱势地位而委曲求全地在劳动合同上签字。因为从法律角度来看，劳动者在劳动合同上签字，是表示自己对该劳动合同的认可，并愿意遵守和履行劳动合同，如果劳动者拿不出用人单位在签订劳动合同时采用了胁迫或欺诈的证据，就只能被认定为是自己真实意愿所为，不能认定该劳动合同无效。

（5）试用期内也要签订劳动合同，这一点往往被毕业生忽略。有些用人单位为了逃避责任，在试用期内，往往不与毕业生签订劳动合同，一旦试用期满，就找种种借口将毕业生辞退。因此毕业生在试用期内一定要与用人单位订立书面劳动合同，一旦发生劳动纠纷、争议，就有了依据。

（6）非全日制用工要特别注意以下几点：

① 劳动者在同一用人单位一般平均每日工作时间不超过 4 小时，每周工作时间累计不超过 24 小时。

② 双方当事人不得约定试用期。

③ 小时计酬标准不得低于用人单位所在地人民政府规定的最低小时工资标准。

④ 劳动报酬结算支付周期最长不得超过 15 日。

⑤ 用人单位必须为劳动者缴纳工伤保险，否则发生工伤事故则要承担相关责任。

5. 就业协议书与劳动合同的异同

（1）相同之处。就业协议书是高校毕业生与用人单位确立劳动关系的法律依据。就确立劳动关系这一点来说，就业协议书与劳动合同是相通的，可以这样说，就业协议书就是劳动合同的一种特殊表现形式。用人单位对毕业生这类劳动者，与面向社会公开招聘的劳动者，在培养、使用、待遇等方面可能有所不同，但从确立劳动关系这一点来说，就业协议书与劳动合同是一致的。

（2）不同之处。劳动合同是劳动者与用人单位确立劳动关系，明确双方权利和义务关系的协议。《中华人民共和国劳动法》规定，建立劳动关系应当订立劳动合同。就业协议书是毕业生与用人单位确立劳动关系，明确双方在毕业生就业工作中权利和义务的协议。教育部颁布的《普通高等学校毕业生就业工作暂行规定》第二十四条规定："经供需见面和双向选择后，毕业生、用人单位和高等学校应当签订毕业生就业协议书，作为制定就业计划和派遣的依据。"就业协议书与劳动合同的不同具体体现在：

① 适用的法律、法规不同。劳动合同适用《中华人民共和国劳动法》及劳动人事部门颁布的有关劳动人事方面的规章。因目前没有颁布有关毕业生就业方面的法规，所以就

业协议书只能遵循教育部颁发的《普通高等学校毕业生就业工作暂行规定》和有关政策。

② 适用主体不同。劳动合同是劳动者与用人单位之间确立劳动关系的协议，只要双方协商一致，符合国家的法律、行政法规，无欺诈、胁迫等行为，经双方签字盖章，劳动合同即生效。目前，就业协议书除毕业生与用人单位双方签字、盖章外，仍须学校和签证机关（人事部门）介入。

简单地说，两者的程度不同，劳动合同的法律力度较大，不管是权利还是义务，一旦签订，就必须遵守，一旦有违约现象，必须承担责任。而就业协议书带有三方协商的成分，一旦有一方违约，后果比劳动合同要轻一些。

 知识拓展

无效劳动合同

《中华人民共和国劳动法》规定，无效的劳动合同有两种：一是违反法律、行政法规的劳动合同；二是采取欺诈、威胁等手段订立的劳动合同。欺诈是指一方当事人故意告知对方当事人虚假的情况，或者故意隐瞒真实的情况，诱使对方当事人做出错误意见表示的行为；威胁是指以给公民及其亲友的生命健康、荣誉、名誉、财产等造成危害为要挟，迫使对方做出违背真实意愿表示的行为。无效的劳动合同，从订立起就没有法律约束力。确认劳动合同部分无效的，如果不影响其余部分的效力，其余部分仍然有效。劳动合同是否有效，应由劳动争议仲裁委员会或者人民法院确认。

（四）档案

毕业生档案包含各学历层次期间的学籍档案。档案很重要，没有档案，大学生以后的转正定级、评定职称、考资格证等一系列活动都会受到影响，因此千万不要弃档。档案不允许个人保存。

1. 档案里的材料

档案中有高等学校毕业生登记表、学习成绩表、在校奖惩材料、入团入党志愿书、体检表等材料。

2. 档案的作用

考取公务员、转正定级、评定职称、入团入党、计算工龄、办理各种人事手续等需要档案材料。

毕业生不仅在毕业前要核实档案转递信息，毕业后也要及时跟踪档案转递状态，确保不被遗失。待档案到达单位或人才中心后，要及时办理报到和存档手续。具体如何办理手续，依据各地单位或人才服务中心规定执行。

3. 存档单位

（1）直接就业。

① 在机关、事业单位、国有企业任职。毕业生到具有档案管理权限的机关、事业单位、国有企业就业，由单位直接接收、管理档案。

② 在民企、外企工作。毕业生到无档案管理权限的单位（民营企业、外资企业等）就业，各地公共就业人才服务机构负责为其提供档案管理等人事代理服务。

③ 到基层就业。原则上由学校将毕业生档案统转至就业单位所在地县级政府人社部门。

（2）专升本。录取后，学校会发调档函，毕业生根据调档函的要求办理调档手续。

（3）留学。留学生档案一般存放在留学服务中心或人事代理机构。留学生的海外学历有专门的认证机构负责认证。

（4）暂未就业。暂未就业的毕业生可将档案转至生源地或经学校同意暂时留在学校（按照政策，学校只代为保管2年）。超过2年未落实工作单位，学校会将档案发回原户籍所在地公共就业人才服务机构保管。

4. 核对人事档案

档案分为学籍档案和人事档案，在校时称学籍档案，毕业后称人事档案。

一般情况下，毕业生没有办法直接查看档案，但是毕业时有很多档案中的材料会由自己经手办理，要及时核对人事档案中所需的材料表格，离校后发现问题再补材料会非常麻烦。

 知识拓展

签订就业协议书时要留心的5个细节

（1）要看填写的用人单位名称是否与用人单位的有效印鉴名称一致，如不一致，协议无效；填写自己的专业名称时，要与学校教务处所示的专业名称一致，不能简写。

（2）一般外企、合资企业、民企有试用期，根据合同期的长度，试用期的长度不等，通常试用期为3个月，最长不得超过6个月。国家机关、高校、研究所一般采用见习期，通常为一年。

（3）不少用人单位为了留住毕业生，以高额违约金约束毕业生。毕业生在协商中要力争将违约金降到最低，通常违约金不得超过5 000元。但是，《中华人民共和国劳动合同法》规定："对负有保密义务的劳动者，用人单位可以在劳动合同或者保密协议中与劳动者约定竞业限制条款，并约定在解除或者终止劳动合同后，在竞业限制期限内按月给予劳动者经济补偿。劳动者违反竞业限制约定的，应当按照约定向用人单位支付违约金。"所以毕业生要力争降低违约金。

（4）现行的毕业生就业协议属"格式合同"，但备注部分允许三方另行约定各自的权利义务。为了防止用人单位"承诺一套、做一套"，毕业生可将签约前达成的休假、住房、保险等福利待遇在备注栏中说明，如发生纠纷，可以此维护自己的合法权利。

（5）毕业生在签订协议时，要严格按照规定的步骤进行。等用人单位填写完毕、盖章后再到学校就业指导中心盖章。切忌自己填写完毕后就直接到学校就业指导中心要求盖章。这样带来的后果是：用人单位在填写时，工资待遇等条件可能与承诺的大相径庭。三方协议是国家统计大学生就业率的一个依据。就业协议书在毕业生到单位报到、用人单位正式接收后失效。因而就业协议书只是毕业生、用人单位、学校三方之间签订的就业意向，不是劳动关系的法律文件，对劳动关系没有约束力。有的企业在和毕业生签订就业协议书后，要求毕业生毕业前到企业实习，企业在毕业生毕业后依据其实习表现及签订劳动合同的原则，协商签订劳动合同，也可能出现不签订的情况。因此，对于毕业生来说，签订了就业协议书并没有进入就业的"保险箱"，还需要接受用人单位在实习期、试用期对毕业生的进一步考查。

二、毕业生离校、就业报到程序

（一）毕业生离校程序

毕业生在离校前应按照学校有关规定办理离校手续，主要包括以下几个方面：

（1）缴清所欠学杂费，办理归还贷款手续。

（2）还清所借图书、体育器材、实验用品等公共财物。

（3）领取毕业证、学位证或结业证、技能等级证等证书。

（4）办理党、团组织关系转接的介绍信。

（5）办理校方规定的其他手续。

（6）清理毕业生之间所借的私人财物，避免毕业生之间产生不必要的误解。

毕业生在办理有关手续时要注意核对毕业证、报到证上的姓名是否与户口关系完全一致，用人单位名称是否正确，如发现有误要及时更正。办理手续后，所有资料要妥善保管，避免丢失。

（二）毕业生就业报到程序

到用人单位报到，是毕业生走向工作岗位的第一步。这一步迈得是否顺利，直接关系到用人单位对毕业生的最初印象，也关系到毕业生能否以一种良好的心态顺利上岗，因此绝对不能轻视。毕业生应注意以下几点：

（1）准备好报到所需的全部材料，包括毕业证、学位证、户籍关系、身份证、党团组织关系等。

（2）按时报到。报到后，用人单位往往要集中时间对新员工进行岗前培训。因此，毕业生一定要先与用人单位取得联系，问清楚报到时间、地点及有关事项。如有特殊情况不能按时报到，应提前向用人单位人事部门请假，说明原因，告知自己到岗的时间，并对自己不能按时报到向单位致歉。

（3）不要挑剔工作，不要提过高要求。毕业生对于用人单位分配的工作，不应挑三拣四；即使所分配的工作难以胜任或兴趣不浓，也应该先接受下来，力争干好；如果确有难处，也要以后再说。毕业生对于工作、生活条件，也不宜提出过高要求或计较一时的个人得失，一切要从职业发展的角度去思考和接受。

（4）树立主人翁意识。毕业生要把用人单位当成自己的家，不能有"临时做客"思想，不要让别人把自己当客人看待，否则，单位同事当面不说，背后也难免会对你说三道四。

三、毕业生户籍关系的办理、档案的转递

（一）毕业生户籍关系的办理

1. 入学时户口已迁入学校的毕业生

毕业生入学时已将本人户口迁入学校，可凭毕业证到学校统一办理户口迁移证。到用人单位报到时，毕业生持户口迁移证到用人单位办理户口迁入手续。办理人事代理的毕业生到所在地人才服务中心办理报到及户口迁入手续。

2. 入学时户口未迁入学校的毕业生

毕业生入学时，户口关系未迁入学校，仍然在原籍且就业时须进行户口迁移的，凭毕业证及就业协议书到生源地户籍管理部门办理户口迁移证。到用人单位报到时，毕业生持户口迁移证到用人单位办理户口迁入手续。人事代理的毕业生到人才服务中心办理报到及户口迁入手续。

（二）毕业生档案的转寄

学校应将毕业生档案及时转寄到毕业生的就业单位。根据档案管理规定以及各级档案管理部门的要求，毕业生档案只能由学校统一转寄，毕业生本人不能携带档案。

（三）毕业证、户籍关系、档案丢失补办程序

1. 毕业证丢失补办程序

补证人按要求到原就读学校索取并备齐以下材料：

（1）录取审批表复印件（加盖学校学籍印章）。

（2）省级报刊遗失声明（或破损证书原件）。

（3）本人证书遗失情况报告。

（4）本人工作单位人事部门证明。

（5）二寸照片 2 张。

补证人持以上材料到学校学籍管理部门填写"学历证明书补办申请表"。学校核实补证人身份信息，确保无误后，由学校学籍管理部门工作人员统一办理毕业证明。

2. 户籍关系丢失补办程序

（1）补证人持本人身份证到迁出地所辖派出所复印户口迁移证存根并加盖派出所户口专用章。

（2）补证人持本人身份证和户口迁移证存根到迁往地所辖派出所开具本人的未落户证明，证明上须明确显示本人的姓名、出生日期、身份证号码及本辖区现有无该人户口。

（3）补证人持本人身份证及未落户证明到迁出地所辖派出所补办新的户口迁移证。

3. 档案丢失补办程序

毕业生毕业后档案意外丢失，学校可根据毕业生在校期间的记录补办，补办时需要向就业管理部门提交用人单位出示的证明材料，本人填写"学生档案遗失补办审批表"，经院（系）就业负责领导签署意见，学校就业管理部门审批后，学校相关管理部门补办档案材料。

四、了解人事代理和劳务派遣

（一）人事代理

人事代理是毕业生择业过程中，由用人单位或毕业生本人委托各级人才流动服务机构对人事关系实行社会化管理的一种人事管理方式。人事代理可以高效、公正、负责地为各类毕业生解决在择业、就业中遇到的人事方面的有关问题，并提供以档案管理为基

础的社会化人事管理与服务。

1. 办理人事代理的对象

（1）凡通过双向选择，择业期间内已同外资企业、股份制企业、民营企业等非国有单位（没有直接档案接收权的单位）和实行聘用制的国有企、事业单位签订就业协议书的毕业生，或在以上单位工作但尚未签订就业协议书的毕业生。

（2）择业期内暂未落实就业单位、自费出国留学、自主创业、自主择业等各类毕业生。

2. 人事代理的项目和益处

（1）实现落实户口和档案转递。毕业生办理人事代理手续以后，妥善解决了档案及户口托管问题，不再为户口和档案问题烦恼，实现了用人单位对毕业生人事关系管理和使用的分离，有利于用人单位实现用人自主。对毕业生个人来说，有利于实现自主择业。

（2）保障自身各项权益。毕业生可以享受与国有单位工作人员相同的人事待遇，一旦正式进入国有单位，可享受转正定级、干部身份的保留、工龄的计算、档案工资的调整、职称资格的评定等待遇。对毕业生的资历认定、提高待遇和核定工资等具有重要意义，不会出现断档情况。

（3）方便改签和办理人事调动手续。在择业期内，委托代理机构为改签的毕业生办理户口迁移和档案提取手续；超过择业期后涉及工作调动的，委托代理机构凭毕业生所持正式手续，协助其办理户口迁移和档案提取手续。

（4）出具相关证明。涉及升学、结婚生育、参加养老保险、转接党组织关系的毕业生，依据有关规定，委托代理机构可出具以档案材料为依据的相关人事证明，并协助毕业生办理相关手续。

3. 关于人事代理的重要问题

（1）委托人事代理的应届毕业生见习一年期满后，存档人员按国家规定可申请办理转正定级。转正定级虽然对在非国有单位工作的人员意义不大，但是转正定级后意味着干部身份的正式确定，如果变动工作调入国有单位，转正定级将作为享受有关待遇的主要依据。

（2）委托人事代理的毕业生可以初定职称。国家规定，全日制普通院校毕业生，见习一年期满后，经考核合格，即可在转正定级之后，申请办理初定专业技术职务手续（个别职称系列除外）。人事代理毕业生可于见习期满的当年10月，向人才交流中心申请办理相应职称（职务）初定手续。如果毕业生在择业期内不办理人事代理，将影响其有关资历的认定、待遇的提高和就业的机会。

（3）根据国家规定，国家机关、事业单位调整工资时，凡是人才交流中心管理人事档案并保留干部身份的人员，本人符合国家规定的升级条件，可按照国家规定的调资政策核定其增资额，记入本人档案。行政机关、事业单位招录人员核定工资是以档案工资为依据。

（4）委托人事代理的毕业生中的中共党员，其组织关系可以转到其所在单位或社区，也可以随档案转到人才交流中心，并编入所属党支部参加党员活动。毕业生在校期间入党且未转正的，可在转正期满前1个月向所在党组织提出转正申请。

（5）在接收单位统一参加社会保险的毕业生，可通过单位办理新增投保手续；接收单位未办社会保险或暂无接收单位的毕业生，可持身份证、人事代理相关手续到人才交流中心，办理开户和代收代缴手续，按社会保险机构核定的标准缴费。

（6）毕业生在办理人事代理时，应注意办理单位是否为国家主管部门正式批准成立的代理机构，防止非法中介或由非正常渠道办理人事代理手续，给自己造成不必要的麻烦，甚至上当受骗。

（7）毕业生应在择业期内（毕业后两年）及时落实档案及户口。若毕业生在毕业几个月或一年后才办理人事代理，参加工作起始时间就会滞后，工龄就会受到影响，进而影响此后的转正定级和职称晋升等。

（8）毕业生在择业期内没有及时落实户口、人事关系，超过择业期后，将会给落实户口、迁移档案、出具证明等工作造成困难。

（9）毕业生同用人单位签订就业协议书或劳动合同时，要注意用人单位的真实性和信息的可靠性，以免给自身和用人单位造成不必要的损失，给后期办理人事代理带来不必要的麻烦。

（二）劳务派遣

1. 劳务派遣与劳务派遣合同的定义

劳务派遣，又称"劳动派遣""劳工派遣""劳动力租赁"，是派遣单位根据接收单位（即实际用人单位）的要求，与接收单位签订派遣协议，将与之建立劳动合同关系的劳动者派往接收单位，受派劳动者在接收单位的指挥和管理下提供劳动，派遣单位从接收单位处获取劳务费，并向劳动者支付劳动报酬的一种特殊劳动关系。

劳务派遣合同是指派遣单位与接收单位签订的由一方提供劳务而另一方支付劳务费的合同。

一般国有企业或事业单位没有空缺编制但又需要用人的时候就会招聘劳务派遣人员，劳务派遣人员是派遣单位的人力资源，暂时还不属于用人单位，等到用人单位有编制后可以转为用人单位员工。劳务派遣人员所享受的待遇和社会保险与用人单位的正式员工是一样的。

2. 签订劳务派遣合同的注意事项

一份完备的劳务派遣合同会大大降低派遣单位在派遣过程中面临的法律风险。用人单位在签订劳务派遣合同时要特别注意劳务派遣合同的责权是否明晰，主要包括6个方面：

（1）明确规定派遣单位签订劳动合同的义务，防止派遣单位不签、迟签劳动合同。

（2）明确规定派遣单位有缴纳社会保险的法定义务并承担没有依法缴纳的法律责任，防止派遣公司不缴、漏缴社保。

（3）派遣单位如果拖欠、克扣工资会导致员工难以安心工作，用人单位在劳务派遣合同中应明确规定派遣单位发放工资的日期，并规定未经用人单位同意，派遣单位不得以任何名目直接扣除员工工资。

（4）双方可以约定在哪些情形下可以将派遣员工退回派遣单位及员工退回方式。

（5）双方可以约定如何处理工伤事故、劳动纠纷，费用如何分摊。

（6）双方应当明确约定违约责任，用人单位在派遣合同中应明确规定派遣单位违约应承担所有损失并且用人单位有权解约。

第二节　毕业去向和就业渠道

高校毕业生应解放思想，转变陈旧的就业观念，增强自立、自强意识，强化刻苦奋斗的精神，积极参与新形势下多元化就业。刚毕业的大学生知识结构新、有想法、有胆量、有魄力，要大胆向企业推介自己；或参加公务员考试和证明自身的学历和知识能力等方面的考试；也不妨到基层、部队去大显身手，找到适合自己的工作岗位，实现人生价值。

"条条大路通罗马"，就业的渠道有很多。高职院校毕业生可以通过就业服务机构或学校推荐就业，亦可自谋职业或自主创业，还可以选择继续深造等。

一、继续深造

如果条件许可，高职毕业生认为自己需要受到更高学历层次、更专业的教育，可以暂时放弃就业机会，选择继续接受高等教育或职业培训。高职毕业生可以通过专升本考试、研究生考试或自学考试实现自己的深造愿望。

（一）专升本考试

专升本考试是高等专科学生升入本科所需通过的考试的简称，是中国教育体制中专科层次学生升本科学校或者专业继续学习的考试。这一考试在大多数有专升本教学系统的高等教育学校举行，一般每年举行一次。现在的专升本考试范围不断扩展，包含了成人教育专升本、自考学历专升本（也称"独立本科段"），还有网络教育专升本、电大专升本。

 知识拓展

不能报考专升本考试的学生

专升本考生，报名时须出示专科以上层次的毕业证书。但并非所有专科以上层次毕业证书都可作为报考依据，持以下8种类型毕业证书的学生没有报考资格：

（1）社会力量办学的学校（民办高校）自主发证。

（2）各级党校颁发的毕业证书。

（3）社会人员取得的军队院校毕业证书（无军人证、士兵证、复员证者）。

（4）高等院校所属的二级学院所发证书。

（5）非教育部统一印制的成人高等教育毕业证书或没有验印章的证书。

（6）非教育部统一印制的普通高等教育毕业证书。

（7）省（自治区、直辖市）内承认但没有经过教育部电子注册的证书。

（8）研究生课程班毕（结）业证书。

普通高校专升本考试一般是指在校的专科生在大三（即毕业年级，且必须是应届生）参加的升本考试，一般是升入原学校的本科；或者参加其他学校的统一考试，然后在大专毕业后直接进入本科学习，本科毕业后，学生的学历是全日制本科学历（与普通高等教育基本相同）。除了应届专科毕业生可以参加考试外，大学生参加基层服务项目期满后也是可以参加考试的。

成人教育专升本考试是指学生专科毕业后，参加全国统一的成人考试升入本科。成人教育专升本考试与成人高考同时报名（每年5月期间），学生毕业后的学历是成人本科学历（有学位）。

（二）研究生考试

专科毕业生获得国家承认的大专学历，毕业后两年或两年以上（从大专毕业到录取为硕士生的当年9月1日），达到与大学本科毕业生同等学力，且符合招生单位根据本单位的培养目标所提出的具体要求，以本科毕业同等学力身份报考。

自考专科毕业生自取得专科毕业证书后工作两年才有资格报考，有的学校还在此条件的基础上规定考生必须通过自考本科主干课程的考试，有的学校规定部分专业不招收大专毕业生。具体报考情况，考生应提前向拟报考的高等院校研究生招生办公室咨询。自考专科生属于同等学力考生，某些高校还有以下要求：

第一，通过本科段课程考试。

第二，英语达到本科毕业水平。

第三，发表论文或有科研成果。

第四，复试时要加试两门专业课。

对于以上要求，第一、第四点是各招生单位的共同要求，第二、第三点各招生单位则有不同要求。

从历年研究生招生情况来看，绝大多数高校都要求考生英语达到四级水平，进修本科阶段课程，在指定学术期刊发表至少一篇论文等，复试时都要加试专业课。

（三）自学考试

国家高等教育自学考试（以下简称"自学考试"）是对自学者进行以学历为主的高等教育考试，是个人自学、社会助学和国家考试相结合的高等教育考试形式。参加自学考试的考生不受性别、年龄、民族、种族和已受教育程度的限制，不用经过入学考试。考生可在本地区的开考专业范围内，自愿选择专业。自学考试的学历受到国家的认可，参加自学考试的毕业生享有与普通高校同类毕业生相同的待遇。

1. 自学考试的特点

自学考试的特点可归纳为：最大的开放性、广泛的适应性、极大的灵活性，自学方法和社会助学的多样性，投资少、效益高、见效快，以自学为主，工学矛盾小等。自学考试面向全民，无入学条件要求，只要是中华人民共和国公民都可以参加，不限制考生性别、年龄、民族、种族、已受教育程度，不限制报考专业、学习方式、地点，不限制考试时间、考试次数，考试不及格可重复考，直到合格为止（通过一门即可取得该门课程的单科合格证书）。

2. 参加自学考试的条件

考生在报名期间直接到各地自学考试办公室（以下简称"自考办"）报名，经过国家统一组织的自学考试，取得成绩。在通过教学计划内全部理论和实践课程的考试后，即可取得大学专科或本科的毕业证书。本科毕业生还可以申请成人学士学位。

3. 开考次数和命题单位

高等教育自学考试每年开设 4 次（各省、自治区、直辖市开考的次数由省级考试办决定），考试时间分别为 1 月、4 月、7 月和 10 月。考试命题由全国高等教育自学考试指导委员会统筹安排，采取全国统一命题、区域命题、省级命题 3 种办法进行命题。

4. 及格线和单科合格证书

课程考试合格者（所有课程都以 60 分为及格线）考后一个月从自考办取得单科合格证书（部分省、自治区、直辖市规定单科合格证书有效期为 8 年）。不及格者可参加下一次该门课程的考试。

5. 不可以报考的专业

考生可在本地区的开考专业范围内自愿选择考试专业，但有限制的专业只接受部门委培统一招生（如公安系统、医疗机构）。

6. 自学考试毕业证书

《中华人民共和国高等教育法》明确规定：国家实行高等教育自学考试制度，经考试合格的，发给相应的学历证书或者其他学业证书。

7. 自学考试毕业人员的工作与待遇

《高等教育自学考试暂行条例》第三十一条规定：高等教育自学考试专科（基础科）或本科毕业证书获得者，在职人员由所在单位或其上级主管部门本着用其所学、发挥所长的原则，根据工作需要，调整他们的工作；非在职人员（包括农民）由省、自治区、直辖市劳动人事部门根据需要，在编制和增人指标范围内有计划地择优录用或聘用。

二、到企业单位就职

（一）我国企业的类型及特点

1. 国有企业

高等教育自学考试毕业证书获得者的工资待遇：非在职人员录用后，与普通高等学校同类毕业生相同；在职人员的工资待遇低于普通高等学校同类毕业生的，从获得毕业证书之日起，按普通高等学校同类毕业生工资标准执行。国有企业单位历来是毕业生就业的主渠道之一。国有企业在实行所有权与经营权分离以后，全面推行员工聘用制，在用人方面，具有自主招聘的权力。

2. 民营企业

民营企业是指在所有制关系上属于劳动者个体所有或采取资本联合经营的非公有制经济形式。毕业生在民营企业也可能会有好的发展机会。

3. 外资企业

外资企业主要包括中外合资经营企业、中外合作经营企业和外商独资经营企业。这

微课

常见公司类型

些企业的用工体制均为劳动合同制，员工和企业之间属于雇佣劳动关系。有些外资企业资金雄厚、技术先进、管理科学、待遇优厚。

伴随着所有制经济多元化、多极化发展，近年来，民营企业和外资企业得以快速发展，这两类企业也为毕业生提供了更多的就业机会。同时，随着就业形势的变化和人们就业观念的改变，民营企业和外资企业也广受毕业生青睐。

（二）企业的薪酬待遇

薪酬是员工为企业付出劳动的回报，也是企业劳动力再生产的投入，更是职工个人和家庭生存与发展的需要。企业薪酬一般由工资、奖金、津贴与补贴、股权、福利、社会保险构成。

1. 工资

工资是指根据劳动者所提供的劳动数量和质量，按照事先规定的标准付给劳动者的劳动报酬，也就是劳动的价格。工资可以做如下分类：

（1）基本工资。基本工资是员工只要仍在企业中工作，就能定期拿到的一个固定数额的劳动报酬。基本工资又分为基础工资、工龄工资、职位工资等。

（2）激励工资。激励工资是工资中随着员工的工作努力程度和劳动产出的变化而变化的部分。激励工资与奖金的性质类似，可以分为两种形式：投入激励工资，即随着员工的工作努力程度变化而变化的工资；产出激励工资，即随着员工劳动产出的变化而变化的工资。激励工资是一次性的，与员工现在的表现和成就挂钩。

（3）成就工资。成就工资是员工工作卓有成效，为企业做出突出贡献后，企业以提高基本工资的形式付给员工的报酬。成就工资是对员工过去较长一段时间内取得成绩的追认，是永久性增加的工资。

2. 奖金

奖金是指对员工超额劳动的报酬。企业中常见的奖金有全勤奖金、生产奖金、年终奖金、效益奖金等。

3. 津贴与补贴

津贴与补贴是指对员工在特殊劳动条件和工作环境中的额外劳动消耗和生活费用的额外支出的补偿。通常把对工作的补偿称为"津贴"，把与生活相联系的补偿称为"补贴"，如岗位津贴、加班津贴、降温补贴等。《中华人民共和国劳动法》第四十一条规定："用人单位由于生产经营需要，经与工会和劳动者协商后可以延长工作时间，一般每日不得超过一小时；因特殊原因需要延长工作时间的，在保障劳动者身体健康的条件下延长工作时间每日不得超过三小时，但是每月不得超过三十六小时。"

4. 股权

以企业的股权作为职工的薪酬,这是一种长期激励的手段,能够让员工长期为企业利润最大化而努力,一般适用于企业中高层管理者与技术骨干。

5. 福利

福利是指间接薪酬,是企业为员工提供的除工资、奖金、津贴与补贴外的一切物质待遇,如建立食堂、浴室、托儿所、图书馆、俱乐部、运动场、疗养院等集体福利设施,也包括员工个人生活困难补助、养老金、住房补贴、交通费、免费工作餐等个人福利。

6. 社会保险

社会保险是指员工丧失劳动能力后企业给予员工生活的物质保障,如医疗保险、失业保险、养老保险、伤残保险。目前,我国基本养老保险制度是由社会统筹和个人账户相结合。

(三)企业对职工的考核

绩效就是企业成员对企业的贡献,或对企业贡献的价值。在企业中,员工绩效具体表现为完成工作的数量、质量、成本费用及为企业做出的其他贡献等。绩效考核是指在一定时期内,对员工在其工作岗位上的工作表现、工作任务的完成情况和所做的实际贡献等情况进行收集、分析后所做出的评价。绩效考核是评价每一个员工的工作成果及其对企业贡献大小的一种管理手段。所以事实上,每一个企业都在进行绩效考核工作。

通常绩效考核一级指标包括"德""能""勤""绩",一级指标下设诸多二级指标,如"能"通常涉及组织能力、决策能力、分析能力、判断能力、解决实际问题的能力。

考核的周期(指多长时间进行一次考核)与考核的目的、被考核的职位有关。如果考核的目的主要是奖惩,那么考核的周期与奖惩的周期保持一致;而如果考核是为了续签聘用协议,则考核周期与企业制定的员工聘用周期一致。

考核是企业对员工实施管理的重要手段,其作用有:

(1)增强人员甄选标准的有效性。

(2)做好人力资源规划,合理配置人员。

(3)发现企业中存在的问题。

(4)帮助员工发现不足,改进工作,科学制定职业生涯规划。

(5)有效地进行薪酬和人员变动管理。

三、考取公务员

在我国，公务员是指依法履行公职、纳入国家行政编制、由国家财政负担工资福利的工作人员。公务员职位按职位的性质、特点和管理需要，划分为综合管理类、专业技术类和行政执法类等类别。考取公务员是毕业生的就业方向之一。

（一）我国的公务员制度

我国公务员包括中国共产党机关、各级人民代表大会及其常务委员会机关、各级行政机关、中国人民政治协商会议各级委员会机关、各级监察机关、各级审判机关、各级检察机关、各民主党派和工商联的各级机关中除工勤人员外的工作人员。我国公务员制度是指国家对公务员的管理制度，包括通过制度法律规范，对公务员的"进口"管理、使用管理与"出口"管理的各项管理制度。

我国的公务员制度是随着我国经济体制改革和政治体制改革的不断深入而逐步建立起来的，它既借鉴了国外公务员制度中的有益经验，又坚持从我国的基本国情出发，充分体现了我国政治制度的基本特点；既继承发扬了中国共产党干部人事工作中的优良传统，又整合吸纳了新时期以来干部人事制度改革的最新成果，具有鲜明的中国特色和时代特征。

（二）公务员职务分类和录用

1.《中华人民共和国公务员法》中公务员的职务分类

（1）行政执法类。行政执法类是指在工商、税务、质检、环保等履行市场监管与社会管理职能的行政执法部门的基层单位的行政执法职位中设置的公务员职位类别。行政执法类公务员主要履行行政监管、行政处罚、行政强制、行政稽查等现场执法职责。

（2）专业技术类。专业技术类是指在机关中承担专业技术职责，为实施公共管理提供直接的技术支持和保障的公务员职位类别。专业技术类职位是指在公务员队伍中履行专业技术职责，为实施公共管理提供专门的技术支持与保障的职位。专业技术类职位具有三个显著特点：一是职位具有只对专业技术本身负责的纯技术性特点。专业技术类公务员在自己的专业岗位上，只对专业技术业务本身负责，不直接参与公共管理，不具备行政决策权和行政执法权。二是低替代性。决定专业技术类职位任职资格条件的主要因素是专业技术知识水平的高低。因此，专业技术类职位与其他职位之间的替代性不强，应尽量避免跨类别的人员流动。三是技术权威性。专业技术类公务员提供的技术结论不受行政领导干预，不因行政领导意志的改变而受影响。但这种权威性仅体现在技术层面上，仅为行政领导决策提供参考和支持，最终的行政决策权仍掌握在行政领导手中。根据上述特点，专业技术职位首先体现为某些行业特有专业的技术岗位，如公安的法医、海关的商品归类、原产地管理专家等；其次，体现为一些社会通用性专业的技术岗位，如工程技术、化验技术等。

（3）综合管理类。综合管理类是指除行政执法类、专业技术类以及其他职位类别以外的公务员职位类别。综合管理类职位是机关中数量最多的主体类别。需要说明的是，虽然机关工作需要各类专业知识，综合管理类公务员中有不少为具有专业资格的人员，在其工作领域从事研究、政策制定工作，具有丰富的知识、经验和造诣，但这些人员的工作仍然属于机关的行政管理工作，因此，不作为专业技术类公务员。

需要说明的是，目前公务员队伍中除上述三类职位外，还有法官、检察官。该类职位分别行使国家的审判权与检察权，与其他类别职位的性质、特点存在明显区别。法官、检察官在等级、义务、权利、资格条件、任免程序、回避等方面的管理，也与其他类别公务员有所区别。《中华人民共和国公务员法》第三条规定：法律对"法官、检察官等的义务、权利和管理另有规定的，从其规定"。

2. 录用的方法与程序

（1）录用的方法。公务员录用方法，必须充分贯彻和体现公开、平等、竞争、择优的原则。公务员录用主要采取公开考试、严格考察的办法，择优录用。

公开考试是指面向社会，以考试为测评手段，公开选拔人才。公开的内容主要包括：拟录用公务员的部门、职位及其数量公开；报考的资格条件公开；考试的方法、程序、科目和时间公开；考试的成绩、录用的结果公开。报考者具有知情权。公务员录用考试分为笔试和面试。

严格考察是指对考试合格者以往的情况和表现进行全面考察，并做出评价。考察内容主要包括：政治思想、道德品质、工作表现、工作实绩、廉洁自律及需要回避的情况等。

公开考试和严格考察是测评拟录取公务员的两种方式，这两种方式在录用工作中要同时运用，不能只用其一。

（2）录用的程序。《中华人民共和国公务员法》对公务员的录用程序有严格的规定，主要包括：发布招考公告，报考者资格审查，公开考试，报考资格复审、考察、体检，拟录用，录用，试用。

根据《中华人民共和国公务员法》第十三条的规定，公务员应当具备下列条件：

① 具有中华人民共和国国籍；

② 年满十八周岁；

③ 拥护中华人民共和国宪法，拥护中国共产党领导和社会主义制度；

④ 具有良好的政治素质和道德品行；

⑤ 具有正常履行职责的身体条件和心理素质；

⑥ 具有符合职位要求的文化程度和工作能力；

⑦ 法律规定的其他条件。

报考特殊职位的考生还应具备满足该职位要求的特殊条件。

（三）公务员考试

公务员考试是公务员主管部门组织的担任主任科员以下及其他相当职务层次的非领导职务公务员的录用考试。下面主要介绍中央机关及其直属机构的公务员考试。

中央机关及其直属机构的公务员考试包括笔试（公共科目、专业科目）和面试。

1. 笔试

国家公务员考试笔试科目分为行政职业能力测验和申论两科。行政职业能力测验主要测查与公务员职业密切相关的、适合通过客观化纸笔测验方式进行考查的基本素质和能力要素，包括言语理解与表达、数量关系、判断推理、资料分析和常识判断等。

申论主要通过考生对给定材料的分析、概括、提炼、加工，测查考生解决实际问题的能力，以及阅读理解能力、综合分析能力、提出和解决问题能力、文字表达能力和贯彻执行能力。

2. 面试

面试比例与计划录用人数比例一般有 3∶1、4∶1、5∶1 三种，只有通过笔试后，按录用人数与面试比例确认笔试成绩排名前几位的考生进入面试环节。

常见的两种面试形式是结构化面试和无领导小组讨论。

结构化面试是指根据事先制定好的面试提纲上的问题一一发问，并按照标准格式记下考生的回答和对他的评价的一种面试方式。

无领导小组讨论采用情景模拟的方式对考生进行集体面试，通过给一组考生（一般是 5～7 人）一个与工作相关的问题，让考生进行一定时间（一般是一小时左右）的讨论，以此来检测考生各方面的能力和素质，由此对考生做出综合评价。

面试内容分为若干测评要素，主要包括综合分析能力、言语表达能力、应变能力、计划组织协调能力、人际交往的意识与技巧、自我情绪控制、求职动机与拟任职位的匹配性、举止仪表和专业能力。必要时，可以根据职位要求、面试内容增加其他测评要素。具体来说，公务员面试的主要内容包括四大方面：

（1）思辨能力：

① 分析思考问题的深度。即能否透过现象看本质，能否抓住主要矛盾和矛盾的主要方面。

② 分析思考问题的广度。即是否孤立地、片面地看问题，能否抓住事物之间的联系。

③ 辨析及综述能力。即是否善于从纵向（即深度层次）和横向（即广度方面）全面展开，全面、准确地分析，能否抓住重点，将各方面的材料去粗取精，进行筛选、重新整合，最终以"精粹"的面貌呈现并得出正确结论。

④ 分析思考问题的逻辑性。分析思考问题必须有严密的逻辑，进而得出正确结论，不能天马行空，自由阐述。逻辑性最基本的表现即是能根据正常逻辑自圆其说，不自相矛盾，去除分析问题过程中的干扰。

（2）仪表风度。仪表风度包括考生的体型、外貌、气色、衣着举止、精神状态等。国家公务员对仪表风度的要求较高，面试中会考查考生是否仪表端正、衣着整洁、举止文明。

（3）专业知识：

① 了解考生掌握专业知识的深度和广度，了解其所掌握的专业知识与录用职位是否相符。面试对专业知识的考查更具灵活性和深度，所提问题也更接近空缺岗位对专业知识的需求，因此作为对专业知识（笔试）的补充。

② 根据考生提供的个人简历或求职登记表，对其进行相关提问，查询考生有关背景及过去工作的情况，以补充、证实其所具有的实践经验。通过对考生工作经历与实践经验的了解，可以考查考生的责任感、主动性、思维能力、口头表达能力及处理问题的能力。

（4）能力体现：

① 口头表达能力。在面试中，考查考生的思想、观点、意见或建议表达是否顺畅，考察的具体内容包括：表达的逻辑性、准确性、感染力，音质、音色、音量、语调、语速等非语言因素。

② 反应能力与应变能力。主要看考生对面试官所提的问题理解得是否准确到位，回答是否迅速、简洁；对于突发提问的反应是否机智敏捷、回答是否有分寸，对于意外事情的处理是否得当。

③ 自我控制能力。自我控制能力对于公务员从事的工作尤为重要，遇到上级领导的批评教育时、面对繁重的工作压力时、处理个人利益与集体利益的矛盾时，能够容忍、克制、理性，不因情绪波动而影响工作；同时，个人工作时的耐心和韧劲也是非常重要的。

④ 人际交往能力。在面试中，通过询问考生经常参与哪些社团活动、喜欢与哪种性格的人打交道、社交倾向有哪些、为人处事的技巧是什么，进一步了解考生。

⑤ 综合分析能力。在面试中，考生对面试官提出的问题，可以经过分析抓住本质，并且说清理透、分析全面、条理清晰，这是考生综合能力的集中体现。

四、大学生村干部与大学生应征入伍

按照国家政策，高职毕业生还有机会成为大学生村干部，或入伍成为义务兵、士官。

（一）大学生村干部

大学生村干部是指到农村（含社区）担任村党支部书记、村委会主任助理或其他村"两委"职务的具有大专以上学历的应届或往届大学毕业生。

1. 大学生村干部的报考条件

各省、自治区、直辖市大学生村干部考试报考条件不统一，但都有以下基本要求：

（1）思想政治素质好，组织纪律观念强，服从分配，踏实肯干，志愿到农村基层工作。

（2）有一定的组织协调能力和较强的语言表达能力。

（3）学习态度端正，学业成绩良好。

（4）身体健康，符合规定的体检要求。

一般都要求选聘对象年龄在30岁以下。同等条件下，倾向于优先录取中共党员、学生干部、三好学生等优秀学生。

2. 大学生村干部的待遇

以安徽省为例，大学生村干部可以享受的待遇有：

（1）比照本地乡镇从高校毕业生中新录用公务员试用期满后工资收入水平，给予大学生村干部工作津贴和生活补贴，由县级财政部门按月统一打卡发放。同时，中央财政按照每人2 000元的标准发放一次性安置费。

服务期满3年后，留村担任村党组织书记、副书记、村委会主任、副主任的大学生村干部，任职期间继续享受大学生村干部工作津贴和生活补贴，同时可享受同级村干部补贴。期满留村任职的大学生村干部须签订续聘合同。

（2）大学生村干部在村任职期间，以县（市、区）为单位，办理城镇职工基本养老保险、医疗保险和人身意外伤害保险，直至聘期结束。城镇职工基本养老保险和医疗保险单位缴费部分，以及人身意外伤害保险，由县（市、区）财政承担；个人缴纳部分由负责发放大学生村干部工作津贴、生活补贴的部门在个人补贴中代扣代缴。

（3）认真执行国家助学贷款代偿政策。对在村任职2年（含2年）以上、年度考核为称职及以上等次的大学生村干部，经本人申请，省、市、县（市、区）选聘办逐级审核后，代偿助学贷款本金的60%；对任职满3年，年度考核为称职及以上等次的大学生村干部，代偿助学贷款本金的40%和全部个人自付利息。大学生村干部国家助学贷款代偿资金由省财政承担。

（4）每年公开考录公务员时，按不低于全省公务员考录计划10%～15%的比例，面向服务期满、年度考核称职的大学生村干部等基层服务项目人员单列计划；大学生村干部等基层服务项目人员较少的地方可适当降低比例，但考录数量不少于当年服务期满人员数量的10%；选拔选调生逐步做到主要面向在村任职2年、年度考核称职及以上等次、具备选调生条件和资格的大学生村干部。

（5）乡镇基层事业单位有编制、岗位空缺且有工作需要的，可直接补充任职满3年、考核称职及以上等次的大学生村干部。县级及以上事业单位公开招聘工作人员时，对在村任职2年及以上、年度考核称职的大学生村干部，凭省选聘办颁发的大学生村干部证书或相关证明材料，每门笔试科目成绩增加2分；对服务期满、考核为优秀档次或获得市级以上表彰的大学生村干部，可破格免试直接聘用。每年县级及以上相关事业单位公开招聘工作人员，应按照不低于40%的比例，聘用在基层服务2年及以上、年度考核称职及以上等次的大学生村干部等基层服务项目人员。

（6）在村工作表现良好、连续3年考核获得称职及以上等次，有意报考硕士研究生的大学生村干部，享受初试总分加10分的优惠政策，同等条件下优先录取。

（7）大学生村干部被党政机关或企事业单位正式录用（聘用）后，在村任职工作时间计算连续工龄和社会保险缴费年限；其社会保险关系可按有关规定转移、接续。

（8）大学生村干部户口可留在现户籍所在地，或随高校派遣通知一起转至任职村所在县（市、区）。

3. 大学生村干部考试

大学生村干部考试由各省级行政单位决定，报名时间一般早于考试时间一至两个月左右。大学生村干部考试题型包括行政职业能力测验、申论等。行政职业能力测验是客观性试题，申论为主观性试题。面试和专业科目考试由招录机关确定考试方式和题型。

（二）大学生应征入伍

从广义上讲，大学生应征入伍是指部队每年从应届大学毕业生中招收义务兵。大学毕业生入伍预征工作一般在五六月份进行。

1. 征集对象

根据国家有关规定批准设立、实施高等学历教育的全日制公办普通高等学校、民办普通高等学校和独立学院，按照国家招生规定录取的全日制普通本科、专科（含高职）、研究生、第二学士学位的应（往）届毕业生、在校生和已被普通高校录取但未报到入学的学生。

男性普通高等学校在校生为17～22周岁，大学毕业生放宽到24周岁。女性普通高等学校在校生和毕业生为17～22周岁。

（1）身体条件。应征入伍的大学生应身心健康、体魄强健，符合以下身体条件：

① 身高：男性身高在 160 厘米以上，女性在 158 厘米以上。

② 体重：男性不超过标准体重的 30%，不低于标准体重的 15%；女性不超过标准体重的 20%，不低于标准体重的 15%。标准体重 =（身高 － 110）千克。

③ 视力：右眼裸眼视力不低于 4.6，左眼裸眼视力不低于 4.5。屈光不正，准分子激光手术后半年以上，无并发症，视力达到相应标准的，合格。

④ 内科：乙型肝炎抗原表面呈阴性。

（2）政治条件。征兵政治审查的内容包括：应征入伍的大学生的年龄、户籍、职业、政治面貌、宗教信仰、文化程度、现实表现以及家庭主要成员和主要社会关系成员的政治情况等。应征入伍的大学生必须热爱中国共产党，热爱社会主义祖国，热爱人民军队，遵纪守法，品德优良，决心为抵抗侵略、保卫祖国、保卫人民的和平劳动而英勇奋斗。

2. 征集程序和办法

（1）报名。凡符合条件的全日制高等学校在校大学生根据本人自愿，均可在所在学校武装部和学校户籍所在地武装部报名应征。

（2）体检。在校大学生参加征兵办统一组织的体检，体检时，验两证一表一照，即身份证、学生证、预征对象登记表和学生本人照片。

（3）政治审查。主要由就读学校所在地县（市、区）公安部门负责，学校保卫部门具体承办。入学前和就读返乡期间的政治审查工作，由原籍所在地县（市、区）公安部门负责。

3. 服役期间的就学政策

（1）妥善安排学业。大学生入伍前，应尽可能参加本学期所学课程的考试。学校为应征入伍的大学生保留学籍至退役后一年。已经修完规定课程或已修满规定学分，符合毕业条件的大学生，学校可准予毕业，颁发毕业证书。大学生应征入伍后，可以参加原学校组织的函授或自学专业课程，经部队团级单位批准可以参加学校组织的考试。

（2）适当减免学费。大学生应征入伍后，已交学杂费的剩余部分，由学校退还本人，或由学校负责管理。退役后复学：大学生家庭经济困难的，由学校酌情减免学费；应征入伍前享受优秀学生奖学金的大学生，复学后提高一个奖学金等级（不含一等奖学金）；对荣立一次三等功的大学生，复学后按不低于 50% 的标准减免学费；对荣立两次三等功或荣立二等功或被授予荣誉称号的大学生，复学后免交全部学费。

（3）退役后复学。大学生退役后可以回原学校复学。若原学校撤销，由各省、自治区、直辖市教育行政部门安排退役大学生转入同等学力相关专业高等学校复学；若原所学专业撤销，由学校安排退役大学生转入其他专业复学。个别学习有困难的退役大学生，可以申请延长学习时间。对专升本、报考研究生的退役大学生，在同等条件下应优先录取。在部队荣获三等功以上奖励的大学生：原是本科生的可申请转到本校其他专业学习，原是专科生的可以免试进入本校同专业或相近专业的本科学习，属独立学院的专科生，由学校所在省级教育行政部门负责安排。荣获二等功以上奖励的大学生：本科毕业后，可免试保送所学专业研究生。

五、自主创业和自由职业

（一）自主创业

"大众创业、万众创新"已成为国家战略，为大学生自主创业、施展才华提供了良好的机遇。自主创业不仅解决了大学生的就业问题，还为他人带来了就业机会。目前，大学生自主创业已经成为一种新的就业形式，成为大学生就业去向的众多选项之一。

当然，并不是说每个大学生都适合创业。每个人都应该认清自己的发展定位——是创业做老板，还是做一名雇员。

（二）自由职业

自由职业者（也称"自雇人士"）一般是脑力劳动提供者，主要是指从艺人员，如自由撰稿人、美术人、音乐人、电脑精英、会计、策划人等。自由职业者不属于任何组织机构，不向任何雇主承诺长期从事某种职业。随着社会的发展、体制的放宽和技术的进步，自由职业者的外延也在不断扩展，且正在向更多领域延伸。

第三节　求职方式

一、校园招聘

参加校园招聘是毕业生就业的主要途径之一。校园招聘一般包括在学校举办企业专场招聘会和大型校园招聘会。

（一）企业专场招聘会

企业专场招聘会即某企业面向某一高校，在该校单独举行的招聘活动。一般程序如下：

（1）企业与学校就业部门取得联系，发布招聘启事。

（2）学校就业指导部门或院系通过通知、橱窗、学校就业指导网或微信、QQ 等形式，向学生发布企业招聘公告，发布招聘信息。

（3）企业依照约定在面试之前向毕业生进行宣讲，介绍基本情况。

（4）学校协助企业组织笔试和面试（包括特定体能测验和体检）。

（5）企业通知学校录用名单，学校再通过各种方式公布录用名单。

（6）企业通过学校通知准录用毕业生，毕业生按照规定进行体检。

（7）企业、学校与被录用毕业生签订就业协议书。

已经与企业签订就业协议书的毕业生，没有特殊原因，原则上不得再参加其他企业的招聘活动。未被企业录用的毕业生可继续参加其他企业的招聘活动。

（二）大型校园招聘会

大型校园招聘会是指学校同时邀请多家企业在校园举行的集中招聘活动。大型校园招聘会的特点是参加招聘的企业数量多、毕业生可选择的空间大，但有时会出现一名学生被几家企业同时选中的情况。参加大型校园招聘会也容易造成一些毕业生举棋不定、难以取舍。由于参加大型校园招聘会的企业和毕业生数量较多，可能造成企业与毕业生个人之间的交流不够充分。

组织大型校园招聘会相对于组织企业专场招聘会的难度大。大型校园招聘会的招聘程序与企业专场招聘会的招聘程序基本相同。

二、就业市场与社会招聘

就业市场是指在市场经济条件下，人力资源按市场运行规律配置的场所。大学生就业市场是为了适应社会主义市场经济发展的需要而建立的，是指专门为高校毕业生求职择业和用人单位挑选毕业生提供服务的场所。

就业市场包括有形市场和无形市场。有形市场是指有固定的场所、具体的时间和地点、特定的参与对象的市场；无形市场是指不受时空限制，毕业生可以按照自己的择业意向来挑选用人单位的市场。由政府组织或人事、劳动行政部门组织的，用人单位和求职者双方直接交流洽谈的社会招聘会多数是利用有形市场完成的。社会招聘会为供需双方提供了当面洽谈的机会，可以保障双向交流顺利、反馈及时，提高了招聘工作的效率，增加了就业成功率。社会招聘会与校园招聘会略有不同：除用人单位的组织方式不同外，被录用的毕业生还可以参加其他单位的招聘。无形市场的主要形式是网络市场和新媒体市场，如各级教育主管部门建立的"高校毕业生就业信息网""毕业生就业网""人才招聘网""求职网"。毕业生要学会将无形市场作为获得就业信息的重要渠道，达到更快、更准确地获得信息的目的；同时，还要学会抓住和利用一切机会，达到与用人单位成功接洽的目的。

三、网络求职

利用网络平台招聘、求职，已成为用人单位和求职者都愿意接受的一种方式。网络招聘有其独特的优势，省钱、省时、省事，因此，网络求职正逐渐成为主流的就业方式。另外，有些用人单位在举行校园招聘会之前，也会要求求职者先在网上报名。

网络求职的方法如下：

（1）查询、检索就业信息。

（2）网上投递简历。

（3）直接向用人单位发送 E-mail。

（4）建立个人主页。

四、其他方式

（一）利用社会关系求职

利用各种社会关系求职，可以拓宽信息渠道。例如：通过各种社会关系获取招聘信息或确认已有信息的真实性，可以帮助毕业生获得更可靠的信息，避免受骗，还可以提高应聘成功的概率。值得注意的是，毕业生必须对自己的职业方向非常明确，否则慎用这种方式。

（二）自荐求职

就业指导专家认为，求职中的主动表现包括两个方面：一是主动寻找机会，主动登门拜访用人单位；二是在面试后做适当的跟踪。事实证明，毕业生的主动精神往往会打动用人单位的招聘者，并最终被录用。当然，是否主动登门求职，还要根据毕业生的实际情况来决定，不可盲目登门。

（三）通过中介机构求职

许多毕业生也通过中介机构寻找工作。通过中介机构求职的一般程序是：到中介机构专设的委托招聘部门办理就业代理登记—投放简历—委托推荐。但目前的中介机构良莠不齐，所以毕业生在选择代理求职的中介机构时，一定要警惕"伪中介"和"黑中介"，谨防上当受骗。

第四节　预防求职陷阱

一、就业陷阱概述

所谓就业陷阱，就是某些招聘单位、机构或个人，利用大学生在就业市场上的弱势地位，以提供就业机会为诱饵，采用违法悖德手段，与大学生达成权利与义务不对等的各类就业意向（协议），侵害大学生合法权益。据调查，就业陷阱五花八门，无处不在，部分人出现过求职被骗的情况。刚刚离开校园、走向社会的毕业生，由于社会经验不足、自我保护意识差，加上求职心理迫切、就业竞争激烈，很容易被各种假象蒙骗。因此，毕业生在求职时需要谨防各种就业陷阱。

就业陷阱具有欺骗性、诱惑性、隐蔽性、违法性等主要特征。

二、常见的就业陷阱

（一）虚假招聘

微课

求职陷阱之扣
证件

某些用人单位为了打响企业的知名度或者为了达成其他目的，大张旗鼓地做广告、发信息，如声称要招聘"高级主管一名""业务经理一名"，待遇优厚，以此吸引大量求职者前来应聘，然后再以各种理由拒绝求职者。还有一些面临倒闭的企业为了躲避债权人的追债而大量做广告、发信息，给人一种不断发展壮大的错觉，以此来掩盖实际上的财务危机。

（二）粉饰岗位

某些用人单位确实需要人力，但是如果照实说出职位，无法引起毕业生的关注，于是便将职位粉饰一番，广告上说得天花乱坠。毕业生入职后才发现不过是"金玉其外"，如"行政经理"去打杂，"市场总监"拉业务，"财务分析"做保险推销。

精选案例

> 　　小余在某家具公司竞聘"销售助理兼内务"，面试、复试均合格后，被通知上班。双方在此前谈好：小余的试用期3个月，月薪3 800元，试用期结束后月薪4 500元，主要负责内勤工作。但小余去上班后，该公司却以其不熟悉公司事务为由，派其做业务员，试用期3个月，没有底薪，只拿提成。同时，小余还被告知，如果3个月内业绩不合格，将继续作为试用人员。

　　"粉饰岗位"的现象屡见不鲜，毕业生应聘时要提前了解清楚职位的具体内容，询问工作细节，认真考虑后再做打算。

（三）骗取钱财

　　某些非法机构或犯罪分子在某一地方临时租用一间办公室，然后到处张贴或发放虚假招聘信息。待有求职者前来面试时，再以收取报名费、押金、服装费、培训费、办证费等名义，非法收取求职者的钱财，然后告知其几天后正式上班。然而，当求职者前来报到时发现已是人去楼空。还有一些非法中介，利用毕业生求职心切的心理，以介绍工作为由向他们收取高昂的中介费，结果他们交了钱也上不了班。

 精选案例

> 　　某学校的毕业生小刘通过中介机构推荐上岗，他交了50元中介费和30元建档费，拿着中介机构给他的地址找到一座商贸大楼五层的一间挂有"××公司对外联络处"的房间。
>
> 　　一位女士接待了他，简单面试后，表示他已被录取。接下来，这位女士说，为了慎重起见，公司统一组织大家体检，体检后签订劳动合同，每人交纳体检费430元。现在人员还没有招满，要求小刘一星期后到这里集合。小刘高兴地交纳了体检费。一星期后，小刘再到集合地点时发现牌子已换。一打听，原来的人已走，房间租给了别人。
>
> 　　进一步了解，小刘得知那家公司近期根本没有在本地招聘人员的计划，也没有设立对外联络处。小刘找中介机构说理并要求退费，中介机构却一口咬定信息是这家公司提供的，他们按照要求给了小刘信息，拒绝退费。
>
> 　　《人才市场管理规定》规定：用人单位招聘人才，不得以任何名义向应聘者收取费用。求职者应谨记这一点，遇到特殊情况应第一时间查证用人单位的信息。同时，在选择中介机构时，求职者应注意查看其证件是否齐全，是否具有相应资质。

（四）浑水摸鱼

浑水摸鱼的用人单位一般都是实力比较差的企业，因为没有足够的财力聘请专业设计人员设计产品，所以以招聘企划或设计人员为名，要求求职者依照公司的要求做一份方案或设计图，然后再推说人员已经招满或作品不合乎要求等，以此欺骗性手段获得众多求职者的作品，且不需要花费高额的设计费用。毕业生在求职时一定要谨防这类公司浑水摸鱼，窃取自己的劳动果实。

（五）瞒天过海

瞒天过海分为以下两种情况：一是用人单位近期将有大项目启动或有新产品试制等，急需大批人才，而这些人才在项目完成或市场成熟后又会完全失去作用。有的企业先大量招聘人员，设置试用期，然后找各种理由裁员，以此减少开支、保证人员的充分利用。二是一些非法机构利用毕业生求职心切的心理，打出"名企招聘"的招牌吸引毕业生加入，等到毕业生发现上当受骗，再想要逃出时已经非常困难了。

（六）文字陷阱

劳动合同与劳务合同，一字之差却有天壤之别。有的用人单位利用初涉职场的毕业生经验不足、粗心大意、维权意识差等特点，与毕业生签订劳务合同。毕业生在不知不觉中陷入"劳务工"的圈套中。劳动合同是劳动者与用人单位之间确立劳动关系、明确双方权利义务的协议。一旦签订，双方就形成了受《中华人民共和国劳动法》保护的劳动法律关系。劳动合同的主体一方必须是用人单位，另一方是劳动者个人。用人单位和劳动者之间不仅存在经济关系，还存在人身关系，即行政隶属关系。除提供劳动外，劳动者还要接受用人单位的管理。劳务合同是当事人双方就一方提供劳动服务，即劳务，另一方支付报酬而形成的债权债务协议，是一种民事法律关系。劳务合同广泛存在于雇佣、承揽、出版、运送、委托、行纪、居间、寄存、仓储等领域。劳务合同的主体双方可以同时是法人、组织、普通公民，也可以是普通公民与法人或组织。劳务合同的主体之间只存在经济关系，彼此无从属性，劳动者提供劳动服务，用人单位或者个人支付劳务报酬，各自独立，地位平等。

同样，正式工和劳务派遣工也是两个完全不同的概念。劳务派遣，即劳动力租赁，是由派遣机构与劳动者订立劳动合同并支付报酬，把劳动者派向其他用人单位，再由用人单位向派遣机构支付一笔服务费用。劳务派遣工指是被派遣的劳动者。近几年，"雇人不用人，用人不雇人"的用工模式普遍存在，这种模式中所说的"人"，就是指"劳务派遣工"。劳务派遣工与派遣机构订立劳动合同，派遣机构再与用人单位订立劳务派遣协议，也就是说，派遣机构负责把劳务派遣工"雇佣"给用人单位，用人单位不建立劳动关系，建立劳动关系的派遣机构不实际用人。求职者在通过一轮又一轮的笔试、面试后，如果在签订就业协议时发现，协议里的甲方并非实际用人单位，而是某人力资源公司，那么，求职者就成了某人力资源公司派遣到用人单位的劳务派遣工。

♟ 体验活动

小组讨论，熟悉并准确识别各类就业陷阱。

（1）分组，每组6～8人，设组长1名。

（2）由组长组织本组成员通过网络、报纸或到当地人才市场搜集与本专业相关的各类招聘信息以及各类兼职信息，每人搜集2～3条。

（3）小组成员对搜集的信息进行分析，讨论信息是否真实、是否可能存在就业陷阱等，并将讨论结果进行记录。

（4）将讨论结果交给教师，由教师提出建议。

三、就业陷阱的防范

（一）保持平稳的心态，提高警惕

求职者在求职过程中应当保持平稳的心态，不急躁、不轻浮、不虚荣，对待遇优厚但招聘要求却很低的用人单位要加以防范，应充分了解其背景和运营情况。求职者在不了解实情的情况下，万不可盲目地应聘；理性选择求职平台，可到当地公共就业和人才服务机构求职，如人力资源市场、职介中心、人才中心，也可到各级人力资源和社会保障部门认定的人力资源服务机构求职。

（二）多了解、多打听、多思考

在求职的过程中，求职者应充分利用网络资源、媒体资源及其他一切可利用的资源，多方面、多层次地了解用人单位的运营现状、规模、性质、信誉度等情况，防止用人单位利用招聘信息制造骗局；接到招聘邀约后，及时上网核实相关信息，特别是要到市场监管部门的官方网站查询该用人单位注册或者备案情况，若查不到相关信息就说明该单位可能不存在；和有一定社会阅历的亲友沟通，冷静听取他们的意见或相关领域工作经验，也可以咨询并参考不同年龄、不同地区的人的意见建议。

（三）谨慎应聘

当求职者发现用人单位有异常举动时，如安排的招聘地点非常隐蔽或只在夜间招聘等，都要加倍小心，绝对不可贸然前去；应聘前后与亲人、同学保持联系；应聘中，发现用人单位收取押金、培训费等费用时，应当提高警惕，尽量拖延时间暂缓交费；还应向用人单位的正式员工详细咨询该公司的管理制度、用人制度等，以确保就业安全。

（四）拒绝高薪诱惑

天下没有免费的午餐。高薪虽然诱人，但求职者首先要清楚自己的条件和特长，判断自己是否能为用人单位创造良好的效益，是否能对得起"高薪"。若答案是否定的，求职者则要思考：用人单位为什么会录用我？多一分警惕便少一分受骗的可能。

（五）拒交各种名义的费用

在招聘时，任何用人单位以任何名义向求职者收取押金、风险金、报名费、培训费等，都属非法行为。用人单位职前培训也不允许收取培训费。求职者凡遇到此类情况，要坚决拒交，并向用人单位所在区、县劳动保障监察大队举报，以确保自己的合法权益不受损害。

（六）注意自身的信息安全

一些居心叵测的用人单位还利用求职者提供的个人信息进行一些违法活动。因此，求职者在求职的过程中，应当特别留心自身的信息安全。一般情况下，求职者在应聘时不要填写过分详细的信息资料，如家庭详细地址、家人联系电话等；上交证件时也要尽量避免交出原件。

（七）及时寻求法律保护

求职者一旦发现上当受骗，要及时向用人单位所在地投诉和报案。若被投诉对象为合法机构，求职者可以找人力资源和社会保障部门寻找帮助；若被投诉对象是无证无照经营的中介机构，求职者可以同时将其投诉到市场监管部门、人力资源和社会保障部门；若情况特别严重、受骗金额较大，或求职过程中人身安全受到威胁，应立即向公安部门报案。

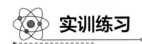

实训练习

参加求职招聘活动

实训目的

深入了解各类就业陷阱，并尝试有效规避。

实训内容

（1）分组。每组4～6人，设组长1名。

（2）每个小组参与一次求职招聘活动，参与活动的过程中识别就业陷阱，并寻找有效规避的办法。

提示：参与活动的过程中，如果疑似存在就业陷阱，不要当场点破，注意保护自身安全。

（3）小组分享参与求职招聘活动，以及识别就业陷阱并有效规避的体会。具体内容包括学生自身所做的求职准备工作、所使用的求职技巧、所遭遇的求职难题或骗局等。

实训检测

活动结束后，教师可根据表2-1进行评分。

表2-1 实训活动评价表

评分标准	分值	实际得分	备注
积极参与活动	20		
活动组织有秩序，时间安排合理	25		
记录准确全面，条理清晰	25		
能够准确判断招聘信息的真假，识别其中的就业陷阱	30		
总分	100		

第三章　就业准备与心理调适

　　求职是一项系统工程，大学生求职不仅是一个持久的过程，而且还要通过复杂的选拔程序。"未雨绸缪""凡事预则立，不预则废""不打无准备之仗"，就业也是一样的道理。面对复杂的求职环境，大学生必须根据自己的实际情况和人才市场的需求，在充分做好信息准备、心理准备、资料准备的同时，熟练掌握求职技巧，从而使自己在求职过程中得心应手，游刃有余。

 **学习目标**

1. 了解就业信息的搜集原则、途径。
2. 了解求职信的书写格式。
3. 明确简历的基本内容和制作原则。
4. 了解求职中常见的心理问题。

 案例导入

甲详细了解客户的奋斗历程，弄清客户毕业的学校、处世风格和关心的问题，精心设计了几句简单却有分量的开场白，在算好的时间去乘坐电梯，跟客户打过几次招呼后，终于有一天跟客户长谈了一次，不久就获得了订单。

从这个故事中不难看出，在当今这个信息化的社会，一个人想要获得成功，必须掌握大量的信息，并合理地整理、使用。愚者错失机会，智者善抓机会，成功者创造机会。机会只给准备好的人，这"准备"二字，并非说说而已。一个善做准备的人，是出错少的人；一个善做准备的主管，是效率高的主管；一个善做准备的企业，是前程远大的企业。机会总是垂青有准备的人。

第一节　就业信息的搜集与处理

一、就业信息的搜集

就业信息是指求职者通过各种途径和方法获得的，并经过加工、分析、判断、筛选提取的对选择职业或职位有价值的、可利用的就业方面的消息和情况。

就业信息对于毕业生求职择业有着非常重要的作用，毕业生应及时掌握与就业有关的信息。就业信息越广泛，毕业生择业的视野越宽阔；就业信息质量越高，毕业生择业的把握性就越大。

（一）搜集就业信息的原则

1. 精准性原则

由于社会生产力迅速发展，人才流动频繁，用人单位用人更新速度变快。社会上在同一时间存在来自四面八方、形形色色的就业信息，让毕业生难辨真假。所以，毕业生在搜集信息时，应多观察、勤思考，以确保所获得的就业信息准确、真实。对于一些不是十分清楚的就业信息，毕业生要及时与用人单位联系或请教别人，搞清用工意图，以免上当受骗。

2. 时效性原则

时效性是信息本身的重要特性之一，信息在特定的时间内有效。就业信息的时效性则更强，在就业信息发布的有效期限内，如果用人单位完成了招聘计划，已经与求职者达成协议，那么就业信息就失效了。因此，毕业生应及早对就业信息做出反应，切忌使重要的求职信息成为"明日黄花"，错失良机。

3. 针对性原则

随着人才市场的发展，就业信息日益丰富。如果毕业生在搜集信息时不注意适用性，那么就可能在众多的就业信息无法把握方向，从而捕捉不到真实、有价值的信息。这就要求毕业生在搜集就业信息时，充分结合本校特色、本专业特点，有针对性地选择就业信息，降低盲目求职的可能性。

（二）搜集就业信息的途径

就业信息多种多样，搜集的渠道也各有不同。总体上说，目前毕业生可以通过以下途径获取就业信息。

1. 个人搜集

毕业生广泛搜集自己专业和某种职业范围内用人单位的信息资料并加以研究利用。

2. 各级政府主管部门和就业指导机构

为了指导毕业生就业，各级政府都成立了毕业生就业指导机构。这些机构的主要职责是定期搜集所在地用人单位的就业信息，经过整理，通过多种渠道发布出去，并为毕业生提供咨询及其他服务，如各地的职业指导中心、大学生就业指导中心、人才交流中心、24365 大学生就业服务平台。

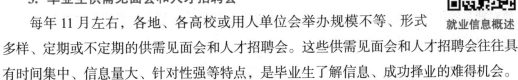

就业信息概述

3. 毕业生供需见面会和人才招聘会

每年 11 月左右，各地、各高校或用人单位会举办规模不等、形式多样、定期或不定期的供需见面会和人才招聘会。这些供需见面会和人才招聘会往往具有时间集中、信息量大、针对性强等特点，是毕业生了解信息、成功择业的难得机会。

4. 毕业生就业指导中心

学校的就业信息主要来源于直接到学校招聘毕业生的用人单位及各种人才招聘机构。目前来看，毕业生从学校得到的就业信息呈现用人需求量大、可信度高的特点，其针对性、准确性均较强，是毕业生获得就业信息的主要渠道，毕业生对此途径应高度重视。

5. 社会传播媒介

目前，毕业生就业成为社会关注的热点。许多新闻媒体，如报纸、电视、杂志、广播时常发布就业政策、行业现状、人才需求、职业发展前景等方面的内容。这些都是获取就业信息的渠道，广大毕业生应注意定期搜集。

6. 社会关系

在搜集信息时，社会关系是一个不容忽视的途径。一般来说，社会关系包括：家庭成员和亲戚；同学、朋友及邻居；以前或现在的老师；校友；其他求职者。他们分布在社会的各个领域，毕业生通过他们了解就业信息，针对性更强，而且比较准确、直接。

7. 互联网

网络作为开放式的信息平台，具有信息量大、速度快、对象广、方便查看等优势，因此越来越受到毕业生的青睐。互联网能跨越时空界限，打破单向流动的传统人才交流格局，为毕业生就业提供更便利的条件。

 体验活动

你认为通过哪些渠道获得的就业信息可信度更高、求职成功概率更高？请进行分析、讨论，并列一份清单，注明就业信息来源渠道、可信度、成功概率高低及原因。

二、就业信息的处理

毕业生在求职择业过程中获取的信息数量众多，这就要求毕业生根据自己的实际需要对搜集的信息进行处理，去伪存真、去粗取精，提高获取就业信息的针对性和时效性，以便更好地为自己的求职择业服务。

（一）科学地掌握就业信息

毕业生在择业过程中需要掌握很多就业信息，不仅包括用人单位的需求信息，还包括经济、社会发展情况、就业政策、行业动态等。毕业生可通过对就业信息的分类、加工、整理，把握社会政治、经济等方面的发展动态，并据此分析当前社会的就业形势，对各行各业、各层次人才的需求情况有总体的认识，以便及时调整个人在求职择业中的预期目标，选择自己需要的就业信息。

（二）准确地鉴别就业信息

毕业生获取就业信息的渠道多种多样，获得的信息真伪难辨，首先要确定其真实可靠的程度。除亲身实践获得的就业信息外，毕业生也需要对其他就业信息进一步甄别。现在有些用人单位出于某些目的，利用毕业生求职迫切的心理，发出带有引诱性、欺骗性的信息。这就需要毕业生提高警惕，分析和鉴别它的真伪，确保就业信息真实可靠。毕业生应尽量从不同角度正视和澄清疑点，尽可能掌握更多的情况，避免人云亦云，轻信盲从。

（三）有针对性地筛选就业信息

面对大量就业信息，毕业生根据个人对职业评价、职业兴趣的思考，把符合个人发展方向的就业信息，按重要性、紧迫性综合排序，然后分层次、有重点地了解、落实。

（四）合理地利用就业信息

毕业生应尽快与用人单位取得联系，以免在自己犹豫不决时错失良机。因为就业信息是具有时效性的，错过了这个时机就等于错过了这个机会。

毕业生根据就业信息的要求及时调整自己的知识、技能结构，提高自己的工作能力，弥补自身的不足。毕业生发现自己哪方面的知识不足，就要主动学习；发现自己哪方面的技能欠缺，就要赶快参加必要的培训，主动学习和掌握相应的技能，以便以后走上工作岗位时能够更快地适应。

及时输出对他人有用的信息。有些信息对毕业生自己不一定有用，可是对他人却十分有用，遇到这种情况，千万不要抓住这些信息不放手。迟迟不输出对他人有效的信息，这是一种极大的浪费，也是一种不良心理的表现，是不可取的。其实，主动输出对他人有用的信息，不仅是对他人的帮助，而且他人的顺利就业也使毕业生减少了一个竞争者；同时，还增加了自己与他人交流信息、增进友谊的机会。

精选案例

　　某高校汽车运用与维修技术专业毕业生王某参加了学校举办的毕业生招聘会。一家效益不错的汽修企业认为他的条件不错，想要与他签订就业协议，并且表示他到单位后会有很好的发展前途。虽然王某也愿意到该单位工作，但他觉得工作地点不尽如人意，有些偏僻且气候不好。于是他就去找就业指导中心的教师咨询。教师一致认为该单位整体情况不错，建议王某抓紧时间决定。

　　可能是这次机会来得太容易了，王某犹豫再三，觉得应该还会有更好的机会，做出了不去该单位的决定。对此，学校教师和该单位的招聘人员都觉得遗憾和惋惜。但过了三天，王某没有遇到更合适的工作，他在思想上也发生了变化，又想去该单位工作了，这时招聘人员已经离开学校了。后经联系，单位表示现在该岗位的招聘计划已经完成，无法接收他。

　　此案例表明，求职信息的时效性非常强，毕业生一定要抓住机会，尽快做出决策，不然就会错失良机，后悔莫及。

 知识拓展

就业信息的要素

一般来说，一则质量较高、较完整的就业信息应该包含以下8个要素：

（1）用人单位的名称及所有制。用人单位的名称往往包含其所属的行业、业务范围、所在地区、企业级别、所有制形式等。

（2）用人单位的主管部门及发展趋势。一般主管部门不同，劳动人事管理办法也不同，在工资、福利、医疗、养老、住房等待遇上也有区别。

（3）用人单位所属行业及其发展趋势。毕业生供职于不同行业，职业生涯发展情况也各不相同。

（4）职业岗位在用人单位中的地位和作用。保险公司的业务员、内训人员、精算师、会计、出纳、保安、司机等不同岗位，都有特定的地位和作用。

（5）用人单位及意向岗位的工作环境和福利待遇。工作环境包括人际关系、工作时间（有无夜班等）、户外还是室内，以及工作场所的温度、湿度、噪声等。福利待遇包括工资、奖金、四险一金（四险：养老保险、医疗保险、失业保险、工伤保险，一金：住房公积金）等，入职培训、进修和晋升机会也包括在内。

（6）用人单位的地理位置和发展前景。地理位置不仅关系求职者就业后每天上下班的距离，还关系一个单位的发展前景。交通不便、位置偏僻，是用人单位发展的不利因素。另外，用人单位的固定资产、流动资金、科技含量、人才构成等因素，也与发展前景密切相关。

（7）用人单位对求职者的具体要求，如学历、专业、性别、身高、相貌、体力、户口，以及职业资格、技术等级方面的要求。有些用人单位还对求职者的心理素质、能否经常出差等方面有特殊要求。

（8）招聘人数和报名办法。用人单位招聘哪些岗位的从业者，每个岗位的数量，报名的时间、地点、方式，求职者应准备的证书和材料，如身份证、居民户口簿、学历证书、职业资格证书、简历和有关证明等。

第二节　准备求职材料

一、择业前要准备的求职资料

择业前要准备的求职资料包括以下几项：

（1）简历。简历的设计各不相同，一般情况下以简单明了为优。简历的主要内容应包括求职者本人基本情况、主要经历、所学主要课程、个人特长、担任社会工作和取得的各种荣誉成绩等。简历上方要贴一张本人一寸近照。

（2）学校推荐表或推荐信。该表一般由系里教师填写推荐意见。因为是学校对毕业生的全面评价，所以用人单位一般比较重视该表。

（3）学习成绩单。这是毕业生大学期间学习成绩的证明，应由学校教务部门填写、盖章。

（4）证书。如毕业证书，学位证书，外语、计算机、会计等级证书，各种荣誉称号的证书，奖学金证书以及各类竞赛的证书。

（5）参加社会实践、毕业实习的鉴定材料。

（6）有关科研成果证明，在报刊发表的文章（若数量较多，可选有代表性的文章附上）。

（7）引荐信。如果是教师或亲友为求职者介绍工作，面试时求职者最好带上一封引荐信。

二、求职信

求职信属于书信式自荐材料，又称"应聘书""自荐信"，它主要表述求职者的主观愿望与专业特长。求职信常以求职者突出的个人特征与求职意向打动招聘者。求职信具有一定的主观性质，求职者书写时可以带有一定感情色彩，但切不可无限夸张、矫揉造作。这种形式的自荐材料既可以针对潜在的用人单位，又可以具体针对某个用人单位，甚至具体针对某个关键人物。

求职信的特点在于以情动人。优美的言辞、真挚的情感再加上丰富的内容，可能会让用人单位对求职者刮目相看。这种方式还有另一个特点——方式柔和，求职者要让招聘者在亲切祥和之中接受自己。

如果说简历比较理性地反映了求职者的基本情况，那求职信则相对感性。在某种程度上，求职者可以使用求职信来打动用人单位的招聘者。

（一）求职信的基本内容

求职信是求职者把自己的信息传送给用人单位的重要途径。一封标准的求职信应当具备以下内容：

1. 基本情况

如果求职者的求职信和简历同时提交，那么个人基本情况这一项内容基本上可以省略。如果希望提交一封单独的求职信，求职者可以在简历中选择内容，同时注意用适当的语言把它们串联起来。

2. 希望得到的职位

用人单位在招聘时往往同时招聘多个岗位的从业人员，因此，求职者在求职信中必须说明自己想应聘的岗位。为了提高求职的成功率，在讲清自己想应聘哪一个岗位后，求职者还可以表示除某岗位外，愿意接受其他什么工作，以拓宽求职范围，增加成功率。

3. 个人素质条件

个人素质条件与能胜任的职位是求职信中较为重要的部分，其写作要领是让用人单位感到该求职者具有胜任某个岗位的素质。人的素质条件可以分为 4 个方面：一是学历层次和所读的专业、学习的课程、具备的技能及持有的与岗位需求相关的证书等；二是个人的性格、能力、特长；三是在相同或相似岗位上的工作或实习经历；四是取得的工作业绩，如发明、成果、专利。

4. 个人潜力

个人潜力是求职信中最具个人特色的部分之一，也是能引起用人单位注意和好感的部分。在求职信内容大同小异的情况下，要想在众多的求职者中脱颖而出，应主要通过这部分内容来打动用人单位。

个人潜力的内容可独立成段，也可与个人素质条件合并在一起，在说明个人特长、性格和能力的同时，介绍自己特有的潜力。例如，市场营销方面的求职者，可以说明自己拥有的潜在客户的情况，介绍自己担任过的学生干部经历及取得的成绩，让用人单位感到其具有一定的管理能力，是有培养前景的"好苗子"。又如，求职者说明自己利用业余时间参加了高等自学考试，并获得了哪些科目的合格证书，以此能让用人单位感到求职者好学上进、有发展潜力，是有实用价值的复合型人才。再如，求职者介绍个人在音乐、绘画、写作、摄影、体育、科技活动等方面的爱好，让用人单位感到求职者是多才多艺、有文化涵养、有创造力的人。

5. 面试的愿望

在求职信的结尾部分，求职者应表示希望能有一个面试机会，并写清多种联系方式：一是详细通信地址，注明邮政编码；二是手机号码；三是电子邮箱。写清多种联系方式的目的是让用人单位感到求职者真切的求职愿望，也为对方取得联系提供方便。

（二）求职信的撰写要点

从内容结构上来讲，求职信一般由四部分构成，即开头、主体、结尾和落款。

开头部分包括称呼和引言。一般不直呼 ××× 同志，而是称呼其职务、职称或官衔。如果对象身份不清，则可用"尊敬的领导"代替。引言的作用有两点：一是吸引招聘者看完材料，二是引导对方进入求职者所设计的主题而不感到突然。所以，开头虽然简单，写好它却不容易。

主体部分是求职信的重点。一般来说，这部分主要简述求职者的学业基本情况、个人综合素质、个人的特长优势，求职动机和未来设想等。

结尾要令人难忘，记忆深刻。求职者在这部分可以恰当地表达迫切的心情，恰当地恳请用人单位考虑自己的请求。

落款部分要写清求职者姓名和撰写日期。

在撰写求职信时应当注意以下几点：

1. 实事求是，扬长避短

诚实是每个用人单位都重视的品质。求职者写求职信时应该实事求是，扬长避短。在求职信中，针对自己的优点，求职者应充分展示，但绝不要说大话、假话，不能让人感到是在自我吹嘘，最好的办法是用具体的事实和成绩恰如其分地介绍自己，而不是用华而不实的辞藻。例如，求职者可以说明自己从事过什么工作、担任过什么职务、组织过什么活动、取得过什么业绩，让用人单位在事实中感受该求职者的组织、管理能力，而不要只写"有很强的组织能力"之类空洞的自我表扬性的语句。又如，求职者可以介绍自己利用业余时间进修了什么课程、取得了哪些证书，但不要使用"有远大理想""好学上进"之类的修饰语，要让用人单位从所列事实中得出结论。

求职信中当然不必写求职者自身的缺点、弱点，但不能用与缺点相反的优点来欺骗用人单位。

2. 文字简练，重点突出

求职信要简洁、准确。简洁是指文字上的简练，用尽量少的文字，表达最丰富的内容。准确是指用词的恰当和表意的精确。固定的内容要记述准确，一些提法要符合规范和实际。例如，"大学四年"就是"大学四年"，说"我的前半生"就显得夸大，与事实不符；"省级优秀学生干部"不能随便说成"优秀学生干部"，漏掉级别对择业不利。

求职信还要求重点突出、安排有序，表述一些内容的具体细节时有重有轻、有主有次，注意合理安排。

篇幅过长的求职信容易让用人单位厌烦；过短的求职信会让用人单位感到求职者心意不诚。求职信的篇幅以 1 000 字左右为宜。突出重点是指对求职者自身的知识、技术、能力、特长、个性、经验有所取舍，主要内容应当写自己从事某岗位工作的条件和潜力，不要写与职位无关的内容。

3. 逻辑严密，结构清晰

求职信包括求职者的基本情况、学业成绩与知识结构、社会实践与科研成果、获奖情况等，以及其对用人单位的兴趣。每个部分的内容都要结构合理、布局清晰，能给人思路清晰、章法严谨的感觉，因此求职者在撰写时一定要注意逻辑严密，结构清晰。

4. 针对性强，一信一投

求职信针对某个用人单位的岗位及其情况进行书写，取得的效果更好。求职信中的内容最好有求职者对该用人单位和需求岗位的描述,即使是该单位就业信息中说过的情况,也会让用人单位产生亲切感。求职信要富有个性才能吸引人。个性主要依赖求职信本身,当然,写作风格的个性化也是求职信富有个性的重要因素。因此,在撰写求职信的过程中,一定要用自己的语言风格进行表述,切不可模仿他人,照抄照搬,那样做的结果只能是千人一面,给人平庸、呆板的印象,不能引起用人单位的注意。

有的求职者为了省事,打印一份单位名称空白的求职信,然后复印多份,再手写单位名称,用人单位一看就知道求职者"一稿多投",缺乏求职诚意。而且,内容空泛、千篇一律的求职信缺乏针对性,在求职信众多的情况下,很难引起用人单位的兴趣和注意。

5. 语言考究,避免引起反感

求职信有三忌,因此在撰写求职信时应注意:

一忌抬高身价,如"现有几家公司与我联系聘用问题,所以请贵公司从速答复"。这很容易使用人单位认为求职者心不诚,故意用别的单位来压本单位。

二忌为对方规定义务,如"本人愿应聘贵公司的推销员,盼望得到贵公司的考虑和尊重"。这里的"尊重"二字,易引起反感,有"不聘我就是对我不尊重"之嫌。

三忌限定时间,如"本人将赴外地探亲,敬请于×月×日前复信或回电"。文字貌似客气,但限定了联系时间,还指定了联系方式,有咄咄逼人的意味,这往往会适得其反。

6. 文字流畅,字迹整洁

用人单位读求职信,可以说是对求职者的第一次"考核",形成的第一印象可能成为初期筛选的主要依据。因此,求职信应当做到语言通顺、文字流畅、段落分明,使招聘者阅读时感觉舒服。

如果求职信字迹潦草、杂乱无章,必然面临淘汰。字迹清楚、书写整洁是写好求职信的基本要求。能写一手好字、亲笔书写求职信,正是求职者展示自己文化素养的好机会。笔迹可以反映人的个性、态度甚至能力。通过求职信的书写状况,用人单位可能在求职者的个性心理特征、做事风格、为人处世的态度等方面形成印象,从而做出判断。

7. 涉外单位,使用外文

求职者到外资企业、合资企业求职时,最好用中文、外文各写一份求职信。外文求职信的撰写,可以参考有关书籍。但如果出现遣词造句的错误甚至拼写错误,则会弄巧成拙,影响录用,所以写完之后,最好请专业人士检查。

 **知识拓展**

中文求职信范例

尊敬的领导：

您好！

请恕打扰。我是一名刚刚从×××大学×××专业毕业的大学生。我很荣幸有机会向您呈上我的个人资料。在投身社会之际，为了找到符合自己专业和兴趣的工作，更好地发挥自己的才能，实现自己的人生价值，在此谨向各位领导作自我推荐。

现将本人的情况简要介绍：

作为一名×××专业的学生，我热爱我的专业，并投入了巨大的热情和精力。在大学期间，我所学习的内容包括从×××的基础知识到运用等许多方面。通过对这些内容的学习，我对这一领域的相关知识有了一定程度的理解和掌握。专业知识是一种工具，而利用专业知识的能力是最重要的。在与课程同步进行的各种相关实践和实习中，我具备了一定的实际操作能力和技术。在学习工作中，我加强锻炼处世能力，学习管理知识，吸收管理经验。

我深知关于计算机和网络的知识技能十分重要，因此在学好本专业知识的前提下，我对计算机产生了浓厚的兴趣，并阅读了大量有关书籍，学习了Office办公软件，金蝶、用友等软件，以及C语言和Java等语言。

我正处于精力充沛的时期，渴望在更广阔的天地里展露自己的才能。我不满足于现有的知识水平，期望在实践中得到锻炼和提高，因此我希望能够加入贵单位。我会踏踏实实地做好属于自己的每一份工作，竭尽全力在工作中取得好成绩。我相信，经过自己的勤奋和努力，我一定会为单位做出应有的贡献。

感谢您在百忙之中给予我的关注，愿贵单位事业蒸蒸日上，屡创佳绩！祝您的事业百尺竿头，更进一步！

希望您能够对我予以考虑，我热切期盼您的回音。谢谢！

此致

敬礼！

×××
20××年×月×日

三、简历

简历虽小，但制作简历也是一项系统工作，它不仅仅是个人情况的直接反映，还考验了求职者的文字功底、审美倾向、个人习惯，以及潜在的职业素质等。因此，制作简历首先要具备科学的态度，用科学的方法，以合理为原则进行设计。

除一些基本框架外，求职者有很大余地决定简历的内容。简历的基本框架应包括以下内容：本人基本情况，包括姓名、性别、出生年月、民族、政治面貌、籍贯、毕业学校及院系、主修专业、辅修专业、学历、学位、外语水平、计算机水平、毕业时间、身体状况、特长等；主要经历（从高中写起）；从事的社会工作、组织的活动、担任的职务；社会实践、生产实习、科研经历及成果；奖励情况及对工作的期望或要求等。

（一）简历的基本内容

下面分几个方面来介绍简历的写作技巧：

1. 基本情况

基本情况一般包括求职者的姓名、性别、年龄、籍贯、政治面貌和生理状况（如身高或健康状况）等信息，这些都是最基本的信息。

2. 教育背景

招聘者通常对求职者的受教育情况和考试成绩很感兴趣。因此，求职者在教育背景部分要概述曾就读的高中、大学，专业及学位情况，同时列出所学科目，把重点放在与申请的工作相关的科目上。但要注意有详有略，防止简历过于"臃肿"而无法突出重点。如果求职者高考成绩可以成为简历中的亮点，不妨写上，因为它在一定程度上代表了求职者中等教育的情况。

3. 工作（实习）经历

有较多工作经验的求职者比只有短暂的上学期间或只有假期工作经历的毕业生填写的内容要多。毕业生一般没有过多的工作经历，因此应将社会工作细节放在工作经历中，这样可以弥补工作经验少的缺陷。例如，毕业生担任学生干部时组织或参与过的活动都可以一一罗列。如果素材较少，那就尽量写详细一些，如毕业生担任学生干部时领导过多少人、完成了什么事、起到了什么作用。如果毕业生经历丰富，需要遵守行文简洁的原则，适当精简内容，突出重点。

4. 技能和品质

用人单位对求职者的专业技术和工作态度有较高要求。求职者可以罗列一些与求职目标相关的工作技能和工作业绩，说明自己是怎样克服困难完成任务的。

5. 兴趣与爱好

人的兴趣与爱好可能有很多，求职者需要认真考虑哪些兴趣与爱好对找工作有帮助。求职者可以选择与求职目标有较大关系的两三种，谨防言多语失。

6. 对工作的期望或要求

求职者简短、合理、合适的措辞会使用人单位得出以下结论：求职者在一定程度上了解这份工作，并且对这份工作表现出很强的意愿。值得注意的是，措辞时需要格外小心，建议多提与工作有关的要求，而非薪水、休假方面的要求。

除上面的信息外，还有一些内容是求职者可以自主决定的。可以自主决定是否填写的信息主要是指能证明比其他求职者更适合这份工作的信息，如婚姻状况。

简历模板如图 3-1 所示。

简历编号：	0001	更新日期：	2021/6/25	
姓　名：	张小姐	国　籍：	中国	
目前住地：	广州	民　族：	汉族	
户 籍 地：	×××	身高体重：	158cm　43kg	
婚姻状况：	未婚	年　龄：	22岁	

教育背景			
毕业院校	广东××职业技术学院		
最高学历	大专	毕业日期：	2021-06-01
所学专业	小学艺术教育	第二专业：	小学艺术专业
培训经历	2018年9月—2021年6月就读于广东××职业技术学院小学艺术教育专业 2019年6月25日获得全国计算机信息高新技术合格证书 2019年4月20日获得入党积极分子结业证书		

语言能力			
外语：	英语　一般		
普通话水平：	良好	粤语水平：	良好

个人自传	
	我是广东××职业技术学院小学艺术教育系的一名学生，大学三年，我奠定了扎实的专业基础、良好的组织能力、优秀的团队协作能力，具有务实的工作作风。 ★专业知识 声乐、钢琴是我的专长。通过三年的学习，我在美术（包括儿童美术设计与创作）、舞蹈方面有了很大的提高。在实习中我还接触到小学民乐团以及合唱团的排练，因此对这方面也有了一定的认识及了解。 ★工作 大三担任副班长，实习期间担任实习小组组长，任职期间受到了老师、同学的信任及好评。 ★思想修养 不断努力提升自己的思想修养

联系方式			
通信地址：			
家庭电话： 手　机：		QQ号码：	
电子邮件：		个人主页：	

图 3-1　简历模板

🖥 **精选案例**

　　某大型公司人力资源部的罗部长处保存了两份求职材料。一份是一位本科生的，做得精致、华美，每一页都贴着他的照片，有职业套装照、生活照。这份求职材料介绍了求职者多才多艺的一面，展示了其在校期间参加种种活动所取得的辉煌成绩。另一份是一位专科生的，做得很朴实，仅贴了一张证件照。这份求职材料除介绍求职者的专业和在学校取得的成绩外，还附有求职者每个假期的实习心得、对实习单位的工作建议及设想等原始资料的复印件。

　　罗部长说，第二份求职材料让他耳目一新。虽然这位求职者对实习单位的建议及设想显得很幼稚，有些地方甚至有些可笑，但正是这些内容，展现了一位主动锤炼自己、有良好的工作心态、主动观察和思考问题且有独立见解的年轻人的样貌。罗部长认为自己没有拒绝这种年轻人的理由，他当即拍板录用了这位年轻人。不到两年，这位只有大专学历的求职者成为该公司下属分公司的经理助理。进入分公司三年半后，他成为最年轻的分公司经理。

（二）简历的类型

　　尽管所有的简历都由相似的内容组成，但是不同类型的简历可能带来不同的效果。考虑用人单位挑选心仪人选时的标准，可以帮助求职者提高成功的可能性。不同类型的简历可以突出不同的优点，简要略过不足之处。下面简单列举6种不同类型简历的特点和好处：

1. 时间顺序型

　　这是写简历的一种传统方法——根据时间顺序介绍目前为止的教育经历和工作经历。这种简历的优点是以常见的形式为多数用人单位提供所有信息；缺点是在竞争中无法突出求职者的个性和工作的专业性。

2. 技能型

　　技能型简历包含基本内容，但是将重点放在求职者已经掌握的与工作有关的技能上。这种简历特别适合求职者应聘某些需要专业技术的职位。

3. 技术型

　　写技术型简历时，求职者应强调自己已受过培训，并可以熟练操作某些设备和系统。技术型简历通常包括求职者所学课程的详细情况、所学的专门理论或掌握的操作方法。如需强调自己学过其他设备和系统的操作方法，以引起招聘单位的注意，那么求职者可以简单地介绍情况。技术型简历中还应该包括工作经历的详细情况，即所使用的设备和系统，以及所取得的成绩。

4. 经验型

　　求职者如果有足够的工作经验，可以以此作为简历的亮点。经验型简历是让用人单位注意到求职者是否适合某一职位，因此求职者应按倒序排列过去所承担的工作职责，重点放在做了什么、怎么做，而不是放在工作本身上。这种类型的简历可以让有丰富工作经验的求职者脱颖而出。

5. 成绩型

　　成绩型简历的重点放在求职者所完成的项目上。如果职位要求是求职者自信、主动，那么就可以使用这类简历。成绩型简历的重点放在求职者已经做出的工作成绩上，以此来突出专长。如果求职者要申请一个对业绩有较高要求的职位，这类简历是很奏效的。

6. 学术型

如果申请高等教育部门的工作，求职者需要强调自己的学术资格、研究项目，以及公开出版的学术论文和专著等，此时就可使用学术型简历。

（三）简历的制作原则

1. 态度认真

制作一份高质量的简历要花费大量时间，这当中包括数次修改。在大型企业的资深招聘者看来，一份高质量的简历尤为重要。

2. 简洁

简历不宜太长，否则会导致重要的内容在招聘者眼里变成"冗余信息"。简历是一块敲门砖，最主要的目的是为求职者争取面试的机会。试想，如果重要内容在简历的第6页，招聘者很可能在看第4页时就已经失去耐心了。

有的求职者高中经历较为丰富，如做过学生会主席、团支部书记，但简历中需要精简，突出高等教育情况和实习工作的经历。当然，如果求职者中学时获得国际比赛大奖或全国性大奖，不妨提上一笔。

3. 清晰

确保招聘者一眼就能找到所需信息，不要像"捉迷藏"一样让他们寻找信息。简历要使用简单清晰的语言，避免使用高深莫测的语句、不常见的缩略语，同时保证字号大小适中，标题和姓名则可以用稍大字体突出显示。

4. 注重校对拼写，避免语法错误

简历中的错别字、语法错误会导致用人单位对求职者的印象大打折扣。请同学、朋友或教师帮忙审查简历：一是从拼写、语法、句式等方面查看有无错误，二是从构思的角度上来看有没有更合适、更恰当的表达方式。旁观者清，他人换一个角度看简历，往往能提出一些特别好的建议。求职者一定要先把简历打印出来，反复仔细阅读，这样可能会发现一些在计算机上没有发现的错误。要多次修改简历，确保不出现任何拼写、语法、标点或打印错误。

5. 切忌千篇一律

简历雷同的情况时有发生，招聘者看到第二份相似的简历时，会非常反感，认为这名求职者没有独立工作的能力。

6. 重复自己的名字

求职者可以在简历每一页的适当位置署上自己的姓名。因为在实际工作中，招聘者

往往会把简历拆开，如把附信和附件拆掉。确保每一页上都有名字（可注在页眉或页脚处），这样有利于招聘者记住求职者的名字。

7. 注意留白

有一个术语——"强势"，就是引人注意的程度。空白本身就是一种"强势"。同时，空白还具有很强的功能性。例如，在合适的位置留一些空白，可以方便招聘者做批示、记录。

8. 设计与众不同的封面

事实上，用人单位在集中翻阅简历时是有选择性的。如何使自己的求职信在一大堆求职材料中惹人注目呢？封面的作用不可小觑，就像书店里的小说一样，一个经过设计的、与众不同的封面更吸引人。

9. 布局合理

要注意简历的布局，做到条目清晰。简历的内容如何在几张纸上很好地反映出来，且让招聘者很容易地获取主要信息，这就需要在简历的布局和排序上下功夫。简历布局要遵循一些原则：先主后次，纵横结合，利用分栏、表格、边框、阴影等。

10.纸质优良

毕业生制作简历时要使用优质纸张，用激光打印机打印简历，尽量不用复印件。因为在面试阶段，用人单位可能会复印求职材料，如果在复印件的基础上再复印，就会影响清晰度。虽然不同的用人单位对简历有不同的偏好，但是大多数用人单位都不喜欢格式花哨、字迹不清的简历。一般而言，不要选用颜色鲜亮的纸张，尤其是荧光纸，除非求职者准备申请的是高级媒体或设计等要求别出心裁的职位。

11. 手写简历

有一些用人单位希望看到求职者手写的简历，因为他们发现了"字如其人"在工作中的重要性。求职者不要主动使用这种方法，但如果对自己的硬笔书法很有信心，可以在打印简历的基础上适当发挥。

12.简历的附信

简历的附信是给招聘者留下好印象的第一次机会，因此写好它非常重要。需要注意的是，附信与求职信虽有相似之处，但不能等同视之。

附信需要注意的事项如下：

（1）与简历用同一规格的纸张，在正面书写内容。

（2）要以肯定、积极或乐观的语言书写全文，如期待能有面试的机会等。

（3）附信要简洁明了。

（4）仔细检查后再打印，打印完还要再检查。

（5）复印一份自己留存（同样适用于简历）。

13. 因"地"制宜

在填制简历的现场，常有部分求职者从复印室里抱着厚厚的简历满意地走出来，这显然是准备向自己"钟情"的用人单位各投一份。然而，这种一式多份的简历实在不妥，简历也该因所投单位的不同而有所改变。

简历是求职者向用人单位进行自我展示、自我推销的手段和形式，同时更是向用人单位说明自己符合其要求、胜任工作的有效形式。这就要求求职者根据自身条件、用人单位的条件认真地填写简历。首先，每一位求职者，自小学到中学再到大学，已有十多年的学习经历，因此，个人的优点和长处以及各方面的能力，在简历那一两张有限的白纸上列举不尽。这就要求求职者在填写简历时进行筛选：填哪些内容，不填哪些内容；详细列举，还是概括说明。其次，简历一般需要分别投向不同性质的用人单位。这些用人单位会根据自己的专业志向、实际情况对所需人才提出不同的要求。例如，某报社需要编辑，便会对求职者的文字能力提出特殊要求；某企业需要业务秘书，便会对求职者的政治素质和组织能力特别留意；某高校需要教学人员，便会对求职者的文化素质提出特别要求。

 知识拓展

成就"动人"简历的原则

简历是一份非常重要的自我推销文件，其目的在于争取面试机会。要达到这个目的，就得说服招聘者，让对方知道你具有什么条件。你可能要与几百个甚至几千个求职者竞争，所以必须设法展现自己的才能，瞬间抓住招聘者的注意力，出奇制胜。

在招聘者的挑选过程中，简历是求职者唯一能够全权控制的部分。至于写出来的简历如何，则与求职者所做的准备成正比。若想写出"动人"简历，需要遵循12条原则：

（1）内容资料简单扼要。

（2）避免咬文嚼字以及使用令人难以理解的措辞。

（3）用第三人称写作（仿佛描述另一个人），既可以强调自己的成就，又不会显得自吹自擂。这是最标准的自荐方式之一，也能增强内容的权威性。

（4）不要只列过去的职责，要强调如何做出成果，如开发新的生意、控制预算、节省开支、引进新理念（要显示与众不同）。用精准的事实和数据把成就列清楚。例如，"销量提高了25%"比"大大提高了销量"好得多。

（5）设计一份可以用于特定申请的简历格式。

（6）采用优质纸张打印简历，不要使用复印件。简历经常会被再次复印，递交复印件效果较差。基于同样的理由，也不要把简历订成一份。

（7）采用打印效果良好的打印机。

（8）需要强调的部分采用粗体字，但是不要用太多花哨的字体或斜体字，这样会分散招聘者对重点信息的注意力。

（9）版面设计吸引人且容易阅读。

（10）采用强有力的字眼显示取得成果的方向，如获得、创造、发动、贯彻、增加、坚决、重建、革新、管理、促成、解决。

（11）以两页为限，并且一定要把重点写在第一页。

（12）要积极争取，但不要撒谎，否则面试或接受测试时很容易露出马脚。

四、附件

简历和求职信有一点是相同的，那就是它们一般都带有附件。简历和求职信的篇幅有限，附件则可以达到补充内容和为个人实力提供证明的作用。排除简历和求职信互为附件的情况，附件可以包括以下几类：

（一）学习成绩单

学习成绩单是求职者大学学习成绩的证明，用人单位是非常重视的。学习成绩单应由各院系教务部门填写、盖章。

（二）推荐信

推荐信一般包括几类：求职者毕业学校以统一格式印发的推荐材料；教师或社会名流以个人名义向用人单位做出推荐，这类推荐信在国外比较常用。学校印发的推荐表或推荐信一般由学生所在院系填写推荐意见。

（三）证书

证书包括学历证书、专业培训证书、职业资格证书、荣誉证书、奖学金证书、各类竞赛的证书以及其他能说明个人能力水平的证书等，如外语、计算机等级证书。

（四）作品

作品一般情况下是指个人发表的文章、发明的专利、创作的艺术作品、科研成果证明。这些作品一般在求职者应聘专业性很强的职位时非常有价值，应聘一般性工作时也会起到意想不到的作用。

需要注意的是，如果附件很多，求职者应在简历或求职信的最后一页列出一份附件清单，以引起招聘者对附件的注意。

第三节　心理准备及心理调适

一、大学生就业心理准备概述

大学生除必须做好知识、能力方面的准备外，还应充分做好就业的心理准备，调整并保持良好的心态。就业是大学生人生道路上的一次重大抉择，因此将会遇到种种复杂的矛盾和困惑。良好的心理素质、充分的心理准备和必要的心理调适对于帮助大学生正确认识和处理就业过程中遇到的种种问题、克服心理障碍并获得成功是十分必要的。

（一）就业心理准备的内涵

就业心理准备是大学生就业前的一种源自内心的关于职业训练的心理活动。这种心理活动一般从学习专业课时就开始了，通过对专业课的学习，大学生逐步了解所学专业的内容、服务对象等并认识今后所要从事的职业的性质、特征，并逐渐树立专业思想和专业心理，把学习的焦点集中在有关的专业课上，为今后的就业做好准备。这个努力过程，就是大学生就业前的心理准备过程。有了这个过程，大学生才能增强自身在就业时的竞争实力。

大学生就业前的心理准备包括两个方面。一是大学生要有正确的政治方向和为社会主义事业献身的精神；必须具有强烈的吃苦精神，具有较高的业务水平和文化素养；把祖国的需要作为自己的第一选择，到基层去，到祖国最需要的地方去。二是大学生要有良好的思想品德素质；具有诚实、谦虚的良好品质，在是非功过面前实事求是、不弄虚作假，谦和待人；具有强烈的事业心、高度的责任感和艰苦朴素、廉洁奉公的工作作风。

（二）大学生就业前的心理准备

1. 角色转换的心理准备

对于大多数大学生来说，大学生活是一种单纯而又有保障的生活，学习、生活和交际都很有规律，在这样清静的环境里，很容易萌发一些浪漫的情调和美好的理想，但是这样的生活环境与现实社会还存在一些距离。因此，对于即将毕业的大学生而言，在踏上社会之前，最重要的心理准备就是真正转变角色，也就是说，要由大学生，转变为现实社会的求职者，抛开以前的幻想和浪漫，切实认识自己的社会地位和社会现实，实事求是地面对就业。大学生要想正确地选择职业，就必须转变角色，真正摆正自己的位置，客观、冷静地进入求职状态，认识社会，了解社会；以自身的实力和优势，积极主动地适应当前的社会需要，在选择职业的同时，也接受社会的选择，正确地迈出人生中关键的一步。

2. 职业理想与社会现实具有差异的心理准备

职业是维持个人、家庭生存和发展的手段，是大学生获得个性发展、实现自我价值的途径，同时也是个人社会地位的象征。大学生在未步入职业生涯之前，已经有了初步的职业意识和职业道德，已经开始形成并发展自己的职业理想。很多大学生将自己的职业理想设定得极为完美，然而，社会现实并非如此，当下的就业形势严峻，大学生择业尚且困难，更何况是选择自己理想的职业呢？

因此，在择业过程中，大学生要有足够的心理准备，正确看待职业理想与社会现实的矛盾，并且能够根据社会现实不断地调整自己的职业理想。大学生只有适应社会需要，才能找到适合自己的位置。

3. 艰苦奋斗、面向基层的心理准备

从国家的就业政策中可以看出，国家鼓励大学生前往基层就业。目前的就业态势是大城市、大企业、大机关对大学生的需求和吸纳量大幅下降，有的已饱和，而一些国防科技企业、国家重点建设单位、边远地区、艰苦行业和中小城镇又缺乏人才，因此国家号召大学生到基层去。面对社会需求态势、择业环境，大学生不要一味地追求不切实际的职业，一心想要前往大城市和沿海地区，而是要根据社会需要，确立面向基层、面向欠发达地区的务实择业观。很多大学生不能清醒认识、对待客观现实，不能及时调整自身期望值，结果导致期望值与社会需求严重错位，使自己的择业渠道越来越窄，处处碰壁。

4. 勇于竞争、敢于竞争、善于竞争的心理准备

随着就业制度改革的不断深化，大学生拥有一定的择业自主权，用人单位也同样拥有充分的用人自主权。在这种情况下，竞争意识显得十分重要。虽然机遇面前人人平等，但实际上机遇往往只"偏爱"那些具有竞争意识的人。今后，社会对人才的需求，将在一定程度上依靠人才市场调节。如果大学生没有强烈的竞争意识和观念，不会主动在人才市场中推销自己，不善于捕捉一切有利于自己的时机，那么诸多良机势必会与自己擦肩而过。因此，大学生在走向社会之前，要积极调整自己的竞争心理，树立竞争意识，以便在求职的激烈竞争中取胜。

5. 正确对待挫折的心理准备

求职的过程不是一帆风顺的，有的大学生的职业理想完全落空；有的大学生犹豫不决，步履维艰；有的大学生煞费周章得不到认可。这些都是求职过程中常常遇到的问题。其实，大学生求职既是主、客观理念互相碰撞的过程，又是优胜劣汰的过程。因此在择业过程中遇到挫折是正常的事情。一次不成功，还会有第二次、第三次机会，切不可因为在择业过程中遇到挫折就自卑。生活中的挫折是造就强者的试金石，是锻炼意志、增强能力的好机会。遇到挫折后应放下心理包袱，仔细寻找失利原因，调整目标，脚踏实地地前进，争取新的机会。可以说，大学生只要能及时找到自己失败的原因并加以改正，成功是必然的。

6. 应对面试的心理准备

"双向选择"的关键一环是"供需见面"，双方面谈的情况直接关系求职的成功与否。对于大学生来说，面试的分量不亚于笔试，因此，做好面试的心理准备，有助于大学生顺利就业。大学生除在面试前要了解并掌握有关面试的基本知识外，还要调整好自己的心态，保持良好的情绪，保持自信；在面试过程中不要有太多的顾虑，学会自我镇静、自我放松，坦然面对面试结果。

二、大学生就业过程中存在的心理问题

为了帮助大学生更好地认识自我，为就业做好心理准备和心理调适，首先要了解大学生在就业过程中存在哪些心理问题。

（一）就业心理压力与焦虑

当前，激烈的就业竞争环境导致就业问题给大学生带来了较大的心理压力，而且这种压力在各年级学生中都存在。调查显示，个人前途与就业已成为大学生产生心理压力的最大影响因素，且有随着年级增高而上升的趋势。大学生毕业前的心理压力较过去明显增大，主要原因是毕业方向的选择、恋爱、大学中不愉快的经历、离别感伤、突发事件等。而大学生面对就业压力的释放方式则过于内向，主要是自己解决和求助于同学、朋友。

除此之外，大学生在就业压力和焦虑中还有就业恐惧心理，主要表现为：一方面，大学生渴望自己尽快走向社会，谋求适合自己的理想职业；另一方面，他们患得患失，不愿意走出校门，对走向社会感到心中无数。大学生的就业忧虑和恐惧心理是由于意识到就业的客观形式与自我主观推荐的矛盾而产生的心理体验。

（二）就业心理期望与失落感

许多大学生有一种"十年寒窗，一举成名"的心理，因此对择业的期望相当高。许

多大学生希望到生活条件好、福利待遇高的大城市、大机关、大公司工作，而不愿意到急需人才但条件艰苦的中小城市和基层单位工作，过多考虑择业的地域、职位的高低和单位的经济效益。高期望驱使大学生总是向往高薪水、高职位、高起点，渴求高收入、高物质回报率，并对用人单位提出种种要求，将自己的就业目标定得很高，即使找不到合适的单位也不肯降低就业期望值。某些大学生自恃学有所长，认为"天生我材必有用"，过高地评估自己，在择业时往往以个人的主观择业标准去衡量社会需要，结果常常高不成低不就。例如，一些大学生说："非北京、上海、深圳不去。"可是一些就业岗位不像大学生想象得那么美好，因此，当现实与理想的差异较大时，他们就容易产生偏执、幻想、自卑、虚伪等心理问题，并可能导致择业行为出现偏差。

（三）就业观念不合理

大学生的择业观念虽然在总体上倾向于务实化与理性化，但由于其处于择业观念的转型阶段，因此也存在各种不良观念，影响自身健康和顺利就业。这些不良观念主要表现在以下几个方面：

1. 只顾眼前利益，忽视职业发展

一些大学生在择业中只看重工作条件、收入等眼前利益，而不考虑自我的职业兴趣、能力、职业的发展前景等因素，因而极易选择并不适合自己的职业。

2. 职业标准过于功利化、等级化

一些大学生有怕吃苦、盲目追求享受的心理，甚至受社会功利主义的影响，名利心理过重，对金钱和名利的看法不科学，缺乏对自我的客观评价，不考虑新形势下用人单位对大学生专业、能力、层次等方面的要求，盲目追求高待遇，甚至还将职业划分为不同等级，而不考虑国家与社会需要，不愿意到条件比较艰苦的地区和行业工作。

3. 求安稳，求职"一步到位"的传统观念根深蒂固

不少大学生择业时希望一步到位，然而只有在工作的过程中才能找到最能发挥自己特长的岗位，因此，"先就业，后择业"能让大学生在工作过程中逐渐找准自己职业生涯的发展方向，不必计较跨出校门的第一级台阶有多高。因为很多大学生都没有社会经验，他们对自己喜欢什么样的工作环境和岗位都不清楚，要找一份理想的工作是有一定难度的。"专业对口"和"铁饭碗"的思想束缚了一些大学生的择业范围，使他们在择业时顾虑重重，不敢冒险，缺乏风险意识和风险承受力，妨碍自我推销的有效展开。

4. 过分强调专业对口

有些大学生在求职时，只要是与自己专业关系不密切的职业就不考虑，这样做只能人为地增加自己的择业难度。

精选案例

> 大学生小刘的学习成绩和其他条件都不错。就业初期，他满怀信心，但由于专业冷门等原因，面试了几家单位都失败了，结果他产生了自卑感，在后来的择业过程中的表现越来越差，陷入恶性循环而不能自拔，以至于他到了新的用人单位只能询问："专业不对口可以吗？"其他什么话都不敢讲。

5. 对职业意义认识不当

从观念上来说，许多大学生仅仅把工作当作谋生的手段，没有充分认识到职业对个人发展、社会进步的重要意义。

（四）性格因素

1. 盲目性和依赖性

盲目性是指大学生在求职中不考虑自己的兴趣、专业等特点，盲目听从或跟随别人的意见以及盲目寻求热门职业。持有这种心理的大学生在择业时往往脱离自己的实际状况，跟在别人的后面走，如在就业市场中哪个单位人多他们就去哪里，别人说什么工作好他们就寻求什么样的工作，全然不顾自己的能力和现状，不会扬长避短。

依赖性是指大学生在择业中不愿承担责任，缺乏独立意识，没有个人独立的决策能力，没有进取精神，只是依赖父母或教师、学校，甚至只等工作送上门而不去积极争取。若别人为自己找的工作不合心意就大发脾气，抱怨父母或学校。还有不少大学生由家长陪同参加供需见面会，职业的好坏完全由父母决定，缺乏自主择业的能力。

2. 就业挫折承受力差

不少大学生在求职时只想成功，一旦遭受挫折就会一蹶不振，陷入苦闷、焦虑、失望的情绪中不能自拔。他们对求职中的挫折既缺乏评估能力也缺乏承受能力，不能很好地调节自己的心态，也不会通过总结求职中的经验教训赢得下一次的成功。一些冷门专业或学习成绩不佳的大学生更容易出现不敢竞争、不敢尝试的问题。害怕竞争的保守心理一方面与大学生缺乏社会实践锻炼有关，另一方面与许多大学生害怕失败，不敢面对就业挫折有关。一些大学生在就业中只找有把握的工作，而对竞争性强的工作不敢问津，害怕求职失败遭受打击。

3. 自卑与自大

一些大学生在求职中常会产生自卑心理，对自己的评价偏低，总是以为自己的水平比别人差、单位要求很高自己肯定达不到、自己能力不行等。造成大学生产生自卑心理的原因有很多：专业冷门或用人单位少；自己的能力不足；性格内向，不善言辞等。

自卑的反面是自大，而且两者有时会相互转化。一些专业较好、就业条件较好的大学生容易从自信变为自负。还有一些大学生脱离实际，既缺乏对自己的客观认识，也对就业市场、职业生活缺乏了解，一切都凭自己的主观想象。

自卑与自大是一些大学生身上常见的人格缺陷，表现在就业中就是对自己缺乏客观评价，同时对职业缺乏深入认识。在就业中自卑与自大常交织存在，一些大学生在求职比较顺利时容易自大，一旦出现挫折就自卑；一些大学生虽然对自身条件比较自卑，但是真正面对用人单位时却又表现为自大，要求很高。

🖥 精选案例

> 小兰是个腼腆的女孩，每次去应聘，她都"输"在面试上。当她见了面试官，手足无措、头不敢抬、眼睛也不敢看人，回答问题时脑子一片空白，经常出现所答非所问的现象。面试结束后她又懊恼不已，自惭形秽。越是这样，就越严重影响她下次面试的心态，形成恶性循环。她产生了自卑心理，慢慢失去了信心。
>
> 小兰的问题是心理问题，包括自卑畏怯、心态不佳。因此要解决她的心理问题，要让她充满信心去参加面试。好的心态十分重要，心态决定思维，思维决定行动，行动改变结果。

微课

有效沟通

4. 人际交往障碍

有些大学生缺乏基本的人际交往能力，如在求职过程中过于怯懦、紧张，不敢在用人单位面前表现自己，甚至连面试也不敢去，常常一开口就面红耳赤、语无伦次。还有的大学生在求职中不懂得照顾别人的感受，不懂得人际交往的礼貌礼仪。

5. 偏执

追求公平的偏执。大学生要求公平的竞争环境，对一些不良的社会风气感到气愤是正常的，但有一些大学生表现为对公平的过分偏执，将自己在求职中出现的一切问题都归结为不公平，以致产生心理阴影。

高择业标准的偏执。大多数大学生对求职有过高的期望，不过多数人能通过在就业市场的体验，客观地认识和接受当前的就业现状并调整自己的择业标准。但仍有部分大学生固执己见，偏执地坚持自己原来的择业标准，宁愿不就业也不改变。

对专业对口的偏执。一些大学生在就业时过分追求专业对口，不顾社会需要，无视专业伸缩性、适应性，只要是与专业有一定出入的工作就不考虑，只要与自身专业不符就不签约，人为地减少了自己就业的机会。

（五）不健康的就业心理

1. 羞怯心理

在求职现场交了求职信就跑，面对招聘者结结巴巴、面红耳赤、腼腆害羞，这样的人很难让用人单位相信能独立开展工作，自然很难受到赏识。

2. 攀比心理

一些大学生喜欢攀比，觉得在学校里自己的成绩比他人好，获得的荣誉比他人多，职位比他人高，所以工作也应比他人好，却不知用人单位并非以此作为评判人才的唯一标准，那些热衷于攀比的"高才生"最终只能在"高处不胜寒"的日子中体会孤苦和冷清。

3. 依附心理

一些大学生自己不急着找工作，整天想依靠亲戚、朋友的关系找工作，这种人在工作中也难有长进。

4. 厌世心理

一些大学生思想激进，不是嫌工资低，就是嫌工作太累，或者干脆不找工作。

5. 投机心理

一些大学生靠假证书、假荣誉来敲开"就业大门"，既毁了自己的名声，又误了自己的前程。

♟ 体验活动

更加深入地了解求职过程中可能出现的心理问题，做好求职心理准备。

1. 根据以下材料，进行讨论。

甲同学：他成绩比不上我，参加的活动也没我多，居然签到一个好单位，我一定不能比他差！

乙同学：找工作靠实力，外表根本不重要。

丙同学：给三四个单位投了简历都没有回音，唉，被打击了，不想找工作了。

请分别对以上 3 位同学的就业心理做出评判。

2. 想一想自己在求职过程中可能会出现哪些心理问题，并与同学进行交流讨论，寻找解决方法。

三、大学生就业心理的自我调适

就业本身就是大学生认识和适应社会的一个过程，在求职过程中遇到困难，甚至经过几次挫折才成功是正常的；在就业中遇到许多心理冲突、困惑，产生一些不良情绪也是正常的。遇到就业问题时，大学生要学会调节自己的心态，使自己能从容、冷静地面对"就业"这一人生重大课题，并做出正确、理智的选择。如果大学生遇到了就业困扰，可以试着从以下几个方面来调节：

（一）接受客观现实，调整就业期望值

就业市场化、自主择业给大学生带来了机遇与实惠，但许多大学生对"市场"残酷的一面认识不足，对就业市场的客观实际了解不够。经过对就业市场、就业形势的客观了解与深刻体验，大学生必须明白现实情况就是如此，无论抱怨还是气愤都没有用，就业情况不可能突然改变。与其怨天尤人、浪费时间、影响自己的心情，还不如勇敢地承认和接受当前所面临的现实，彻底打破以往的美好想象，脚踏实地地寻求解决问题的办法。

在就业市场上，用人单位找不到人、大量的大学生无处去的错位现象普遍存在，这是因为大学生的就业期望值普遍较高。因此，大学生想要顺利就业就必须先根据自己的实际情况和就业形势，调整就业期望值。调整就业期望值不是对用人单位没有选择，而是要在职业生涯规划和职业发展观念的基础上重新确定自己的人生轨迹。这就是说，大学生要树立长远的职业发展观念，摆脱"一次到位"的思想和要求绝对安稳的观念。即使在好的单位工作，将来也有下岗的可能，因此，大学生在择业时要看得长远一些，学会规划整个人生的职业生涯。在当前获得一个理想职业的时机还不成熟时，应采取"先就业，后择业，再创业"的办法。也就是说，大学生在择业时不要期望太高，可以先选择一个职业，不断提高自己的社会生存能力、增加工作经验，然后凭借自己的努力，通过正当的职业流动，逐步实现自我价值。许多大学生不愿意去经济落后的地方工作，随着西部大开发的进行，西部地区将成为经济发展的热点地区，也将给大学生提供更多的发展机会，因此到这样的地方工作可能会更有利于自己的职业发展，取得事业的成功。

 知识拓展

调整心态，缓解就业压力

1.大学生就业压力的表现

（1）"我的论文指导怎么办？"

（2）"开学就要送审我很慌张！"

（3）"我的工作怎么找?"

（4）"招聘会还在哪里办?"

（5）"难道我毕业就失业了吗?"

2. 大学生就业焦虑的原因

个人能力和素质不足，家庭与自身期望不匹配，学校提供的支持力度不够，社会就业环境严峻。

3. 大学生就业压力的来源

竞争压力、自我认识与定位的压力、就业心理预期的压力、缺少求职帮助的压力、专业供求矛盾的压力。

4. 主要存在的3种心理障碍

（1）认知障碍：就业形势不明，大学生对未来工作期望过低或过高；不能科学选择职业、工作种类和就业地区等；对自身能力素质的认识不清。

（2）情绪障碍：焦虑、急躁、恐惧等。

（3）人际交往障碍：怯懦、冷漠、不善于人际交往，甚至有社交恐惧等。

5. 大学生产生就业压力和心理障碍的原因

错误的思想认识和价值观念是大学生产生就业压力和心理障碍的根源。

（1）一些大学生受社会上"拜金主义""功利主义""实用主义"等思想的影响，以自我发展和自我享乐为视点看待周遭一切，其中就包含就业问题，把学生干部、入党、评先进、与人交往等作为实现个人利益的手段，理想信念淡漠，缺少远大抱负。

（2）对社会问题理解片面化，对社会分配不公、贫富悬殊问题认识不清，不能辩证分析就业困难等问题，使大学生易产生激进和浮躁心理。

（3）大学生就业心理不稳定引发的最突出的问题是目标焦虑，即现实能否达到大学生的心理预期，学习压力过大、个人感情受挫、人际关系失调、性格过于内向、社会交往少、自卑感强烈、身体出现严重疾病、患有严重心理疾病等均可能导致严重的就业心理障碍，对大学生健康心理的养成有很大影响，易造成其人格不完整、适应能力和受挫能力比较差。

6. 对策与建议

（1）全方面提高自身素质。大学生应夯实专业知识，练就过硬专业本领，丰富实践经历，成为复合型人才；提高自身心理素质，摆正心态，敢于面对失败，采取积极应对措施，提升自身能力。

（2）增加与父母的交流，使父母、子女双方就业期望相匹配。增强彼此交流是缓解就业焦虑的第一要义，父母适当给予子女建议，尊重其意愿，宽容理解，适当降低期望，为其减轻就业压力，促使其更好完成职业定位。

（3）树立正确的人生观和价值观。大学生应有意识地开展自我教育，形成自己的人生观和价值观，把社会发展与个人命运有机结合；在服务社会、奉献祖国的过程中，看到自己的人生价值与生活意义，培养自己的社会责任感和历史使命感；处理好物质与精神的需求、生理和心理的关系，构筑健康的心灵家园。

（4）放松心情，学会调适。祸福相依、得失相存。大学生应学会调整认知，转危为安；调适就业认知，树立科学就业观，认清就业形势和自身优势，正确合理评价自己才能在社会上找到立足点；调适就业心态，克服不良情绪，保持坚定平和、积极向上、豁达乐观的就业心情；调适就业策略，合理规划职业，积极进行个人职业生涯规划，明确学习目标、职业目标和人生目标，制订切实可行的学习计划，掌握行之有效的学习方法；了解大学生就业的方针、政策，广泛搜集就业信息，为就业打下基础。

（二）充分认识职业价值，树立合理的职业价值观

传统观念认为工作是为了满足生存需要，但是对于现代社会的人来说，职业对个体的意义已经远不是如此简单，职业可以满足人们从低层次到高层次的多方面需要。最近有人对职业价值结构进行研究，发现了交往、义利、挑战、环境、权力、成就、创造、求新、归属、责任、自认11个类别的因子。职业的价值是丰富的，大学生要充分认识职业对个体发展、社会进步所起到的重要作用。

在择业时不能只考虑经济收入、工作条件、地点等因素，更要考虑职业对个体一生发展的影响与作用，应看重职业能否帮助自己实现自我价值，因此，要在考察社会需要的基础上，树立重视自我职业发展才能促进事业成功的职业价值观。对于那些现在工作条件一般，但发展空间大，能让自己充分发挥作用的单位要优先考虑；对于那些现在经济发展水平一般，但发展潜力大、创业机会多的工作地点也要重视。盲目到一些表面看起来不错，但不适合自己或自己的才能不能得到有效发挥的单位工作，是不会让自己满意的。大学生要树立适应我国当前市场经济发展、人才需求规律的合理的职业价值观，指导自己正确择业。

（三）认识与接受自我，主动捕捉机遇

大学生就业中的许多心理困扰都与大学生不能正确认识和接受自我有关，因此，正确地认识自我的职业心理特点并接受自我是大学生调节就业心理的重要途径，可以帮助其找到合适的职业方向。知道自己喜欢什么样的职业、需要什么样的职业、自己的择

业标准以及以自己目前的能力能做什么样的工作，这样才能知道什么样的工作更适合自己。许多大学生参加求职活动后发现自己的能力与水平并不像以前想象得那么高，并容易出现各种失望、悲观、不满情绪，因此，在认识自我后还要接受自我，对自我当前存在的问题不能一味抱怨，也没有必要自卑，因为当前应正确面对客观现实。在毕业季要有大的改变是不太可能的，因此大学生要面对自己的现状，学会扬长避短；另外，用发展的观点看待自我，要知道有些缺点并不可怕，可以先就业，然后在工作岗位上不断锤炼自我。

大学生就业时的机遇也是非常重要的。因此，大学生了解并接受自我以后，还要学会抓住属于自己的机遇，这样才能保证求职顺利。要抓住机遇首先必须要多搜集职业信息，多参加一些招聘会，并根据已制定的择业标准进行选择。需要注意的是，机遇并不是对任何人都适用的。一份工作的好与不好是相对的，对别人合适，对自己不一定合适，因此一定不能盲从；要时时记住，只有适合自己的才是最好的。最后，大学生要注意机遇的时效性，发现就业机会时要主动出击，不能犹豫，也不要害怕失败，应有敢试敢闯的精神。

（四）坦然面对就业挫折，提高心理承受力

面对市场竞争、就业压力，大学生在求职中总会遇到许多困难、挫折甚至委屈，如一些专业"热门"，一些则"冷门"。面对这些问题，抱怨是没有用的，更重要的是调整自我心态，提高自己对各种突发事件的心理承受能力。其实，就业的过程也是大学生重新认识自我、认识社会，并主动调整自我适应社会能力的过程。如果能通过求职增强自我心理调节与承受能力，对大学生今后的职业生涯发展都是非常有用的。

在求职中遇到挫折时，大学生要用冷静和坦然的态度面对，客观地分析自己失败的原因，进行正确的归因。首先，在就业市场化、需求形势不佳、就业竞争激烈的条件下，求职失败在所难免，大学生不能期望自己每次求职都能成功，要对可能出现的求职挫折有充分的心理准备。同时，应把就业看作一个很好的认识社会、认识职业生活、适应社会的机会，应通过求职来发展自己，促进自我成熟。其次，求职失败并不一定就是因为自己的能力不行。有许多原因会导致求职失败，可能是求职方向不对，也可能是你的价值观与单位的企业文化不符，还有可能是其他一些偶然因素。总之，大学生要正确地分析自己失败的原因，调整自己的求职策略，学会安慰自己，以便在下次的求职中获得成功。

精选案例

　　李某、谭某是住在同一个宿舍的学生，他们所学的专业都是市场营销。毕业时，他们在学校的食堂前看到了一则招聘启事，于是都邮寄了自己的求职材料。后来他们都顺利地通过了笔试，并同时收到了面试通知。

　　面试时，他们被分在两个会议室。

　　面试官问了李某一系列关于市场营销的问题，李某对答如流，并不时提出自己的新见解，受到了面试官的赞赏。在另一个会议室，谭某的面试也进行得很顺利，面试官对他的回答也表示十分满意。

　　面试快要结束时，面试官向李某和谭某说了同样的话："对不起，我们公司的电脑出了故障，参加面试的名单里没有你，非常抱歉！"不过，面试官说这句话时是在不同的会议室里。

　　胜利在望的李某听到了面试官的话后，马上就变得没有了风度。他生气地质问面试官为什么会出现这样的事，他这么优秀的一个人，在学校里每次考试都是第一名，为什么不能进入面试。他认为这是公司成心在耍他。

　　而在另一间会议室里，谭某听完了同样的话之后，面带微笑，十分镇定地说："我对贵公司发生的这个错误十分遗憾，但是我今天既然来了，就说明我和公司有缘分。我想请您给我一次机会。这个计算机的失误对于我来说，或许是人生中一个难得的机遇；对于公司来说，或许意外地选择了一个优秀的员工。"

　　最终，面对两人的不同反应，面试官选择了谭某。

　　面试官为什么会选择谭某，而没有选择李某呢？

（五）调整就业心态，促进人格完善

　　在求职时，大学生自己或身边的同学出现一些消极的心态是正常的，没有必要过度担心、害怕自己也有心理障碍。大学生面对这些不良心态也要学会主动调适，必要时还可以寻求心理专家的帮助。进行自我心理调适的方法有很多：首先，大学生可以进行积极的自我心理暗示，鼓励自己、相信自己，帮助自己渡过难关；其次，可以向朋友、教师倾诉，寻求他们的安慰与支持；最后，还可以通过体育锻炼、听音乐、郊游等方式转移自己的注意力，排解心中的烦闷，放松自己的心情。

　　大学生通过对自己在就业时出现的种种不良心态进行分析，可以发现自己平时不容易察觉的缺点。大学生不必为自己的缺点而懊恼，关键是要在发现问题的基础上，积极地改变自己、发展自己，使自己的人格更加成熟，使自己将来的人生道路更顺利。

（六）开拓进取，勇于创业

大学生有理想、有抱负、有创新精神、敢作敢为，因此也可以有自主创业的打算。创业既可以在毕业后马上落实，也可以等积累一定的社会经验后再实行。大学生一定要有开拓事业的信心与勇气。大学生创业肯定是值得鼓励的，关键是要有准确的观念与思路，要对自己有一个合理的规划与定位，要与有市场经验的人合作，要摆脱学生公司的意识，要进行科学化、职业化的管理。

 **实训练习**

就业指导早知道

实训目的

了解本校的就业指导工作情况，明确就业指导的重要意义。

实训内容

（1）分组，每组6人，设组长一名。

（2）以小组为单位，对本校的就业指导教师、即将毕业或已经毕业的学长学姐等进行采访，了解学校能够提供哪些方面的就业指导服务，除学校的就业指导部门外还可以通过哪些途径寻求就业指导。

（3）访谈结束后，整理访谈记录，并与其他同学进行交流，进一步了解寻求就业指导的途径。

实训检测

活动结束后，教师根据表3–1进行评分。

表3–1　实训活动评价表

评分标准	分值	实际得分	备注
访谈前准备充分	25		
全面、准确了解学校的就业指导服务	25		
访谈记录内容真实，条理清晰	25		
积极参与活动	25		
总分	100		

第四章　求职技巧与职场礼仪

　　对于毕业生来说，要实现"高质量、更充分"就业，求职是第一步，也是走向社会的第一次选择。要想取得求职的成功，毕业生就必须学习、掌握求职的方法和技巧。"工欲善其事，必先利其器。"在求职活动中，毕业生要根据自身的素质、特点、客观条件以及就业期望等，做好准备，巧妙运用各种应试技巧，提高求职成功率。

学习目标

1. 了解笔试的类型，掌握笔试的方法与技巧。
2. 了解面试的类型及基本内容。
3. 掌握面试中"说""答""问"的技巧。
4. 了解面试的基本礼仪。

案例导入

　　小王是大学生，学的又是热门专业，还当过学生会干部，他完全可以去比较理想的公司。然而，因为他平时大大咧咧惯了，做事又毛躁，结果在一次面试中，他被一些细节击败了。

　　小王看中一家公司的销售经理职位，经过笔试、两轮面试后，顺利进入最后阶段。为此，小王精心准备，还特意买了一套西服。在面试时，小王回答的问题也让面试官比较满意。这时面试官要看他的实习鉴定材料。由于材料没有提前归档装订，加之心中无数，小王心里一慌，材料散落一地。好不容易找到材料，在慌乱中他又将面试官的茶杯碰倒了，心中一惊，一句脏话脱口而出。

　　这时，面试官面露愠色。总算挨到面试结束，小王长嘘了一口气，可马上又慌了，原来离开时过于匆忙，他竟将毕业证落在考场。小王只好厚着脸皮拿回了自己的毕业证。这时面试官再也受不了了，大笔一挥，便将小王的名字从录用名单中划掉了。

　　大学生求职面试时一定要注重自己的仪表风度。除外在的衣着外，面试官更注重求职者的内在素质。尤其在面试过程中，精神状态不佳、粗心大意、丢三落四等是万万不可取的。

第一节 求职笔试攻略

大学生在就业过程中容易忽略笔试，但容易忽略的往往是有可能影响就业的因素。在招聘过程中，大部分企业会设置笔试环节。之所以说笔试很重要，是因为如果笔试不能通过，都没有机会参加其他任何面试，这是很多用人单位考查大学生基本能力的第一关。

一、笔试的类型

笔试的分类有很多标准，按不同的标准可以划分为不同类型的笔试。按考试的侧重点来分，当前求职过程中的笔试形式一般有以下几种：

（一）专业考试

专业考试主要是检验大学生担任某一职务时是否能达到所要求的专业知识水平和实际能力。专业考试的题型有很多，如外贸企业要考外语，科研机构招聘人员要考动手能力，公检法机关录用干部要考法律知识等。值得注意的是，这种考试方式已被越来越多单位所采用。

（二）文化素质考试

文化素质考试是为了检验大学生的实际文化素质，由用人单位给出范围或特定要求，是多数以作文的形式来考查大学生的知识、思维、文字表达能力的一种笔试方式。考试的题型较灵活，如要求文科学生运用某一原理或某一历史知识，分析某一问题；要求理工科学生运用某一专业知识，解决某一实际问题等。

（三）技能测试

技能测试是为了检验大学生的实际工作能力或专业技术能力。这种考试往往针对特定的工作岗位设计。例如，用人单位要招聘一名秘书，为了考查大学生是否具有这方面的技能，会通过下面的题目来测试：阅读一篇文章，写读后感；自编一份请示报告和会议通知；听取 5 个人的发言，写一份评议报告；某公司计划在 5 月赴外考察，写出需做哪些准备工作。

（四）论文笔试

论文笔试是检验大学生分析、综合、比较、归纳、推理等思维能力的方式，以论述题或自由应答型试题为主要题型。论文笔试的好处是有利于考查大学生的思考能力，从而能够检查大学生思想认识的深刻程度。这种测试往往会收到种种不同的答案，易于发现人才，相较简单的测验题更能判断一个人的水平。

（五）心理测试

心理测试是用事先编制好的用于测试大学生心理素质的标准化量表或问卷，要求大学生在一定时间内完成，根据完成的数量和质量来判断其心理水平或个性差异。一些特殊的用人单位常常以此测试大学生的态度、兴趣、动机、智力、个性等心理素质。

（六）国家公务员录用考试

国家机关录用公务员，一律实行考试录用办法。中央、国家机关的招考职位按性质和权责分为 A、B 两类。A 类职位主要包括在中央、国家机关和中央行政机关派驻机构与中央垂直管理系统所属机构中，从事政策、法律法规、规划等的研究起草工作和政策、法律法规、规划实施的指导、监督检查工作，以及从事机关内部综合性管理工作的职位。B 类职位主要包括在中央、国家机关和中央行政机关派驻机构与中央垂直管理系统所属机构中，从事机关内的专业技术工作、对机关的业务工作提供专业技术支持的职位；实行中央垂直管理的行政机关中直接将各项具体规定施予公民、法人和其他组织的行政执法职位。

由于 A、B 两类招考职位对考生素质和能力的要求有所区别，因此两类职位的考试科目也不同。报考 A 类职位的考生笔试公共科目为《行政职业能力测验》（A）和《申论》两科。报考 B 类职位的考生笔试公共科目为《行政职业能力测验》（B）一科。与以前相比，最大的变化是两类考试都取消了《公共基础知识》一科，并取消了考试指定用书。

为方便考生，全国 31 个省会城市，自治区首府、直辖市全部设置报名点和考试点，考生可就近考试。一般情况下，国家机关考试录用机关工作人员和国家公务员的报名时间定在每年 11 月的第一个周六进行。公共科目笔试时间为每年 12 月的第三个周六。

（七）事业单位笔试

事业单位不同岗位对大学生的能力素质有不同的要求，事业单位公开招聘分类考试公共科目笔试分为综合管理类（A类）、社会科学专技类（B类）、自然科学专技类（C类）、中小学教师类（D类）和医疗卫生类（E类）5个类别。这5个类别的公共科目笔试均为《职业能力倾向测验》《综合应用能力》。事业单位公开招聘分类考试公共科目笔试属于职位竞争性考试，根据不同类别的评价需求确定试卷的测评内容，主要测查工作岗位所需要的基本能力和综合应用能力。

二、笔试考查的侧重点分析

大学生要想轻松应对笔试，首先需要了解用人单位在笔试考查过程中的主要侧重点。一般而言，用人单位在进行笔试考查时的侧重点会集中在以下几个方面：

（一）考查分析、解决问题的能力

笔试是考查大学生表达分析、解决问题的能力的手段和工具。分析、解决问题的能力几乎是所有单位考查的重点。这一侧重点主要考查大学生在分析问题、解决问题的过程中是否具有逻辑性，逻辑关系是否清晰、内容是否完整；同时，还能考查大学生能否从不同角度分析问题，能否拓展、发散思维，在解决问题的过程中能否与实践相结合，不仅为了解决问题而解决问题，还能考虑方式方法是否具有实践意义。

（二）考查书面表达能力

无论是中文写作还是英文写作，都是大学生思路的表达。用人单位会通过考查词汇量、写作的思维方式和文字的驾驭能力来判断大学生分析和解决问题的能力。二者相辅相成：没有好的分析、解决问题的办法，文字表达水平再好也无法写出有价值的东西；没有过硬的写作水平，再好的思路也无法传达给用人单位。

（三）考查与岗位相关的专业知识能力

这一类型的考查主要集中于一些专业化程度比较强的岗位。考查简单的数理分析能力，包括数列的规律、速算、平面几何和立体几何的一些简单应用；日常生活中一些常识性问题和时政方面的考查，这些能反映大学生平时对生活、社会以及国家经济和政治知识的积累；考查文字分析、图形推理的能力。用人单位出这种考题主要是想从中发现大学生是否具有相应的形象思维和抽象思维能力，还有一些用人单位会用判断对错等题目来测试大学生的语言理解和表达能力。

三、笔试准备及注意事项

（一）笔试前的准备

1. 注意平时认真学习

良好的笔试成绩来自平时的努力学习。大学生在大学期间应刻苦努力地学习，并注意经常复习，弄懂所学专业知识及基础知识，并尽量扩大自己的知识面，这样在考试时就能信心十足、得心应手。

2. 笔试前应进行全面的复习

复习已经学过的知识是笔试准备的重要方式。一般情况下，笔试都有大体的考查范围，大学生可围绕这个范围翻阅一些资料。有些课程内容，因学过已久，可能淡忘，经过简单的复习，有助于恢复记忆。

3. 保持良好的身心状态

求职笔试不同于高考。大学生临考前，一要适当地减轻思想负担；二要保证充足的睡眠；三要适当地参加一些文体活动，使高度紧张的大脑得到放松休息，以充沛的精力去参加考试。

（二）笔试的注意事项

笔试的主要内容，首先是基础知识和专业技能知识，其次是心理及能力测试，最后是与专业知识有关、与用人单位有关的知识。大学生在参加笔试时要特别注意以下几点：

1. 增强自信心

大学生笔试怯场，大多是缺乏自信心所致。大学生只要客观冷静地对自己进行正确评估，就能克服自卑心理，增强自信心。

2. 做好准备

提前熟悉考场环境，有利于大学生消除应试时的紧张心理。除携带必备的证件外（如身份证、学生证、准考证），一些考试必备的文具（如钢笔、铅笔、橡皮、直尺）也要准备齐全。

3. 掌握科学的答卷方法

大学生在拿到考卷后，首先，应通览一遍，了解题目的多少和难易程度，以便掌握答题深度和速度；其次，按照先易后难的原则排出答题顺序，先做简单的题，再攻克难题，这样就不会因为攻克难题费时太多而没有时间做会答的题目；最后，要尽可能留出时间对易出错的地方进行复查，特别注意不要漏题。

4. 节省时间，争取主动

在笔试过程中，大学生应尽量提高效率、节省时间、争取主动。在做完题目并经过仔细复查确认无误后，大学生应迅速上交试卷，因为在答题的准确率基本相同时，谁交卷早就证明谁的反应快、效率高，就会在众多的大学生中脱颖而出。

第二节　求职面试技巧

在整个应聘过程中，面试无疑是具有决定意义的一环，事关成败。用人单位越来越看重求职者的综合素质，如自信心、合作性、交往时的敏感度、分析和解决问题的能力。能否在面试中表现出这些良好素质，将会影响用人单位对求职者的印象。同时，求职者在面试中也应该全面地展示自己的能力、素质、品质和魅力。在求职环节中，面试的难度较大，它在应聘中所占的比重也较大。对于求职者，尤其是刚毕业的大学生来说，有时往往因为缺乏经验和技巧而导致面试失败。

一、面试概述

我们经常说："百闻不如一见"，也就是说，你一直听他人讲，也不如你亲眼看，这样的体会更深、更加真实。看待一件事物时，用自己的亲身体会去感受是非常重要的。同样，企业在招聘新员工时，往往通过面试直观地进行判断。

通过求职者的简历，企业可以从某种程度上对求职者有基本了解，但仅仅依靠简历还不能决定聘用结果。在现实生活中，企业仅仅看简历就决定聘用的情况并不多见。即使从求职者的出身、志向及履历等情况来看，求职者的条件无可挑剔，也必须对求职者进行面试，这是招聘的原则。有些企业在招聘过程中会忽略笔试，但绝不省略面试，从中可以看出面试的重要性。

（一）面试的类型

一般来说，按不同的划分方式，面试有不同的类型。

1. 按照求职者的行为反应划分

（1）言谈面试。言谈面试是面试官与求职者的口头交谈，即由面试官提出问题，求职者口头回答，考查求职者的知识层面、业务能力、头脑机敏性的一种测试方法。

（2）模拟操作面试。模拟操作面试是让求职者模拟在实际工作岗位上的工作情况，由面试官给予求职者特定的工作任务，考查求职者行为反应的一种方法。这种方法是一种简单的功能模拟测试法。例如，企业在招聘财务人员时，可以采用模拟操作面试，让求职者统计数据、做财务分析表等；在招聘计算机专业人员时，可以通过计算机装配、网络检修、编程等方式测试求职者的能力。

2. 按照操作方式划分

（1）结构化面试。结构化面试是指按统一制定的标准和要求，根据面试的内容、形式、程序、评分标准及结果的合成与分析等测评要素进行的面试。

结构化面试根据对职位的分析，确定面试的测评要素，在每一个测评的维度上预先编制好面试题目并制定相应的评分标准，面试过程遵照客观的评价程序，对求职者的表现进行数量化的分析，给出一种客观的评价标准，对于不同的求职者使用相同的评价尺度，以保证判断时的公平合理性。结构化面试能帮助面试官发现求职者及其职业行为的各种具体表现。在这个过程中，面试官可以获得更多有关求职者的职业背景、岗位能力等信息，并且通过这些信息来判断求职者能否胜任这个职位。因此，进行科学有效的结构化面试，将帮助企业对求职者进行更为准确的个人能力评估，降低企业招聘成本，提升员工绩效。

（2）非结构化面试。非结构化面试是指没有既定的模式、框架和程序，面试官可以"随意"向求职者提出问题，对于求职者来说也无固定答题标准的面试形式。面试官提出问题的内容和顺序都取决于其本身的兴趣和求职者现场的回答。这种方法为谈话双方提供了充分的自由，面试官可以针对求职者的特点进行有区别的提问。虽然非结构化面试给予面试官自由发挥的空间，但这种形式也有一些缺点：它易受面试官主观因素的影响，面试结果无法量化以及无法同其他求职者的评价结果进行横向比较等。

3. 按照人员的组成划分

（1）个人面试。个人面试又称"单独面试"，是指面试官与求职者单独面谈的形式，是面试中常见的一种形式。

①一对一面试。适用范围：规模小的企业、职位较低的岗位。

②主试团面试（多对一）。适用范围：较大企业。

（2）集体面试。集体面试主要用于考查求职者的人际沟通能力、洞察与把握环境的能力、组织领导能力等，如无领导小组面试。在集体面试中，面试官通常要求求职者进行小组讨论，相互协作解决某一问题，或者让求职者轮流担任领导主持会议，发表演说等。

（二）面试的基本内容

在人才招聘中，用人单位并不能通过面试测评求职者的所有素质，而是有选择地测评与岗位要求最直接的或者相关的素质。

1. 仪表风度

面试官测试求职者的体型、外貌、气色、穿着、行为举止、精神状态等。一般情况下，仪表端庄、衣着整洁、举止文明的人，做事认真、自我约束力强、责任心强。

微课

面试礼仪与技巧

2. 专业知识

面试官测试求职者掌握专业知识的深度和广度，主要考查其专业知识掌握的程度是否符合岗位要求，以作为对专业知识笔试的补充。面试对专业知识的考查更具有灵活性和深度，所提问题一般更接近岗位的实际要求。

3. 工作实践经验

面试官一般根据求职者的简历或求职登记表进行提问，查询求职者的实践背景和工作情况，用于证实其工作经历。面试官通过各方面的信息还可以了解求职者的责任感、主动性、思维能力、口头表达能力以及对岗位和行业的领悟力。

4. 口头表达能力

面试官测试求职者能否将自己的思想、观点、意见或建议顺畅地用语言表达出来，口齿清楚、词义明确。

5. 综合分析能力

面试官测试求职者能否对所提出的问题通过分析抓住本质，并且说理透彻、分析全面、条理清晰。

6. 反应能力与应变能力

面试官主要测试求职者对所提出的问题的理解是否准确贴切，回答是否准确迅速，对突发问题的反应是否表现得机智敏捷、回答恰当，能否应对意外问题。

7. 人际交往能力

面试官通过询问求职者参加的社团活动或者业余爱好，了解他们乐意与哪些人打交道，通过他们在社交场合所扮演的角色，了解其人际交往倾向和与人相处的技巧等。

8. 自控能力

面试官测试求职者在遇到上级批评指责、工作有压力或者个人利益受到损害时能否保持克制、容忍，理智地对待，不致因情绪失控而影响工作。

9. 工作态度

面试官测试求职者对学习、工作的态度，了解其对报考岗位的态度。面试官认为，求职者过去在学习、工作中的态度决定了其对待新岗位的态度。

10. 求职动机

面试官测试求职者来本单位工作的原因，对哪类工作更感兴趣，在工作中追求什么，判断其是否符合工作岗位的需求。

此外，面试官还会向求职者介绍单位概况和拟招聘职位的情况和要求，说明有关的薪资、福利等问题，以及求职者可能要问到的其他问题。

二、面试中"说"的技巧

面试意味着有很多对话，因而求职者个人的语言表达能力就显得非常重要。面试中能给面试官留下好印象的往往是那些语言表达通顺、流利的求职者。因为在面试中，求职者语言表达能力的好坏在一定程度上体现了其个人的成熟程度，对工作的热爱、了解程度，将来工作的成绩和个人的综合素养。所以作为求职者，掌握语言表达的技巧非常重要。那么，求职者在面试中应该怎样恰当地运用语言表达的技巧才能引起面试官的注意呢？

在面试中，"说"主要体现在两个方面：一方面是求职者的自我介绍，另一方面是求职者与面试官之间的交流对话。这两个方面都要求职者具备语言表达技巧。

（一）自我介绍的技巧

面试的第一个问题几乎千篇一律：请您简单地作一下自我介绍。有的求职者已有多年的工作经验，却详细介绍自己的爱好、专业，迟迟没有说到工作经历；有的求职者则说了几句话就已经停住，等着面试官说话；有的求职者更是以不屑的眼神告知面试官"我的简历上都详细说明了，请您看一下"。在回答这个问题前，求职者有没有认真地想过，面试官为什么在看过简历后，还要求求职者作自我介绍？

自我介绍是向别人展示自己的一个重要手段，自我介绍好不好，直接关系到自己留给别人的第一印象及之后人际关系发展得顺利与否。心理学的"首因效应"就是第一印象效应，面试官极有可能根据面试最开始的几分钟得到的印象决定面试的结果，所以，求职者把握面试最开始 3 ～ 5 分钟的自我介绍，绝对是面试成功的必要手段。那么，初出校园的大学生该如何介绍自己呢？

1. 要围绕岗位要求展开

有人说，自我介绍的 80% 要围绕与应聘岗位所需要的专业胜任能力模型展开，20% 要围绕与应聘岗位所需要的行为风格模型来介绍。这样的要求或许有些过于简练，但能清楚地说明作自我介绍时应介绍哪些内容。面试官只关注求职者与岗位是否匹配，因此最能体现求职者与岗位相关联的能力，尤其是最近 3～5 年的经历可作介绍，早期的事情若与岗位要求相关，即在同一专业领域里从事工作，也可以介绍。如果 5 年前做的另外一件事与岗位专业度无关，可以不作介绍或简单描述当时专业转换的背景和动机即可。

 精选案例

> 大学生小张很健谈，口才甚佳。对于面试时的自我介绍，他自认为很简单，所以没有做准备。毕业后，小张结合自己的兴趣，应聘一家大型网络游戏公司的策划一职。自我介绍时，他从自己的网游经历谈起，一直说到国内网游行业的走向，但由于跑题太远，面试官不得不数次把主题拉回来，最终导致小张的自我介绍只能"半途而止"，面试也落得草草收场。

2. 有理有据

自我介绍要有论点和论据，不能只有论点而没有论据支撑。例如，求职者要说明自己有很强的意志力，可以表述为"我每天坚持晨跑 3 000 米，冬天坚持用冷水洗澡，既节约生活成本，又锻炼意志"；介绍社会实践和实习情况，可以说"我一天最多销售 60 台电视机，大学期间学杂费和生活费有一半是自己挣来的"。除此之外，进行自我介绍要实事求是，不要言过其实。求职者要特别注意自我介绍与个人简历、报名材料上的有关内容一致，不要有出入，更不要有意夸大或制造事实上并不存在的优点。

3. 发音标准，吐字清晰

求职者自我介绍时普通话应力求标准，不可讲错字或念错字音，最好不用方言。同时，声音沉稳、自然、洪亮，语速适中，吐字清晰，声调开朗响亮，这样才能给面试官愉悦的听觉享受。求职者自我介绍时应使用灵活的口头语言，切忌以背诵或朗读的方式介绍自己。

（二）交流对话的技巧

1. 语言清晰流利，语速适中

求职者在面试时，应该做到口齿清晰、语言流利，说话轻松大方；此外，还应该注意控制自己说话的速度，以免磕磕绊绊，影响语言的流畅度；说得太快了，对方反应慢，自然也会对你产生反感。在日常生活中，求职者应该注意自己的语速，尽量做到适中。为了增添自己语言表达的魅力，应注意修辞，尽可能优雅地与人交谈，千万不能用口头禅，更不能有不文明的语言。

2. 幽默生动

在面试的时候，求职者的语言应该含蓄而有内容，机智而又朴实无华。如果能够做到幽默生动，则是非常加分的一项能力。求职者在说话时除表达清晰外，适当的时候可以加进几句幽默的语言，这可以说是"锦上添花"，不仅使谈话增加轻松愉快的气氛，也可以展示自己的气质和风度。在面试中遇到难以回答的问题时，机智幽默的语言可以显示求职者的聪明智慧和反应速度，有助于缓解紧张的局面，让自己有时间进行思考并给人留下良好的印象。

3. 说话时要注意听者的反应，及时调整

面试不同于演讲，它更接近一般的交谈。交谈中，求职者应随时注意面试官的反应：面试官心不在焉，可能表示他对这段话没有兴趣，求职者得设法转移话题；面试官侧耳倾听，可能说明求职者音量过小使面试官难以听清；面试官皱眉、摇头可能表示求职者的评议有不当之处。根据面试官的这些反应，求职者要适时地调整语言、语调、语气、音量、修辞，或陈述内容，以取得良好的面试效果。

三、面试中"答"的技巧

面试中，求职者对面试官问题的回答情况无疑会产生很重要的结果。在这个过程中，求职者要学会展现自己的优势，适当避免一些对自己有弊无利的问题。那么，如何才能在面试中脱颖而出呢？面试中回答问题的技巧有哪些？如何回答面试中常见的问题？下面将围绕面试中"答"的技巧展开介绍。

（一）把握重点，简洁明了，条理清楚，有理有据

一般情况下，求职者回答问题要结论在先、议论在后，即先将自己的中心意思表达清晰，然后做叙述和论证，否则，长篇大论会让人无法抓住要领。面试时间有限，求职者神经太紧张、多余的话太多，容易离题，反倒会将主题冲淡或漏掉。

（二）讲清原委，避免抽象

面试官提问是想了解一些求职者的具体情况，切不可简单地以"是""否"作答。针对所提问题的不同，求职者要针对细节进行回答，有的需要解释原因，有的需要说明程度。不讲原委、过于抽象的回答，往往不会给面试官留下具体的印象。

（三）确认提问内容，切忌答非所问

面试中，如果求职者对面试官提出的问题一时摸不着边际，以至于不知从何答起

或难以理解对方问题的含义，可将问题复述一遍，并先就自己对这一问题的理解，请教对方以确认内容，对不太明确的问题，一定要搞清楚，这样才会有的放矢，不至于答非所问。

（四）有个人见解和个人特色

面试官接待若干名求职者，问若干遍相同的问题，也要听若干遍类似的回答，他们也难免会有乏味、枯燥之感。只有具体、独到的个人见解和有个人特色的回答，才会引起面试官的兴趣和注意。

（五）知之为知之，不知为不知

求职者在面试时遇到自己不懂或不会的问题，回避闪烁、默不作声、牵强附会、不懂装懂的做法是不可取的。求职者诚恳坦率地承认自己的不足之处，反倒会赢得面试官的信任和好感。

（六）回答问题要准确、适度

在面试过程中，准确回答主考官所提出的问题，是求职者走向成功的保证。求职者应该认真听清题目及要求，不要急于回答问题，先在头脑中做出准确判断，找出回答问题的思路及所用到的知识，抓住重点后再作答，并注意用词准确。如果是专业知识方面的问题，求职者回答时要使用专业术语，回答问题时不要含糊其词、答非所问。

适度是指选择得体的语言。求职者应该针对不同身份的人，选择不同的语言答问。这就要求求职者对所有面试官的身份一一了解。例如，领导和经理喜欢听别人赞扬他平易近人、具有管理和领导才能的话语；从事业务的专业人员喜欢听别人赞扬他知识丰富、业务水平高的话语。同时，求职者在表达过程中，应语调平和、发音清晰、表达准确流畅、言辞有韵律。遇到不会回答的问题，求职者要以诚恳的态度回应，不可拖泥带水。

四、面试中"问"的技巧

通常情况下，每到面试结束时，面试官都会向求职者发问："您有什么想向我了解的吗？"每到这个时刻，很多求职者一想到面试马上就要结束了，整个人就松懈了，甚至对面试官说自己没有想了解的，这样回答其实很不好。面试官向求职者这样提问，一方面是想从求职者反问自己的问题中进一步考查求职者；另一方面是检测求职者是否对这份工作感兴趣。基于面试官的这两个目的，求职者应大胆地向面试官提问。但是求职者向面试官提问不是盲目的，而是有技巧的，那么，求职者应该如何提问呢？

（一）求职者提问时的注意事项

（1）面试之前，一定要做准备，多了解公司的情况。

（2）提出的问题应该围绕"这份工作是否适合我"这个中心点，其他与应聘关系不大的问题不宜多问。

（3）提问的时候要自然放松，不要害羞，把它当作普通聊天，表现出对公司的兴趣。

（4）提问要直截了当，提出问题之后，要保持安静，让面试官多说话。

（5）面试官回答的时候，可以做笔记，或者事先询问能不能记录。笔记必须简短，大部分时间要全神贯注倾听面试官的回答，并与其有眼神的交流。

（6）面试结束后一周内，最好打一个电话或发一封邮件，了解公司的反馈意见。即使面试失败，也不妨问一下原因，这会有助于以后的面试。

（二）求职者的经典提问

面试是一个双向的过程，不仅需要面试官向求职者提问，以了解求职者，而且求职者也需要向面试官提问，更多地了解公司。求职者提出有价值的问题，可以在面试中为自己加分。那么，什么才是有价值的问题呢？哪些问题可以给求职者加分呢？求职者所提问题背后的含义又是什么呢？

1."我所应聘的这个职位为什么会出现空缺？"

了解清楚为什么你所应聘的职位会出现空缺以及这个职位空缺了多长时间这个问题非常重要。绝大部分产生职位空缺的原因是公司内部升职或是前任员工离职，而且通常会在一个合理的时间段内被填补上。所以，如果这个职位已经空缺了几个月，那么求职者就得知道其中的原因：是否因为前一个求职者拒绝了这份工作？如果是这样，求职者也得在从事这个职位之前弄清对方拒绝的原因。是因为管理层对这份工作的期望不够现实？还是薪水太低？如果这个职位是新近才增加的，或许求职者就拥有了一个理想的、开辟属于自己道路的机会。

2."请问贵公司最成功的员工为公司做出了什么样的贡献？"

其实提出这个问题的主要目的在于了解该公司的优秀员工主要具备哪些优秀品质。对于面试官来说，他会认为能够提出这样问题的人应该志在成为公司最优秀的员工之一。求职者也可以通过这个问题强调自身的相关专业技能和曾经做出的成绩。这个问题的答案还会让求职者对该公司的文化有所了解，并对这个职位是否适合自己做出一定的判断。

3."如何评估自己在 6 个月试用期内的工作表现？何种标准为成功？"

有上进心的求职者一定会非常渴望能够马上开展工作，而这个问题就会让面试官将你归入这样的员工中。同样，这个问题也会帮求职者揭示所应聘的这家公司做事的风格。如果公司对试用期内的员工有不切实际的要求和期望，那么在 6 个月后，公司又会对这位员工提出什么样的要求呢？所以，请务必弄清这个问题的答案，并谨慎对待该公司。

4."在试用期内，该职位遇到的最大挑战是什么？"

在最初几个月的工作中，潜在的难题和挑战也许会让求职者无法完成既定目标，所以求职者得对这些挑战有所了解并提前做好准备。与此同时，面试官也会认为能够提出这个问题的求职者一定对成功志在必得，而且面试官也许会利用这个机会告诉求职者公司内部冲突的一些真相，求职者就会对该公司的文化有更进一步的了解。

5."目前公司所面对的最大挑战有哪些？"

该公司现在能够盈利吗？在过去 5 年内该公司是否有过大规模的裁员？面对当前的经济形势，公司是如何应对的？公司如何调整自身的模式以适应各种技术上的变化？作为一名潜在的新员工，这些问题对求职者来说非常重要。如果导致求职者陷入失业状态的正是前公司的大规模裁员，那么就得确保下一份工作能为个人的经济生活提供保障。

6."公司如何采取措施保证人才不流失？"

一般来说，优秀的公司会执行一系列职业发展计划，从而为员工提供一条清晰的职业发展道路。这个问题会告诉面试官，求职者不仅是以严肃、认真的态度对待这份工作，同时也愿意长期为一家公司工作——当然前提是公司能够为员工提供很好的发展机会。

🖥 精选案例

　　每次面试，大学生小雅都能做到有问必答，可轮到她提问时，小雅就手足无措了。当面试官问她："今天的面试就到这里了，不知你还有没有其他问题要问？"小雅或是发现自己事先准备的问题在面试中已经被面试官一一解答了而语塞，或是因为自感面试成功无望而直接以"没有问题"收场。事后，她常常安慰自己："没事，这说明我要求不高。"可是，每次她都没能等到复试电话……

　　大多数求职者在面试过后是介于录用或不录用的考核中的，而答好"最后一问"可以为求职者加分。求职者回答"没有问题"，不仅等于主动放弃了最后的机会，面试官还可能会给你贴上"对公司和职位漠不关心，或者思维不够灵活"的标签，所以"最后一问"切不可说"没有问题"。

第三节 求职礼仪

一、面试的基本礼仪与注意事项

（一）基本礼仪

众所周知，礼仪是一个人素质与教养的具体表现。面试中良好的礼仪能向面试官传递这样的信息：我非常尊重您，也很希望获得这份工作，同时我对自己面试成功充满自信。

1. 赴约时间

守时是职业道德的一个基本要求，如果求职者面试迟到，那么不管有什么理由，也会被视为缺乏自我管理和约束能力，给面试官留下非常不好的印象。在面试时迟到或是匆匆忙忙赶到都是致命的，提前10分钟到达面试地点效果最佳，而提前半小时以上到达亦会被视为没有时间观念。

2. 进入用人单位

求职者必须明白面试有可能从你一踏入单位的大门就开始了，必须时刻小心留意。到了用人单位，求职者最好径直到面试地点，不要四处观看，让人觉得你别有用心或图谋不轨。如果用人单位有前台，求职者应开门见山说明来意，经指导到指定区域落座；若无前台，则找工作人员求助。这时要注意用语文明，开始的"您好"和被指导后的"谢谢"是必要的。

3. 等待面试

参加面试时求职者可以自带一些报刊在等待时阅读，不要来回走动显得急躁不安，也不要与其他求职者聊天，因为这可能是你未来的同事甚至是决定你能否入职的人。求职者的谈话对周围的影响是难以把握的，这也许会导致应聘失败。当然，如果此时有该单位的介绍材料，应该仔细阅读以了解更多信息，这可能对求职者的面试有所帮助。另外，在等待面试期间，有可能会发生一些预想不到的事情，这时求职者须谨慎，这可能是用人单位有意设计的测试情景。

4. 进入面试现场

无论门是敞开还是关闭的，求职者在进入面试室之前一定要敲门，连续敲两次门是较为标准的，千万不可敲得太用力。求职者进门后应转过身正对着门，用手轻轻将门关上，然后面带微笑走向面试官。当走到面试官面前时，应亲切地道一声"您好"，等面试官示意自己坐下时方可坐下。求职者坐下后不要背靠椅子，也不要弓着腰，很自然地将腰伸直即可，注意不要把腰挺得很直，这样反倒会给人留下死板的印象。

5. 面试中的形体

在面试中，求职者上身正直，微向前倾，目光注视面试官的眼部和脸部以示尊重，双手放在扶手上或大腿上，双腿自然弯曲并拢，双脚平落地面。在面试过程中，如果工作人员向求职者发放资料或索要资料，一定要起身接受或递送，并说"谢谢"。

6. 学会做倾听者

求职者要耐心听完面试官的问题，了解提问意图。有些人在别人说话时，仿佛都听进去了，等别人说完，却又问道："很抱歉，你刚才说些什么？"对他来说，也许只是一时心不在焉，漏听重点，但对对方却是件很失礼的事。所以，在面试过程中，求职者一定要集中精神，细心地听完对方的讲话。

7. 谈吐文雅、谦逊，态度热情

在谈话时，求职者的眼睛要适时地注意对方，不要东张西望显得漫不经心，也不要眼皮低望显得缺乏自信。求职者情绪激动地与用人单位争辩某个问题是不明智的举动，冷静地保持不卑不亢的态度是有益的。有的用人单位专门提一些问题试探求职者的反应，求职者如果处理不当，容易乱了分寸，面试的效果不会理想。

8. 回答问题

求职者回答问题时，口齿要清晰，声音要适度，答案要简练、完整；不要打断面试官的问话或抢问抢答，否则会给人急躁、鲁莽、不礼貌的印象；提问完毕，若未听清楚，可礼貌地要求重复（尽量不要出现这种情况）；当不能回答某一问题时，应如实告诉面试官，含糊其词和胡吹乱侃会导致面试失败；对于重复的问题也要有耐心，不要表现出不耐烦。

9. 退场

当面试结束时，求职者应站起来对面试官表示感谢。在走出面试室时，求职者应先打开门，然后转身向面试官鞠躬并再次表示感谢，道别后轻轻地将门关上。

10. 面试后

在面试结束后，求职者应分析一下自己在面试中的得与失，然后写封信寄给面试官表示感谢，这样可以在他们心目中留下深刻的印象。

（二）注意事项

1. 忌迟到、失约

迟到和失约是面试中的大忌，这两种行为不但反映求职者没有时间观念和责任感，更会令面试官觉得求职者对这份工作没有热忱，印象分自然大减。守时不但是美德，而且是求职者在面试时必须做到的事。因有重要的事而迟到或缺席，一定要尽早打电话通知用人单位，并预约另一个面试时间。另外，求职者匆匆忙忙赶到面试地点，心情还未平静便开始面试，表现可能会大失水准。

2. 忌数落别人

求职者切勿在面试时当着面试官数落现任或前任雇主、同事、同学、教师。这样做不但得不到同情，反而会令人觉得你记仇、不念旧情和不懂得与别人相处，因而招来面试官的反感。

求职的不良心态

3. 忌说谎邀功

求职者在面试时说谎，伪造自己的"辉煌成就"，或者将不属于自己的功劳据为己有，即使现在能瞒天过海，也难保会有被揭穿的一天。因此，求职者在面试时应实话实说，可以扬长避短，但决不能以谎话代替事实。

4. 忌准备不足

无论学历多么高、资历多么深、工作经验多么丰富，当面试官发现求职者对申请的职位知之不多，甚至连最基本的问题也回答不好时，印象分自然大打折扣。面试官不但会觉得求职者准备不足，而且会认为求职者根本无志于这方面的发展。因此求职者在面试前应做好准备工作。

5. 忌长篇大论或少言寡语

虽说面试是推销自己，但切勿喋喋不休。求职者面试时切勿长篇大论，没完没了；面试时，只需针对问题，重点回答。与此相反，有些求职者十分害羞，不懂得把握机会表现自己，无论回答什么问题，答复往往只有一两句，甚至只回答"是""有""好""可以"，这同样不可取。如果求职者性格胆小害羞，则应多加练习，做到谈吐自如。

6. 忌语气词过多

求职者使用太多"呢""啦""吧"等语气词或口头禅，会把面试官弄得心烦意乱。语气词或口头禅太多，会让面试官误以为求职者自信心不足和准备不充分。

7. 忌欠缺目标

在面试时，求职者千万不要给面试官留下没有明确事业目标的印象。虽然一些求职者的条件不错，但无事业目标，就会缺少主动性和创造性，对公司的贡献有限。面试官更愿意聘用一个各方面条件略微逊色但具有事业目标和工作热忱的求职者。

二、面试的着装礼仪

（一）女士着装礼仪

女士着装以整洁美观、稳重大方、协调高雅为原则，服饰色彩、款式、大小应与自身的年龄、气质、肤色、体态、发型和应聘职业协调一致。

1. 服装得体

女士求职服装一般以西装、套裙为宜，这是通用、稳妥的选择；切忌穿太紧、太透和太露的服装。女士面试时不要穿超短裙（裤），不要穿领口过低的衣服；内衣（裤）颜色应与外套协调一致，避免透出颜色和轮廓，否则，会让人感到不庄重、不雅致，也给人轻佻之感。求职实践表明，一般情况下，着装保守的求职者会被视为有潜力的候选人，比穿着开放的求职者更容易被录用。

2. 鞋子便利

女士如何穿鞋也有学问。总的原则是鞋子和整体服装相协调，在颜色和款式上与服装相配。面试时，女士不要穿长而尖的高跟鞋，中跟鞋是最佳选择之一，比较结实；穿着设计新颖的靴子也会显得自信而得体，但应该注意裙子的下摆盖住靴口。

3. 饰物少而精

一般情况下，女士面试时，带一个公文包或手提包即可；尽量少戴饰物，耳环不要过长，以免发出声响或者触及脖颈，甚至刮到衣服上；项链要淡雅朴实，切忌华丽。总之，女士佩戴饰物的重要原则是少则美，应避免佩戴过多、过于夸张或有碍工作的饰物，让饰物真正有画龙点睛之妙，否则，容易分散面试官的注意力，有时也会给面试官留下不成熟的印象。

4. 妆容淡雅

面试时，女士可以适当化淡妆，更显靓丽。女士用薄而透的粉底营造健康的肤色，用浅色口红增加自然美感，用棕色眉笔调整眉形，用睫毛膏让眼睛更加有神；不能浓妆艳抹、过于妖娆，更不能香气扑鼻、过分夸张。女士妆容越淡雅自然、不露痕迹越好，一定不要将清纯美掩盖。

5. 发型整洁

不管是长发还是短发，一定要洗得干净、梳得整齐，方可增添女士青春活力。发型可根据服装搭配，要善于利用视觉错觉来改变脸形：脸形过长的人，可留较长的前刘海，并且尽量使两侧头发蓬松，这样使长脸形看起来不太明显；脖颈过短的人，则可选择干净利落的短发来拉长脖子的视觉长度；脸形太圆或者太方的人，一般不适合留齐耳的发型，也不适合中分，应该适当增加头顶的发量，使额头显得饱满，在视觉上缩小下半部分脸形的宽度。不同职业的发型也应有所差异。

体验活动

1. 假设你要去面试一份工作，请自行搭配面试服装。（女生须化淡妆）

2. 和其他同学讨论以下问题：

（1）你选择的服装是否符合个人气质？应该怎样搭配？

（2）不同肤色的同学应该如何进行颜色搭配？

（3）不同体型的同学该怎样选择服装？

（4）如何根据自己的形象设计发型？

（5）女同学在不同场合应该怎样化妆？

（6）找出适合自己的职业形象。

（二）男士着装礼仪

1. 西装笔挺

男士可以穿深色的西服，灰色、绿色和深蓝色的西服都是不错的选择，它们给人以稳重、可靠、忠诚、朴实、干练的印象。身材较瘦的男士，如果穿深蓝色或粗竖条的西装，会显得过于纤细、瘦弱；而穿米色、灰色等色调，图案选用格子或人字斜纹的西装，就会显得较为丰满、强壮。身材瘦高的男士，宜穿双排扣或三件套西装，面料选用有质感和给人温暖感觉的，不要选用廓形细窄而锐利的套装。

2. 衬衫优良

一般情况下，男士面试时所穿衬衫必须是长袖的。有些衬衣的袖口上有简单的链扣，给人格外注重细节的感觉。衬衫应当是白色或淡蓝色，不带图案或条纹。印有交织字母的衬衫对求职者可能有利也可能不利，有些求职者会认为这代表有个性、成功以及自信，也有些求职者认为这是炫耀，甚至有点粗俗，安全的办法就是避开印有交织字母的衬衫。与西服一样，衬衫的理想布料也是天然织物。男士要穿经过精心缝制、专业洗涤、中度上浆的全棉衬衫。

3. 领带合适

男士面试时宜佩戴 100% 真丝面料的领带，不建议选用亚麻或毛料领带，亚麻领带容易缩水，毛料领带显得太随便。领带应当为西服增色，且不能与西服的图案有任何冲突。领带的宽度随服装款式的不同而不同。男士穿西服时，安全的着装规则就是领带宽度接近西服翻领的宽度。

4. 鞋子干净

男士在面试前应把鞋子擦干净并且擦些鞋油，确保鞋子是完好的。光亮的鞋子能够表现出求职者专业的做事风格以及良好的职业素养。如果鞋底有一个洞，会给人留下非常负面的印象。男士要注意鞋子的颜色和服装相配，黑色是一个很好的选择。

5. 发型精神

男士的头发应保持合适的长度。如果不是面试广告创意、艺术设计等强调创造性的职位，长发不是一个好的选择。注意仔细地打理发型，并且不要忘记刮胡子，保持面容整洁。

 知识拓展

求职礼仪自我检视清单

1. 面试开始前的礼仪

（1）头发干净、自然，如要染发则注意颜色和发型不可太标新立异。

（2）服饰大方、整齐且合身，男女皆以时尚大方的服装为宜。

（3）面试前一天修剪指甲，忌涂指甲油。

（4）不要佩戴标新立异的饰物。

（5）选择平时习惯穿的皮鞋，出门前一定要清洁擦拭。

2. 面试过程中的礼仪

（1）任何情况下都要注意进房间先敲门。

（2）待人态度从容，有礼貌。

（3）眼睛平视，面带微笑。

（4）说话清晰，音量适中。

（5）神情专注，切忌边说话边整理头发。

（6）手势不宜过多，需要时适度配合。

3. 面试结束时的礼仪

（1）礼貌地与面试官握手并致谢。

（2）轻声起立并将座椅轻轻推至原位。

（3）出公司大门时对接待人员表示感谢。

（4）尽快发出书面感谢信。

实训练习

情景小剧场——模拟面试

实训目的

更加深入地了解面试的内容，熟悉面试前应做的准备，掌握面试的技巧，为顺利找到工作奠定基础。

实训内容

（1）分组，每组6～8人，设组长一名。

（2）各小组可任意选用面试形式，通过查阅相关资料，设计剧情并进行排练。注意剧情设计要符合现实。

（3）可参考的情景：

1）某公司招聘摄像人员2名，要求能熟练操作常用摄影摄像设备，并且具备一定的影视资料后期剪辑技能，有一定文字功底者优先；试用期一个月，薪资4 000元，公司可包食宿；若能通过试用期可签合同成为正式员工，月薪6 500元。

2）某旅游公司招聘民宿管家1名，要求专科及以上学历，专业不限，酒店管理、旅游管理等相关专业优先；具有良好的团队合作精神，待人接物落落大方，体贴周到有爱心；认同民宿理念，喜爱山水生活，有茶艺、绘画、园艺等爱好更佳。薪资面谈。

3）某公司招聘新媒体运营专员1名，负责公司公众号等新媒体平台的推广与营销工作，要求专科及以上学历，专业不限，有新媒体运营相关工作经验者优先。

各小组也可根据自己的专业需要设置情景。

实训检测

活动结束后，教师可根据表4-1进行评分。

表4-1 实训活动评价表

评分标准	分值	实际得分	备注
剧情编排合理，符合现实情况	25		
求职者能够按照面试要求进行充分准备	25		
求职者能够掌握面试技巧，遵守面试礼仪	25		
积极参与活动	25		
总分	100		

第五章　提升就业能力

　　就业能力是大学生成功获得工作、保持工作以及转换工作时所具有的能力。就业能力是一种胜任力，它不仅包括大学生毕业、成功就业所需要的知识技能，还包括一系列与工作岗位有关的个性特征。就业能力成为直接反映高校办学效益、大学生竞争能力、社会对高校评价及大学生择业标准的评价参数之一。对大学生本人而言，较强的就业能力能使大学生在激烈的就业市场中实现充分就业，实现人生理想与自我价值。

学习目标

1. 了解大学生就业能力所包含的内容。
2. 掌握适应能力的概念和适应能力的培养。
3. 掌握学习能力的含义和学习能力的培养。
4. 了解人际交往的原则，掌握人际交往的技巧。
5. 了解团队能力的概念，掌握职场新人在团队中应该注意的问题。

案例导入

有一个临近毕业的大学生写道："回头看自己所谓的'大学生活'，我想哭，不是因为离别，而是因为什么都没学到。我不知道简历怎么写、工作怎么选择，最大的收获也许是对什么都没有信心、都无法适应……"虽然这只是一件个案，但却反映了部分大学生的真实心态。这部分大学生在校期间，没有自己的人生目标，浪费了学习和锻炼的大好时光，到毕业时追悔莫及；这部分大学生在校期间，放任自己、虚度光阴，始终找不到正确的学习方向和动力，没有积极培养职业素质和职业能力，临近毕业才发现，放纵过后是空虚。当他们被第一次补考通知唤醒时；当他们毕业写求职信，发现自己的成绩太差、优势太少、获奖空白时；当他们找工作，遭到用人单位的多次拒绝时……他们才惊讶地发现，自己的前途是那么渺茫，一切似乎都"为时已晚"……

为了尽早树立自己的学习目标，提升就业能力，毕业时能够顺利找到适合自己的工作，更好地实现自己的人生价值，每一个刚进入校园的大学生，都应当按照学校的培养目标，自觉地把未来三年的学习、生活同将来的就业紧紧联系在一起。大学生无论是在思想政治素质、专业素质、身心素质、职业道德素质还是适应社会能力、沟通交流能力等方面，都要努力锻炼、提高自己。因为只有全面锻炼、提高自己的综合素质，才能成为有潜力、有思想、有价值、有前途的大学生。大学生要培养和提高自身基本职业素质，就要通过学习、实践，将知识转化成各种能力，提升就业上岗和职业发展的竞争力，为实现职业目标打好基础。

第一节　大学生就业能力概述

随着我国高等教育的快速发展，大学生就业市场已经从买方市场快速转变为卖方市场，当今时代不再是大学生拿到学校的毕业文凭就能顺利进入职场的时代。在逐步完善的市场经济制度下，大学生作为生产要素，同样面临被选择、被比较、被挑选的竞争现状。经过市场的调节和配置筛选，优秀、适配的人才最终会被用人单位所选择。

迅猛发展的知识经济更加强化了这种就业竞争的态势。在瞬息万变的社会大变革中，大学生能否发挥作用，其所拥有的知识、能力和素质起到了决定性的作用。

一、大学生就业能力的含义

大学生就业能力是为适应就业市场的变化而提出的。这一概念有多种定义，目前仍没有统一。

英国就业能力研究专家李·哈维认为，就业能力是指个人的能力，通常表现为大学生能够获得和保持工作的能力。

瑞士的戈德斯密德认为，就业能力包括就业动机与良好的个人素质、人际关系技巧、丰富的科学知识、有效的工作方法、敏锐广阔的视野5个要素。

国际劳工组织指出，就业能力是个体获得和保持工作、在工作中进步，以及应对工作生活中出现变化的能力。

国内一些学者认为，大学生就业能力不再单纯指某一项技能、能力，而是大学生多种能力的集合，是大学生学习和开发综合素质而获得的能够实现就业理想、满足社会需求、在社会生活中实现自身价值的本领。

综上，就业能力是指从业者从事任何一种职业的基本能力要求，职业能力的高低决定就业能力的强弱。就业能力也是人们从事某种职业的多种能力的综合。例如，一位教师仅具备语言表达能力远远不够，还必须具备对教学的组织和管理能力、对教材的理解和使用能力，以及对教学问题和教学效果的分析、判断能力等。

如果大学生想要顺利地找到工作，并在工作中做出成绩，就必须具备一定的就业能力。如果说，职业兴趣能决定一个人的择业方向，以及在该方向所乐于付出努力的程度，那么就业能力说明一个人在既定的职业方向里能否胜任，也说明一个人在该职业方向中取得成功的可能性。

大学生就业特点的成因

二、大学生就业能力的构成要素

大学生就业能力是一种综合能力，包含诸多要素，有学者认为应该包括学习能力、思想能力、实践能力、应聘能力。本书主要采用基本能力、专业能力、差异性能力的划分方法，以厘清大学生就业能力的层次。

（一）基本能力

基本能力是大学生顺利就业的前提，是参与就业竞争的基本条件，主要强调适应能力、学习能力、表达能力与人际交往能力、信息处理能力等。

（二）专业能力

专业能力是大学生专业知识和技能的掌握情况，是大学生顺利就业的关键。专业能力主要是指大学生具备的专业知识背景、行业知识背景与具体技能。作为一名大学生，专业能力直接决定其市场竞争能力的高低。所以，在校期间，大学生可以通过具体、专业、有针对性地学习某一特定的核心课程、具体科目不断提升自己的专业能力。同时，根据不易迁移到其他工作的属性特点，大学生应在培养专业能力时专业、专注并进行专门训练，通过记忆、学习和实训等方式掌握一些特殊的专业名词、程序设计及工作技巧。

（三）差异性能力

如果说基本能力和专业能力是大学生获得工作的基本筹码，那么差异性能力则是体现大学生优势，帮助其获得更好职位、更高薪水的高层次能力。拥有差异性能力的大学生主要是指那些具备丰富的社会实践经验、创新能力、综合知识背景的大学生。

三、提升大学生就业能力的重要意义

就业能力能直接反映高校办学效益、大学生竞争能力、社会市场对高校的评价及大学生择业标准。

首先，对高校而言，就业能力是高校办学质量、办学水平、办学效益的直接体现。当前，教育主管部门把就业率作为办学水平评估、专业设置调整、招生规模增减的重要监测指标。提高就业率的根本途径在于不断提升大学生的就业能力，增强大学生在就业市场上的竞争力。

其次，对大学生本人而言，较高的就业能力可使自己在激烈的就业市场中实现充分就业，是实现人生理想与自我价值的阶梯。

最后，从社会影响力和用人单位的角度来看，就业能力的大小直接决定了大学生就业质量的高低。大学生对社会的贡献能力被大众和社会中的企业、组织所关注。现在，用人单位对高校的评价也已发生转变，逐步从过去注重学校名气转向注重大学生的就业能力，因为就业能力的高低直接关系到企业人力资源成本的付出和经济效益的获得。

四、企业所看重的大学生的能力素质

目前，企业看重大学生哪些能力素质？企业已不再单纯用高学历、高分数的标准来衡量大学生，而是用是否具有优良的个人品质，良好的团队协作能力，敢于拼搏、吃苦耐劳的精神，扎实的专业技能，不断创新的意识和能力，强烈的事业心和责任感，良好的心理素质，以及良好的沟通表达能力来评价大学生。

（一）优良的个人品质

"要做事，先做人"，一个人的品质从根本上决定了其能行多远，能飞多高。"德者，才之帅也。"对企业而言，员工的品质就是企业的品质。2020年7月，习近平总书记在"贯彻落实新时代党的组织路线　不断把党建设得更加坚强有力"报告中指出："有才无德会坏事，有德无才会误事，有德有才方能干成事。"所以，大学生想要成为"人才"，首先要做一个思想品德过硬的"人"，这也是对每一位大学生的基本要求。很多企业宁愿要个人品质优良但专业知识一般的人，也不愿要专业知识优秀而个人品质低劣的人。因为缺乏一些专业知识可以通过企业的各种培训或深造弥补，但个人品质低劣是无法弥补的。有的企业认为，成绩优秀而品质败坏的大学生会损坏企业形象。

精选案例

　　一位知名企业的总经理想要招聘一名助理。一时间，求职者云集。经过严格的初试、复试、面试，总经理最终挑选了一个毫无经验的青年。

　　副总经理对于他的决定有些不理解，于是问他："那个青年胜在哪里呢？他既没带一封介绍信，也没有任何人推荐，而且毫无经验。"

　　总经理告诉他："的确，他没带来介绍信，刚刚从大学毕业，一点经验也没有。但他有很多东西更可贵。他进来的时候在门口蹭掉了脚下带的土，进门后又随手关上了门，这说明他做事小心仔细；当看到那位身体上有些残疾的求职者时，他立即起身让座，表明他心地善良、体贴别人；进了办公室他先脱去帽子，回答我提出的问题时也是干脆果断，证明他既懂礼貌又有教养。"

　　总经理顿了顿，接着说："求职面试之前，我在地板上扔了本书，其他所有人都从书上迈了过去，而这个青年却把它捡起来了，并放回桌子上；当我和他交谈时，发现他衣着整洁，头发梳得整整齐齐，指甲修得干干净净。在我看来，这些细节就是最好的介绍信，有修养是一个人最重要的品质。"

　　一个不经意的细节，往往能够反映一个人最深层次的修养。

（二）良好的团队协作能力

　　企业发展离不开团队合作，个人成长也离不开团队成员的帮助。企业的盛衰成败在很大程度上取决于其成员相互协商、相互尊重、相互之间凝聚的程度。所以企业非常看重大学生的团队协作精神。大学生也只有将个人融入团队，个人的发展才会更加顺利。

（三）敢于拼搏、吃苦耐劳的精神

　　企业和社会非常欣赏勤奋、上进、肯吃苦的年轻人。大学生在未来的道路上，会碰到许多困难，在学生时代就要有长期忍受痛苦的思想准备，要耐得住寂寞，敢于拼搏、敢于冒险、吃苦耐劳、经得起各种考验、不断进取，并有百折不挠的精神。

（四）扎实的专业技能

　　学习成绩不是企业用人的唯一标准，但仍然是企业衡量大学生的一项无可替代的重要标准。熟练掌握或精通某项专业技能，具有坚实的专业知识基础，是大学生应该具有的基本素质。刚毕业的大学生只能称为"人材"，掌握了一定专业技能的大学生可称为"人才"，而能为企业和社会创造财富的大学生方能称为"人财"。

（五）不断创新的意识和能力

企业对人才能力的需求已由一般能力要求发展为以"创新能力"为核心的特殊要求。那些善于运用自己的大脑不断探索、开拓和创新的大学生是企业看重的人才，因为他们永远不满足于现状，总是孜孜不倦地向更新、更高、更强的目标挑战。

（六）强烈的事业心和责任感

强烈的事业心和责任感是企业和社会对大学生基本的素质要求，也是大学生成才的基础、事业腾飞的起点。

企业和社会希望并要求大学生把所选择的"职业"当作长期追求的"事业"，热爱、投入，与企业同甘苦、共患难、荣辱与共，而不仅视之为赚钱谋生的"工作"和临时落脚点。一个有强烈事业心和责任心的大学生不会一味关注企业能够为自己提供什么，而不考虑自己能为企业带来什么价值。

（七）良好的心理素质

心理素质的好坏直接影响大学生能否在艰苦或不利的环境中很快调整自己的状态，保持旺盛的斗志，朝气蓬勃，积极进取。大学生要学习和掌握一定的心理知识，培养自信、豁达、乐观的思想素质，坚强、果断的意志品质，广泛的情趣爱好，并进行友好的人际交往，使自己的精神生活充实、健康，个性意识稳定发展，具备自我调节心理状态的能力，能经受各种挫折和压力，适应未来的社会竞争。

（八）良好的沟通表达能力

在职场中有一项"软技能"特别重要，那就是沟通表达能力。首先，工作中免不了调动各种资源，强大的说服能力可以帮助员工高效地获得资源；其次，良好的沟通能力也能够促进不同部门、不同人员之间的协作，最终达成目标；再次，在向客户介绍方案，或者向上级汇报工作时，沟通表达能力显得尤为重要；最后，同一个事情，用不同的方式来表述，可能会产生完全不同的效果。

💠 体验活动

根据以上大学生应具备的 8 个方面的能力素质，请同学们在纸上写下几个词，形容自己的个性特征及具备的能力素质。

和小组同学举例说明自己是如何发挥以上个性特征及能力素质的。

第二节 提升适应能力

一个人生存在社会当中,既要承担个体生活上的角色,也要扮演社会生活中的角色,二者密不可分。五彩缤纷的社会生活使一些大学生眼花缭乱,并产生很多的不适应,甚至产生不安和不稳定的情绪。出现这种情况的原因是,部分大学生的社会适应能力不强,对现实中遇到的困难、挫折、意外估计不足,个体角色与社会角色未充分融合。

大学生提升自身社会适应能力,有利于顺应社会发展的要求,快速获得社会的认同;有利于个性的形成和完善。培养和发展健康的心理是大学生社会化的重要目的,也是当代大学生自我发展的需要。

一、适应能力概述

适应能力是指个体与环境在适应过程中所表现出来的个性特征。社会适应能力是个体在社会生活中与环境形成和谐关系所表现出来的个性特征,也就是说,它是一种善于根据社会生活中的变化,及时反馈、随机应变地进行调节的能力。

良好的社会适应能力是一个人综合素质的反映,与个人的思想观念、道德品质、知识技能、创造能力等密切相关。大学生的社会适应能力是用人单位最看重的,它不仅包括用所学的书本知识来适应实际工作的能力,也包括融洽地协调人际关系和生存环境的能力。

首先,大学生要注意培养自己的社会适应能力,以便进入社会后能尽快地适应社会,发挥自身价值。其次,大学生应该明白社会适应能力的培养不是无原则地苟同社会上的消极现象,更不是同流合污,而是要善于分析,深思熟虑后行动,积极参与,主动适应社会,尽大学生应尽的社会责任。最后,大学生要培养根据岗位和就业情况的变化,随机应变地适时调节择业行为的能力。因为现代社会中的职业是复杂多变的,要适应这种状况,大学生必须提高自己的社会适应能力。学校教育是基础教育、通才教育,毕业生走上工作岗位以后,有些知识用不上,有些知识不够用,有些知识要从头学起,这就要求进入社会的大学生根据工作的需要调整自己的知识结构、能力结构以及行为方式,增强适应社会的应变能力。

　　大学生的社会适应能力是其素质、能力的综合反映，适应能力的强弱与大学生个人的心理素质、道德品质、知识技能、人际关系和健康状况密切相关。能力较强、心理健康的大学生能较快地适应社会，较好地控制自己的情绪，排除不良现象、不良情绪的干扰，胜不骄、败不馁，始终保持良好的心态，把握好的机遇，避免不利因素，快速获得社会的认同。

 体验活动

> 　　请同学们拿出一张白纸，在 5 分钟内，在纸上尽可能多地写下自己拥有的或自己想具备的社会适应能力，并与你的同桌分享，看看谁写得多。
>
> 　　汇总全班同学的社会适应能力，发现其中的共同点，并对社会适应能力进行分类。

二、培养大学生社会适应能力的必要性

　　下面将从社会发展的要求、大学生社会化的重要目的、大学生个性的形成和完善、大学生健康心理的培养和发展、大学生自我发展的需要等方面来介绍培养大学生社会适应能力的必要性。

（一）培养大学生社会适应能力是社会发展的要求

　　当今社会在高科技的推动下，已经进入信息时代，全球化的知识经济初显端倪，科学技术和经济的迅猛发展，必然会对每一个社会人提出新的要求。当代大学生是青年人中的佼佼者，他们把握现代化的知识和技术，是未来国家和社会建设及发展的栋梁之材，肩负振兴中华的历史使命和社会责任。这种使命和责任与当前世界的发展、国家的前途和命运紧密相连。大学生社会适应能力的强弱关系大学生科学文化知识和技能发挥的程度，关系大学生个人的前途和命运，关系社会的繁荣和发展。当代大学生只有努力顺应时代发展的潮流，才能充分发挥自己的科学文化知识和技能，从而促进社会的变革和发展。所以，大学生培养自身的社会适应能力是社会发展的要求。

（二）培养大学生社会适应能力是大学生社会化的重要目的

　　当代大学生是青年人中优秀的群体，担负着继承上一代的事业、知识和优良传统并

开创社会发展新局面的历史重任。大学生社会化的内容非常广泛，凡社会生活所必需的知识、技能、行为方式、生活习惯以及社会中的各种思想、观念都包含其中。由于大学生社会适应能力所包含的学习适应能力、工作适应能力、生活适应能力和社会交往适应能力，都是大学生社会化的重要内容，因此，培养大学生社会适应能力是大学生社会化的重要目的。

（三）培养大学生社会适应能力有利于大学生个性的形成和完善

心理学把个体一贯表现出来的稳定的心理和行为特点称为个性。个性一旦形成，会对大学生的行动乃至个体一生的活动产生决定性的影响。而个性是在大学生的一系列熟悉活动中形成和发展起来的，在这些活动中，大学生渐渐熟悉社会、感受社会、应对社会生活中所碰到的各种压力和障碍。这是大学生个性形成和完善的外部条件，也是个性发展的基本过程。只有不断完善个性，大学生才能更顺利地适应社会生活，为社会做出贡献。

（四）培养大学生社会适应能力有利于大学生健康心理的培养和发展

一个人心理健康与否与其社会适应能力有密切的联系，是社会适应程度和结果的具体体现。假如一个大学生经常与他人，特别是与同伴脱离交往，或被同伴排斥在群体之外，就容易产生心理问题和罹患心理疾病。一些大学生由于自身生理和心理上发生急剧变化，形成了独特的心理和行为特点；一些大学生求知欲和探索欲强烈，要求独立自主的意识强烈，遇事喜欢独立思考和判定，不愿盲从，情绪反应强烈，易冲动，遇事有持续而深刻的情感体验。正是由于一些大学生具有上述心理和行为特点，因此他们容易在社会适应方面出现不良的情况。在生活、学习顺利时，他们往往眉飞色舞、趾高气扬；碰到挫折就一蹶不振，长时间陷入忧郁、苦闷、消极、自卑。这些大学生的心理两极化严重，很容易产生心理障碍，从而影响正常的学习和生活。能够有效适应社会的人，才是心理健康的人。

（五）培养大学生社会适应能力是大学生自我发展的需要

"需求"在社会上的意义是指人的一种生存状态，它表现为人对客观事物的渴求和欲望，是人产生行为的原动力。因此，人总是有各种不同的需求，马斯洛将人的需求分为生理需求、安全需求、社交需求、尊重需求、自我实现需求 5 个层次。人的需求是在社会化过程中逐步发展的。人的社会化程度越高，他的需求层次就越高。当代大学生接受教育的程度高，他们的社会化过程和社会化发展目标也相对较高。大学生的需求结构以自我发展需要为核心。

每个社会角色所担当的工作，都是整个社会事业的组成部分。社会主义现代化建设为每个社会角色充分发挥自己的聪明才智提供了无比广阔的舞台。大学生只有把自己的事业目标与社会需求紧密结合，自觉地服从和服务社会，才有可能成为对社会有用的人才，自我才能得以发展。大学生要满足和适应社会的需求，其社会适应能力不可或缺。所以，培养大学生社会适应能力也是大学生自我发展的需要。

三、社会适应能力诊断

社会适应能力是指一个人在心理上适应社会生活和社会环境的能力。社会适应能力的高低，从某种意义上说，能表明一个人的成熟程度。具有良好的社会适应能力对于大学生走向社会，谋求生存和发展具有重要的意义。

以下是社会适应能力诊断量表，共28个问题，每个问题有"是"（打"√"）或"非"（打"×"）两种答案。请你根据自己的实际情况如实回答，答案没有对错之分。

1. 关于自己的烦恼有口难言。　　　　　　　　　　　　　　（　　）

2. 和陌生人见面感觉不自然。　　　　　　　　　　　　　　（　　）

3. 过分地羡慕和妒忌别人。　　　　　　　　　　　　　　　（　　）

4. 与异性交往太少。　　　　　　　　　　　　　　　　　　（　　）

5. 对连续不断的会谈感到困难。　　　　　　　　　　　　　（　　）

6. 在社交场合感到紧张。　　　　　　　　　　　　　　　　（　　）

7. 时常伤害别人。　　　　　　　　　　　　　　　　　　　（　　）

8. 与异性来往感觉不自然。　　　　　　　　　　　　　　　（　　）

9. 与一群朋友在一起时，常感到孤寂或失落。　　　　　　　（　　）

10. 极易受窘。　　　　　　　　　　　　　　　　　　　　（　　）

11. 与别人不能和睦相处。　　　　　　　　　　　　　　　（　　）

12. 与异性相处不知道如何适可而止。　　　　　　　　　　（　　）

13. 当不熟悉的人对自己倾诉他的生平遭遇以求同情时，常感到不自在。（　　）

14. 担心别人对自己有什么坏印象。　　　　　　　　　　　（　　）

15. 总是尽力使别人赏识自己。　　　　　　　　　　　　　（　　）

16. 暗自思慕异性。　　　　　　　　　　　　　　　　　　（　　）

17. 时常避免表达自己的感受。　　　　　　　　　　　　　（　　）

18. 对自己的仪表（容貌）缺乏信心。　　　　　　　　　　（　　）

19. 讨厌某人或被某人所讨厌。　　　　　　　　　　　　　（　　）

20. 瞧不起异性。　　　　　　　　　　　　　　　　　　（　　）

21. 不能专注地倾听。　　　　　　　　　　　　　　　　（　　）

22. 自己的烦恼无人可倾诉。　　　　　　　　　　　　　（　　）

23. 受别人排斥与冷落。　　　　　　　　　　　　　　　（　　）

24. 被异性瞧不起。　　　　　　　　　　　　　　　　　（　　）

25. 不能广泛地听取各种各样的意见、看法。　　　　　　（　　）

26. 自己常因受伤害而暗自伤心。　　　　　　　　　　　（　　）

27. 常被别人谈论、愚弄。　　　　　　　　　　　　　　（　　）

28. 与异性交往时不知如何更好地与其相处。　　　　　　（　　）

完成上面 28 个问题后，请用表 5–1 统计分数。

表 5–1　记分表

模块 I	题目	1	5	9	13	17	21	25	小计	总分
	分数									
模块 II	题目	2	6	10	14	18	22	26	小计	
	分数									
模块 III	题目	3	7	11	15	19	23	27	小计	
	分数									
模块 IV	题目	4	8	12	16	20	24	28	小计	
	分数									

评分标准：打"√"的给 1 分，打"×"的给 0 分。

【测查结果解释与辅导】

如果你的总分在 0～8 分，那么说明你在与朋友相处上的困扰较少。你善于交谈，性格比较开朗、主动，关心别人，你对周围的朋友都比较好，愿意和他们在一起，他们也都喜欢你，你们相处得不错。而且，你能够从与朋友相处中得到乐趣。你的生活是比较充实且丰富多彩的，你与异性朋友也相处得比较好。你不存在或较少存在交友方面的困扰，人缘很好，能够获得许多的好感与赞同。

如果你的总分在 9～14 分，那么说明你与朋友相处时存在一定程度的困扰。你的人缘一般，换句话说，你和朋友的关系并不牢固，时好时坏，经常处在一种起伏波动的状态中。

如果你的总分在 15～28 分，那么说明你与朋友相处时存在的困扰较严重。总分超过 20 分，则表明你的人际关系困扰程度很严重，而且在心理上出现较为明显的障碍。你可能不善于交谈，也可能是一个性格孤僻的人，不开朗，或有明显的自大、讨人嫌的行为。

以上是从总体评述你的人际关系。下面将根据你在每一模块的小计分数，具体指出你与朋友相处时的困扰行为及可作参考的纠正方法。

● **记分表中模块Ⅰ的小计分数表示你在交谈方面的困扰程度。**

如果你的得分在 6 分以上，说明你不善于交谈，只有在极需要的情况下你才同别人交谈，你总难以表达自己的感受，无论是愉快还是烦恼；你不是一个很好的倾听者，往往无法专心地听别人说话，或只对单独的话题感兴趣。

如果你的得分在 3～5 分，说明你的交谈能力一般，你会诉说自己的感受，但不能条理清晰地交谈。你努力使自己成为一个好的倾听者，但还是做得不够。如果你与对方不太熟悉，开始时你往往表现得拘谨与沉默，不大愿意跟对方交谈，但这种局面一般不会持续很久。经过一段时间的接触与锻炼，你可能会主动与对方搭话，同时这一切来得自然，此时，你的交谈能力已大有改观，在这方面的困扰也会逐渐消除。

如果你的得分在 0～2 分，说明你有较高的交谈能力和技巧，善于利用恰当的谈话方式交流思想感情，因此在与别人建立友情方面，你往往能比别人获得更多的成功。这些优势不仅为你的学习与生活创造了良好的心境，而且常常有助于你成为伙伴中的领袖人物。

● **记分表中模块Ⅱ的小计分数表示你在交际方面的困扰程度。**

如果你的得分在 6 分以上，则表明你在社交活动与交友方面存在较大的行为困扰。例如，在正常集体活动与社交场合，你比大多数人更为拘谨；有陌生人或教师在场，你往往感到紧张，因而思绪混乱；你往往过多地考虑自己的形象而使自己处于越来越被动、越来越孤独的境地。总之，交际与交友方面的严重困扰使你陷入"感情危机"和孤独、困窘的状态。

如果你的得分在 3～5 分，往往表明你在被动地寻找被人喜欢的突破口。你不喜欢独自一个人待着，你需要和朋友在一起，但你又不太善于创造条件并积极主动地寻找知心朋友，而且，你心有余悸，生怕在主动后遇到"冷"体验。

如果你的得分在 0～2 分，则表明你对人较为真诚和热情。总之，你的人际关系较和谐，在这个方面，你不存在较明显且持久的困扰。

● **记分表中模块Ⅲ的小计分数表示你在待人接物方面的困扰程度。**

如果你的得分在 6 分以上，表明你缺乏待人接物的技巧。在实际的人际关系中，你也许会有意无意地伤害别人，或过于羡慕别人，以致在内心妒忌别人。因此，其他同学可能"回报"你以冷漠、排斥，甚至是愚弄。

如果你的得分在 3～5 分，表明你是一个多面的人，也许是一个较圆滑的人。对待不同的人，你有不同的态度，而不同的人对你也有不同的评价。你讨厌某人或被某人所讨厌，但你极喜欢另一个人或被另一个人所喜欢。你朋友关系中的某方面是和谐、良好的，某些方面却是紧张、矛盾的。因此，你的情绪很不稳定，内心极不平衡，常常处于矛盾状态中。

如果你的得分在 0～2 分，表明你较尊重别人，敢于承担责任，对环境的适应能力强。你常常以真诚、宽容、责任心强等获得好感与赞同。

● **记分表中模块Ⅳ的小计分数表示你跟异性朋友交往的困扰程度。**

如果你的得分在 5 分以上，说明你在与异性交往的过程中存在较为严重的困扰。也许你存在过分思慕异性或对异性持有偏见的态度。这两种态度都有它的片面之处。你也许是因为不知如何把握与异性朋友交往的分寸而陷入困扰之中。

如果你的得分在 3～4 分，说明你与异性交往的行为困扰程度一般，有时会觉得与异性朋友交往是一件愉快的事，有时又会认为这种交往是一种负担，你不懂得如何与异性交往最适宜。

如果你的得分在 0～2 分，说明你懂得正确处理与异性朋友之间的关系。对异性朋友持公正的态度，能大大方方、自然地与他们交往，并且在与异性的交往中，得到了许多从同性朋友那里不能得到的成长，增加了对异性的了解，也丰富了自己的个性。你可能是一个较受欢迎的人，无论是同性朋友还是异性朋友，多数人都较喜欢你和赞赏你。

第三节　提高学习能力

"学习"是 21 世纪的通行证，只有不断学习的人才有可能成为 21 世纪的高效能人才，成为未来的成功者。学习就是"充电"，如果停止学习很快就会"没电"。"逆水行舟，不进则退。"大学生只有树立终身学习的观念，不断培养自己的学习能力，才能在职场中崭露头角。

一、职场中与学校中学习的不同

职场中的学习与学校中的学习有诸多不同。首先，职场中学习的目的是提升自己解决实际问题的能力，增强职场的竞争力。其次，职场中碰到的问题不可能像教科书中那样规范，经常无先例可循，需要自己寻找解决的途径。再次，职场中的许多问题，一旦出现了就必须尽快解决，而不能等到条件具备后再慢慢解决。最后，职场中一个问题的处理，通常需要了解和学习多个领域的内容，所以只能从一个点突破。

人无完人，任何人都有能力缺陷和相对较弱的地方。也许你在某个行业已经具备丰富的技能，但对于新的企业、新的经销商、新的客户，你仍然是你，没有任何特别之处。你需要以"空杯"的心态重新整理自己的智慧，学习他人身上优秀的一面。

"19世纪的文盲是不识字的人，20世纪的文盲是不会用计算机的人，21世纪的'新文盲'则是不懂再进修、再学习道理的人。"世界发展到今天，行业的发展和知识的更新已经到了日新月异的地步，个人只有不断掌握新知识，才能让自己的路越来越宽。

未来社会的竞争是人才的竞争，更是学习能力的竞争。作为职场中的团队成员以及独立个体，大学生应该在自身职业生涯的规划下，不断提高自己的学习能力，把企业提供的学习机会和自身的学习有机地结合起来，不断提高自己，这样才能实现个人的发展。

二、学习是迈向成功的通行证

知识的力量是无穷的，大学生要相信自己获取知识的能力。从现在开始，大学生应立下志向：不断地学习，不断地努力，增加自己的知识，增强自己身上的能量。

（一）从书本上学习

一位建筑师回顾过往，将他多年积累的工作经验提供给后世作参考。虽然现在他已年届八十，但是他工作的积极性依然高涨。这位建筑师说："我认为读书对我攀登到事业的巅峰有非常大的帮助。经过了好多年，我还深深地认为，职业不仅是工作，而且是一连串的读书与学习的过程。唯有建立在稳固的知识基础之上的工作，才能愉快地胜任，进而取得成功。在求学时，我一直是一个优秀的学子，我在高中毕业之时，还曾代表毕业生致答谢辞。我在大学时，发现自己对那些与建筑和工程有关的课程喜爱异常。教育不但充实了我，还为我未来的工作铺了一条康庄大道。我的求知欲非常强，经常在闲暇之时阅读一些与建筑历史有关的书。我所得到的结论就是，我猜想别人可能认为我是位学问好、非常快乐，而又自负的老人。实不相瞒，你的见解是完全正确的。"

这里所讲的建筑师的读书态度与工作经验，和其他成功人士相比有很多类似之处。

21世纪是知识经济的时代，文化的繁荣、社会的进步、经济的发展，无一不是建立在知识的基础上的。全球经济一体化，商业知识高度密集，企业的管理、领导、决策，也无一不展现知识的魅力。知识被人们当作衡量人的社会价值的标准。人们之所以重视读书，就是因为读书在获取知识的过程中起着重要的作用。要知道，读书是获取知识的一条重要途径。

"书是全世界的营养品。"虽然书本知识是间接的，但它是人们在学以致用的活动中总结出来的，因此，书本上的知识有着非常重要的价值。而且，通过读书获得的知识有其优越性，它不受时间的限制。如果你想回到原始时代体验原始人的生活，你可以通过对历史书的阅读把这一想法变成现实，它可以帮助你可以越过时间，了解原始人的生活情况。

21世纪的大学生应用全新的眼光看待社会。现在是一个信息化的时代。所谓信息化，其实就是知识化。在21世纪，知识不但会急剧膨胀，还会迅速传播，发挥无尽的魅力。

世界著名的未来学家们对新世纪做了一个展望，他们一致认为：在21世纪，人类会以前所未有的速度发展。印刷出版物会像潮水般涌来；信息每天都会不停地对人的头脑进行轰炸；每天都会更新科学理论和技术知识。昨天的科幻小说，在今天就可能变成现实，人脑能想到的东西，科技就可能落实。在21世纪之初，在知识经济来临之时，知识与技能成为人们生存与就业的根本，大学生不养成及时补充知识的习惯是不能适应社会发展的，是不可能成为21世纪高效能人才的。

（二）向他人学习

任何人都有自己的优点、长处，他人的优点和长处也许正是你所缺少的，只要善于观察，努力地学习他人的优点，终有一天，你也会是这些优点的主人。其实，不仅优点，他人的缺点我们也应引以为鉴。总之，一个善于学习的现代人才，是不会轻易放过从他人身上学习的机会的。

那怎样去向他人学习呢？这就需要做到以下几点：

1. 从他人的优点中学习

俗话说："尺有所短，寸有所长。"再聪明的人也有缺点，人无完人，大学生更应意识到这一点。只有学习别人的优点并为己所用的人才是真正的智者，才是真正能成就大事业的人。许多人的成功都是建立在自己善于向他人学习的优点之上的。学校的教师经常给学生讲榜样的故事，其实也是同样的道理，只有看到他人的优点，学习他人的优点，自己才能少走弯路，早日成功。

2. 从他人的言谈中学习

向他人学习，善于学习他人的优点，要从他人的言谈中学习。语言的力量是巨大的，也许他人的一两句话就道出了你的不足，这能激发你的学习、奋斗之心。

作为现代高效能人才，大学生不但要能从别人的优点、别人的言谈中学习，还应从别人的批评中学习。批评其实也是一种言语，它更有利于我们学习，更应为我们所重视。

有些人认为批评自己的人都是敌人，这种想法是相当危险的。大学生应在别人的批评中提高自己，将别人的批评为己所用，不断改进自己，完善自己；别人批评自己时，欣然接受正确的内容并作为自己前进的方向。

（三）从失败中学习

失败是每个人的学校，在这所学校里，每个人都已成人，已会独立思考，已会选择，都决定尽快从这所学校毕业，而不是待下去或重修这所学校的课程。

有的人陷于失望和失败，却不知道自己已经具备了成功的一切条件；还有的人，把成功道路上遇到的障碍当作敌人，恐惧且迟疑。实际上，这些障碍是朋友和助手。成功的路上难免有障碍。人只有经过多次奋斗和失败，才能获得事业的胜利。个体的每一次失败、每一次奋斗，都能磨练意志，增强体魄，提高勇气，考验忍耐力，增强自信心，并提升能力。所以每一个障碍都是考验，促使你成功，否则就只能接受失败。每一次挫折就是一次前进的机会。逃离它们、躲避它们，反而会使自己失去光明的前途。

其实，失败能把一个人磨练得更坚韧、果敢和聪明。经历了各种各样的失败后取得成功，能证明你的能力，所以不要害怕失败，要接受来自失败的挑战！

第四节   培养人际交往能力

人际交往能力包括语言表达能力、倾听能力、交友能力、观察能力，以及处理生活中各种问题的能力。这种能力不是大学生独有的，但是在大学生群体中呈现出特殊性。大学生处在即将走向社会，做好入职前准备的阶段，更需要注重人际交往能力的培养。随着社会的发展，人际交往能力越来越受到大学生重视，大学生对人际交往也有着更加积极的看法和迫切的需求。

一、人际交往能力概述

大学生走向社会时，会与各种各样的人打交道。在与人交往的过程中，能否正确、有效地协调好自己与他人的各种关系，能否得到别人的支持、帮助，这不仅影响大学生的心理、生活感受，还会影响事业的发展。所以，大学生要学会与人相处，善于听取意见，树立良好的团队协作精神；要培养自己与同学、教师、领导、其他员工交往的能力。

大学生与同学交谈，可以讨论学术观点，可以讨论对社会现象的认识，在辩论中提高自己的思辨能力；与教师交谈，可以交流读书心得，厘清不同的思想认识，从而受到启迪；与领导交谈，可以充分表达自己对问题的见解，锻炼自己在领导面前不怯场的能力；与其他员工交流，可以了解他们的工作状况和不同的心态。大学生学会与人交际，可以从中学到很多书本上学不到的东西。

大学生在与人交往的过程中，要学会宽容。宽容是一种美德。"海纳百川，有容乃大。"大学生只有具备一定的人际交往能力，善于处理各种人际关系，才能在工作中充分施展自己的才能。在人际交往中，大学生要以善良、诚实的品质善待他人，以心换心，以诚相待；要学会尊重他人，换位思考，多为他人设身处地地着想，这样才能得到他人的尊重；要具有既能干大事、又能做小事的本领，要有甘当"小学生"的精神；要学会处理具体问题，既坚持原则，又不失灵活性。

 知识拓展

如何提高自己的表达能力

（1）表达前，对相关知识进行必要的归纳、加工，条理清晰地整理出来。

（2）如果你对内容还不是很熟悉，表达之前，最好先把它写下来。

（3）多应用"举手法则"。当有机会发言的时候，无论你是否已经准备好，请先举手。不要在意自己的发言多么糟糕，不要在意糟糕的发言可能令你多么尴尬。行为科学家认为：21天养成习惯。我们得先习惯"开口"。此时"面子"可能是自己面临的最大障碍。

（4）开会时，尽可能坐在前排。这样你会有比较多的机会发言。

（5）学会讲故事是另一个简单、实用的方法。有意识地收集一些故事、笑话、新闻，有合适的时机就讲给身边的人听。初期，只要能把故事说完、讲清楚就可以了，至于对方笑不笑、喜不喜欢听，都不重要。接下来要提高对自己的要求，把"讲"故事变为"演"故事，把自己想象成故事中的角色，然后"演"出来，这样会使你讲故事的效果越来越好。

（6）如果你还想做得更出色，可能要接受专业化的训练，可以使用著名的"三最训练法"：找一篇你非常喜欢的范文，用"最大声、最清晰、最快速"的方法，反复练习21天或21次以上。此时，你要让自己习惯运用以下方法进行演讲：提高音调，找到有爆发力、感染力的演讲的感觉；提高音速，比平时说话快30%的语速最适合演讲；咬字准确、清晰，听起来悦耳。

（7）模仿是学习最快的方式之一。找几位你比较欣赏的专业演讲家、名人的录音、录像，反复模仿。不但要模仿他们的声音，还要模仿语调、语气、语速、肢体语言、目光语言等，直到完全复制。此时不要有太多的杂念，不要想着要有自己的风格。因为你还在学习阶段，你需要兼收并蓄，先做一个好学生。

无论你将来从事何种职业，掌握这项技能，对你的一生都是百利而无一害的。毕竟，在今天这个竞争激烈的时代，"一对一"沟通不如"一对多"沟通更有威力。

二、人际交往的原则

人际交往的主要原则有平等原则、相容原则、互利原则、信用原则、宽容原则。

（一）平等原则

人际交往，首先要坚持平等原则。无论是公务还是私交，都没有高低贵贱之分，人与人要以朋友的身份进行交往，才能深交。切忌因工作时间短、经验不足、经济条件差而自卑，也不要因为自己是大学生或自恃年轻而趾高气扬。错误的心态会影响人际关系的顺利发展。

（二）相容原则

相容主要是心理相容，即人与人之间相处融洽，与人相处时要宽容、忍让。大学生主动与人交往，广交朋友，交好朋友，不但交与自己相似的朋友，还要交与自己性格不同的朋友，求同存异、互学互补，处理好竞争与相容的关系，这样才能更好地完善自己。

（三）互利原则

人际交往是一种双向行为，故有"来而不往，亦非礼也"之说。只有一方获得好处的人际关系是不能长久的，需要双方都受益，不仅是物质的，还有精神的。同时，交往双方都要付出和奉献。

（四）信用原则

人际交往离不开信用。信用是指一个人诚实、不欺、信守诺言。"一言既出，驷马难追。"人要遵循以诚实为本的原则，一旦许诺，设法实现。朋友之间，要言必信、行必果，不卑不亢；端庄而不过于矜持，谦虚而不矫情诈饰；不俯仰讨好位尊者，不藐视排挤位卑者，这样才能取得别人的信赖。

（五）宽容原则

宽容表现为大学生在非原则性问题上不斤斤计较，能够以德报怨，宽容大度。人际交往中往往会产生误解和矛盾。大学生个性较强，相互间接触密切，不可避免地产生矛盾。这就要求大学生在交往中不要斤斤计较，要谦让大度、克制忍让，不计较对方的态度、言辞，并勇于承担责任，做到"宰相肚里能撑船"。他吵，你不吵；他凶，你不凶；他骂，你不骂。只要自己胸怀宽广，容纳他人，发火的一方也会自觉无趣。宽容克制并不是软弱、怯懦。相反，它是大学生有度量的表现，是建立良好人际关系的润滑剂，能化干戈为玉帛，赢得更多的朋友。

人际交往能力与社交经验的关系如此密切，如果大学生可以提高自己的人际交往能力，其日常社交生活也会得到改善，不但可以减少与他人发生冲突的次数，亦可以令自己和他人有更愉快的交往经验。

 知识拓展

人际交往中的技巧

（1）记住别人的姓或名，主动与人打招呼，称呼要得当，让别人觉得被礼貌相待、备受重视，给人以平易近人的印象。

（2）举止大方、坦然自若，使别人感到轻松、自在，从而激发交往动机。

（3）培养开朗、活泼的个性，让对方觉得和你在一起是愉快的。

（4）培养幽默风趣的言行，幽默而不失分寸，风趣而不显轻浮，给人以美的享受。与人交往要谦虚，待人要和气，尊重他人。

（5）做到心平气和、不乱发牢骚，这样不仅自己快乐、有涵养，别人也会心情愉悦。

（6）要注意语言的魅力：安慰受伤的人，鼓励失败的人，赞美真正取得成就的人，帮助有困难的人。

（7）处事果断、富有主见、精神饱满、充满自信的人容易激发别人的交往动机，博得别人的信任，产生乐意与其交往的魅力。

有些人认为人际交往能力是与生俱来的特质或属性，即一个社交能力强的人天生外向、善于交际。一些心理学家并不赞同这种看法，他们认为只要能辨析影响人际交往能力的因素，便可以设计一些课程来培养这种能力。

通过认识与理解人际交往的特点以及交往原则，大学生可以领悟一些交往的知识，并找到合适的方法，培养人际交往的能力，促进自身人际关系发展，塑造自身的形象，以积极的态度和行为对待人际交往，建立和谐的人际关系。

现代社会，人际交往能力已经成为衡量一个人是否具有良好社会适应能力的标准之一。一个没有人际交往能力的人，就像一艘搁浅的船，难以航行到社会的大海中。

三、人际交往的问题及训练策略

大学生的人际交往并不如想象中那样顺利与充满激情。在实际生活中，一些大学生存在人际交往的问题，并为此产生困惑、苦恼或抑郁等情绪。发现问题并解决问题、掌握人际交往训练策略，可以促进人际交往朝和谐健康的方向发展。

（一）有人际交往问题的大学生类型

1. 知音难觅型

这类大学生一般能与人正常交往，人际关系也不错，但仍感觉缺乏心心相印、倾诉衷肠的知心朋友，因此有孤独之感，原因有三：一是客观条件所限，毕竟"人生难得一知己"，想寻觅一个真正的知己实非易事；二是和自身的认识水平有关，有的人在交往中要求过高；三是自身人格上的不足会影响与他人的深交，使其难以找到知心朋友。

2. 个别不适型

这类大学生与多数人交往良好，与个别人（可能是室友、同学或父母等与自己关系比较近的人）交往困难，与个别人相处不好，常会影响自身情绪。之所以出现这样的情况，一方面是由于自身的认知障碍，有许多"应该"或"不应该"的观念，当别人与自己的观点不一致时，总是试图改变对方；另一方面，他们身上还存在一些性格上的缺陷和不足，如自卑、以自我为中心、易激动、敏感多疑。

3. 平平淡淡型

这类大学生能与他人交往，但总感到与人相处的质量不高，缺乏影响力，没有关系比较密切的朋友，多属于点头之交，难以保持和发展良好的人际关系，因此常会感到空虚、迷茫、失落。这类大学生往往缺乏较强的交往能力，无法使交往深入一步，只能停留在较浅的水平。

4. 交往困难型

这类大学生虽渴望交往，但交往能力有限，方法欠妥或有性格缺陷、交往心理障碍，致使人际交往情况不尽如人意，很少有成功的体验，因此感到苦恼，非常希望改变社交状况。

5. 社交恐惧型

这类大学生对人际交往特别敏感、害怕，极力回避与人接触，不得不交往时则紧张、恐惧、心跳加快、面红耳赤，难以自制。为此，他们常陷入焦虑、痛苦、自卑，严重影响身心健康和日常生活。造成这种状况的原因是他们出于某种顾虑，缺少相应的知识、社交技能和经验，或遭遇某种身心创伤而丧失自信心。

6. 拒绝交往型

这类大学生数量较少，他们不愿与人交往，自我封闭、孤芳自赏，往往存有某种怪癖。

比较而言，前4类属于一般社交不适，人数比例也较大，这样的大学生通过自我调节和改善可以克服；后2类属于严重社交障碍，比例虽小，但对身心健康的危害却很大，需要对这样的大学生进行专门的心理辅导。

（二）人际交往问题的训练策略

1. 生活在自我的世界里，失去人际关系的学习机会

（1）可能的行为表现如下：

1）沉默寡言，很少与同学交谈。

2）面对陌生人会退缩。

3）说话紧张，无法完整地表达自己的意思。

4）独来独来，少有朋友。

（2）可能的原因如下：

1）缺乏人际交往能力，不知如何应对。

2）自我封闭，不爱说话。

3）自信心不足。

4）不喜欢与人打交道。

（3）自我训练策略如下：

1）在活动中积极寻找人际交往的良好方式。

2）进行自我肯定（自信）训练。

3）进行强制交往训练，主动与他人接近。

4）进行多种交往实践，鼓励自己表达看法。

5）培养兴趣，结交朋友，扩展人际关系。

2. 自我意识强烈，不愿合群，易与他人产生误会和争论

（1）可能的行为表现如下：

1）朋友不多。

2）遭人排挤。

3）意见特别多。

4）对任何事情常持怀疑的态度。

5）喜好争辩，常与人针锋相对。

6）常挑剔别人或被别人挑剔。

7）与人形同陌路，不点头也不打招呼。

（2）可能的原因如下：

1）有以自我为中心的思考方式，自私自利，不易向人妥协。

2）不善于表达意思，缺乏沟通技巧。

3）主观意识强烈，强词夺理。

（3）自我训练策略如下：

1）开放自己，接纳他人。

2）培养领导能力，学习服从态度。

3）培养民主风度，尊重他人看法，接纳不同意见。

4）自行设计活动，学习沟通技巧。

5）对他人提出建设性意见，减少负面批评。

6）以理性、温和的言辞代替辩论。

3. 出言不逊，行为偏激，人际关系不协调，偶有冲突事件发生

（1）可能的行为表现如下：

1）言行偏激，态度傲慢。

2）不服管教，顶撞师长。

3）自认为是老大，欺负弱小。

（2）可能的原因如下：

1）性格发展较不健全。

2）有强烈的自我中心倾向。

3）冲动易怒，缺乏同情心。

4）将抗拒权威当作英雄主义，并以之作为肯定自我的方式。

5）自尊心受到伤害，忍受挫折的能力低。

（3）自我训练策略如下：

1）学习良好的人际互动方法，学会互相尊重、互相帮忙。

2）采用人性化的行为规范准则，以理性、民主的态度来指导自己的言行。

3）为自己创设自我表现的机会，从成功的经验中获得自我肯定。

4）从专门的心理辅导机构获得帮助。

四、掌握人际交往技巧

但凡在人际交往中取得成功的人，均能在合适的场合使用一定的交际技巧，这是深入交往与持续交往的增效剂。

（一）对不一致的问题进行讨论、协商，避免争论

对不一致的问题进行争论，其结果往往是双方比以前更相信自己绝对正确。从维持人际关系的角度来讲，任何人赢不了争论。如果输了，当然只好认输；即使赢了，从人际关系的角度来讲，也是输了。因为你的胜利往往直接威胁他人的尊严和自我价值。因此，解决不一致的问题的最好途径是讨论、协商，而不是争论。

（二）尊重别人意见，避免直接指责

直接指责是一种对对方的否定，使对方处于强烈的自我防卫状态，其效果恰好与预期的目的相反，因此无法发挥作用。我们应该用支持别人自我价值、尊重对方意见的方式与人相处，特别是当发现别人有明显的错误时，应仍然用支持别人的方式证明自己的观点；学会提醒别人，让别人感到我们的善意。

（三）如果自己错了，就坦率地承认

在人际交往中，尤其是在别人承认了错误之后，人们会显示超乎寻常的容忍，因为宽容别人的错误，往往显示自己的气量。但是承认自己的错误，即使错误再小，也是一种自我否定。因此坦率地承认自己错了，并为此承担责任，着手进行补救或改变，这需要更大的勇气。

（四）真诚地从别人的角度看待事情，理解别人

当别人的观点或做法与你相左时，先不要直接表达你的看法，先了解别人为什么这么想、这么做。当你移到别人的角度，用别人的眼睛看世界，用别人的心体验世界时，你会获得许多从来没有的经历，对曾经看起来荒唐的念头和做法，也会觉得是自然的事。

（五）掌握批评的艺术，有效地提醒别人的错误

在长期的人际交往中，要想保持人与人之间的和谐，维持良好的人际关系，针对别人的错误提供必要的反馈十分重要和必要。

（1）批评他人时从称赞和诚挚感谢入手。

（2）批评他人前先提到自己的错误。

（3）间接提醒他人注意自己的错误。

（4）以启发而不是命令来提醒别人的错误。

（5）让他人保住面子。

（6）反思体验。

心理学家做过一项研究，证明处理好人际关系的重要性。该实验室的成员均为高智商的科学家和工程师，然而有的仍然灿若明星，有的却已失去光彩。为何有此差别？主要原因还在于"明星"拥有良好的人际关系。业绩平平者在碰到技术难题时，向技术权威者请教，然后等待答复，结果往往得不到回应；而"明星"在别人需要帮助前就与有关人士建立可依赖的关系，一旦他们需要帮助，几乎总能很快得到答复。

虽然每个人交朋友的目的不尽相同，对朋友的要求与期望也不一样，但有一点可以肯定：我们都需要朋友！

在现代社会，可以说没有任何一项工作能在孤立的状态下完成，不会交往就不能较好地完成工作。对于一个集体或团队来说，良好的人际关系意味着团结、和谐、力量和事业的发展，这正是用人单位重视大学生人际交往能力的原因。

 知识拓展

交友十则

以诚待人：礼貌周到，多关心他人。

信守承诺：说到做到，讲求效率。

全神贯注：集中注意力，心无旁骛。

勤加灌溉：通过电话、网络等保持联络，孕育彼此的信任感。

尊重对方：别把他人只视作工作上该联络的对象。

赞美别人：不吝于给予赞美与鼓励，表达感激，让好话传遍千里。

时时感恩：别忘了在听过别人赞美之后说声"谢谢"。

承担责任：勇于为自己犯下的错误承担责任，不推脱找借口。

绝不居功：就像一句老话所说的："功劳该归谁，就给谁。"

不忘幽默：保持对生活的感性与幽默，享受人际交往的过程。

第五节 凝聚团队精神

刚健自强，同心同德。自古以来，中国传统文化便崇尚团队的力量。通过凝聚团队精神，团队成员上下同心、思想统一、信念一致，实现事业开拓、积极进取、改造自然与社会。在市场经济下，现代企业制度的确立完善更加崇尚企业团队文化、团队精神的建设与培养，许多企业的领导更是将团队精神注入企业建设的基因之中。

微课

团队合作

一、团队协作能力概述

（一）团队协作能力的含义

团队协作能力是指建立在团队的基础之上，团队成员发挥团队精神，互补互助以达到团队最大工作效率的能力。对于团队成员来说，不仅要有个人能力，而且需要有在不同的位置上各尽所能、与其他成员协作的能力。

团队协作能力也被部分企业纳入个人考核范围，因为一个好的团队并不是指每个人在各方面的能力都特别强，而是能够很好地借物使力，取团队其他成员的长处来补自己的短处，也把自己的长处、优点发挥出来，互相学习交流，共同进步。

（二）团队协作能力的作用

1. 团队大于个人

团队不仅强调个人的工作成果，更强调团队的整体业绩。团队所依赖的不仅是集体讨论和决策，也强调团队成员的共同贡献。团队大于个人。

2. 团队协作的本质是共同奉献

共同奉献需要一个切实可行、具有挑战意义且让团队成员能够为之信服的目标。只有这样，才能激发团队成员的工作动力和奉献精神，不分彼此，共同奉献。在一个团队里面，只有大家不断发挥自己的长处，不断吸取其他成员的长处，遇到问题及时交流，才能让团队的力量发挥得淋漓尽致。

3. 团队协作与个人的潜力

当团队的每一个人都坦诚相待，都有一份奉献精神时，取长补短，个人的能力肯定会得到大大的提升。如果大家把团队里面每一位成员的优点都变为自己的优点，并灵活运用，不仅团队的力量日益强大，自己的能力、潜力也会慢慢得到升华。

团队协作能激发团队成员不可思议的潜力，让每个人都能发挥最强的力量。一加一的结果大于二，也就是说，团队工作整体业绩往往能超过成员个人工作成果的总和。

4. 团队精神的核心就是协同合作

协作是任何一个团队不可或缺的精髓，是建立在相互信任基础上的无私奉献，团队成员因此而互补互助。

二、如何提升团队协作能力

（一）了解团队成员的性格品质

团队强调的是协作，所以团队的工作气氛很重要，它直接影响团队的协作能力。将团队中个人能力取长补短，相互协作，能造就一个好的团队。在一个团队中，每个成员都有自己的优点和缺点。作为团队的成员应该主动寻找其他成员的优点和积极品质，学习它，并克服自己的缺点和消极品质，让缺点和消极品质在团队协作中被弱化甚至被消灭。如果每个团队成员都主动寻找其他成员的积极品质，那么团队协作就会变得很顺畅，工作效率就会提高。

（二）包容团队成员

团队工作需要成员在一起不断讨论，如果一个人固执己见，无法听取他人的意见，或无法和他人达成一致，团队的工作就无法进行下去。团队的高效率在于团队成员的默契配合，如果达不成这种默契，团队合作就不可能成功。为此，无论是谁，对待团队中的成员都要抱着宽容的心态，讨论问题的时候对事不对人，即使他人犯了错误，也要本着大家共同进步的目的帮助对方改正，而不是一味斥责；同时也要经常检查自己的缺点，如果意识到自己的缺点，不妨将它坦诚地讲出来，承认自己的缺点，让大家帮助你改进，这是最有效的方法之一。

（三）获得支持与认可

要使自己的工作得到大家的支持和认可，而不是反对，就必须让大家喜欢你。一个人如何让别人喜欢你呢？除在工作中与其他成员互相支援、互相鼓励外，你还应该尽量和大家一起参加各种活动，或者礼貌地关心一下大家的生活。要使大家觉得，你不仅是他们的好同事，还是他们的好朋友，有谁不喜欢与自己的朋友合作呢？

（四）保持谦虚精神

任何人都不喜欢骄傲自大的人，这种人在团队协作中也不会被大家认可。可能你在某个方面比其他人强，但你更应该将自己的注意力放在他人的强项上，只有这样，你才能看到自己的弱项。因为团队中的任何一位成员都有自己的专长，所以你必须保持足够的谦虚。

（五）资源共享

团队作为一个整体，其综合能力十分重要。不管一个人的能力有多强，个人能力没有充分融入团队中，到了一定阶段必定会给整个团队带来致命打击。资源共享作为团队协作中不可缺少的一部分，可以很好地评估团队的凝聚力和团队协作能力，这也是一个团队能力的客观体现，所以提高团队的资源共享程度是保持团队健康发展、稳定发展的基础。

三、职场新人在团队中应该注意的事项

作为一个职场新人，想要快速地融入团队，就要在平时的工作、生活或学习中注意以下 7 点内容：

（一）尽快了解用人单位的文化

每个用人单位都有自己的发展历史、独特的文化、相应的规章制度以及一些不成文的"规则"。刚刚加入团队的新人应该多留心观察，通过各种渠道了解用人单位的潜在规则并有原则性地服从，这样有助于自己在团队中顺利地发展下去。

（二）把同事当作亲人

同事关系相较于竞争关系，应更多体现相互协作。人的一生中的大部分时间要和同事一起度过，更应该互相理解、互相帮助、互相扶持，把同事当作自己的亲人。同事之间需要良性的竞争，有竞争才会有动力，才会促进团队成员进步，但要注意的是不要因为竞争产生敌对关系。

（三）不轻易过问和宣传别人的隐私

每个人都有自己不愿意让别人知道的事情，所以作为团队中的一员，尤其是刚刚进入这个团队的新人，不要轻易打听别人的隐私。即使对方信任你的人格品行，主动和你

谈起自己的事情，也不要轻易对第三人提起或是大肆宣扬，辜负别人对你的信任。

（四）言行之间要注意分寸

单位不是学校，更不是家里，因此与同事的交流不能随便，要注意言行举止的分寸，不要信口开河，给人留下不牢靠、轻浮的印象。

（五）尊重团队中的每一位成员

人与人之间建立良好的人际关系，需要以互相尊重为前提。职场新人既应尊重工作中的前辈，也要尊重比自己晚来的后辈。

（六）工作时不要带有感情色彩

职场新人由于没有丰富的工作经验，因此他们在根据实际情况及时调节自己的情绪这方面做得还不够。职场新人若在工作时将情绪带入某些人或某些事，则会影响自身的工作情绪和工作态度，是不可取的。与此同时，职场新人也不要厚此薄彼，拉帮结派，搞小团体。

（七）遇事多采用 AA 制处事原则

同事之间有可能经常聚餐或出去游玩，除放松心情外，还可以制造情感沟通的机会。遇到此类情景时，同事之间最好采用 AA 制，这样对大家来说都很公平，不会出现心理负担，经济压力也相对较小。

 **实训练习**

自我能力探索

实训目的

探索自我能力，激发自豪感。

实训内容

仔细回想一下从小到大让你感到自豪和有成就感的事情，写得越多越好。不管这件事宏大或微小，无论别人怎么看都没有关系，只要这件事让你觉得自豪。写完后，按照你的自豪程度对这些事情进行排序，把让你感到最自豪的事情排在前面，然后逐个分析这些事情，问自己以下几个问题：

（1）在这件事情里，我做了什么？

（2）在这件事情里，我发现了什么？

（3）做完这个练习，我发现自己有哪些能力？

实训检测

活动结束后，教师根据表 5-2 进行评分。

表 5-2　实训活动评价表

评分标准	分值	实际得分	备注
写出感到自豪和有成就感的事情越多，得分越高	25		
所写事件为自己真实经历	25		
通过活动，能够发现自己之前不曾发现的能力	25		
积极参与活动	25		
总分	100		

第六章　就业权益与保障

　　法律意识在大学生择业过程中极为重要，它既能让大学生在择业过程中保护自身的合法权益不受侵害，又能约束大学生在择业过程中不损害用人单位的利益。为了提高就业率，各高校都加强了大学生就业指导工作，然而，大多数就业指导仅涉及大学生的就业观念、就业程序、就业技巧与技能的培养，缺乏具体的法律知识的传授。因此，本章旨在帮助大学生了解就业合同方面的知识，减少风险，运用法律维护自身的合法权益。

学习目标

1. 了解大学生就业过程中的权益。
2. 熟悉求职过程中常见的侵权与违法行为。
3. 掌握维权要点，能够运用法律武器维护自身的合法权益。
4. 了解劳动维权注意事项。

案例导入

　　小杨是某高校 2021 届毕业生，在毕业前两个月，他从激烈的竞争中脱颖而出，被某电梯工业有限公司录取。此时，经亲戚介绍，小杨得知某数控设备有限公司也在招聘，于是他匆匆和电梯工业有限公司签订了就业协议书后又应聘了数控设备有限公司。他认为反正就业协议书不是劳动合同，对自己没有约束力。随后，小杨又被数控设备有限公司录取，当他兴冲冲地跑到电梯工业有限公司请求解除就业协议时，该公司告知小杨，解除就业协议可以，但小杨必须按照就业协议书的约定向公司交付违约金。初出校门的小杨为自己缺乏法律意识酿成错误懊悔不已。

　　就业协议书是大学生和用人单位关于将来就业意向的初步约定，双方对于基本条件及即将签订的劳动合同的基本内容大体认可，并经用人单位的上级主管部门和高校就业部门同意和见证，经大学生、用人单位、用人单位主管部门签字盖章，即具有一定的法律效力，是编制大学生就业计划和将来可能发生违约情况时的判断依据。

第一节　毕业生就业权益与权益保护

一、毕业生就业权益

（一）基本权利

学校与职场的
转变

1. 获取信息权

就业信息是毕业生择业成功的前提和关键，只有在充分占有信息的基础上，毕业生才能结合自身情况选择适合自身发展的用人单位。毕业生获取信息权，包括以下几方面内容：

（1）信息公开。即所有用人信息向全体毕业生公开。

（2）信息及时。毕业生获取的信息必须是及时、有效的，不能将过时、无利用价值的信息传递给毕业生。

（3）信息全面。毕业生有权获得准确、全面的就业信息，以便对用人单位有全面的了解，从而做出符合自身要求的选择，而不是盲目选择。

2. 接受就业指导权

毕业生有权在学校接受就业指导，学校应成立专门机构，安排专门人员对毕业生进行就业指导，包括向毕业生宣传国家关于毕业生就业的方针、政策；对毕业生进行择业技巧的指导；引导毕业生根据国家、社会需要，结合个人实际情况进行择业，使毕业生通过接受就业指导，准确定位，合理择业。当然，随着毕业生就业市场化，毕业生也将由主要在学校接受就业指导转为主动到市场寻求和接受一些社会上合法机构的有益就业指导。

3. 被推荐权

高等学校在就业指导工作中的一个重要职责就是向用人单位推荐毕业生。学校的推荐往往在很大程度上影响用人单位对毕业生的取舍。毕业生享有的被推荐权包含以下几方面内容：

（1）如实推荐。高校推荐毕业生时，应实事求是，根据毕业生本人的实际情况向用人单位进行介绍、推荐，不能故意贬低或随意捧高毕业生在校表现。

（2）公正推荐。高校对毕业生进行推荐应做到公平、公正，应给每一位毕业生就业推荐的机会，不能厚此薄彼。公正推荐是高校的基本责任，也是毕业生享有的基本权益。

（3）择优推荐。高校根据毕业生的在校表现，在公正、公开的基础上，还应择优推荐，用人单位录用毕业生也应坚持择优标准，真正体现优生优用、人尽其才。这样才能调动广大毕业生和在校生学习的积极性。毕业生在就业过程中应凭自身综合素质取胜。

4. 选择权

根据国家的规定，实行招生并轨改革的高校，其毕业生在国家就业方针、政策指导下自主择业。毕业生符合国家的就业方针和政策，可以自主地选择用人单位，高校、其他单位和个人均不得干涉。任何将个人意志强加给毕业生，强令毕业生到某单位的行为是侵犯毕业生选择权的行为。毕业生可结合自身情况自主与用人单位协商，要求高校予以推荐，直至签订就业协议书。

5. 公平待遇权

用人单位在录用毕业生的过程中也应公正、公平，一视同仁。由于各项配套措施滞后，完全开放公平的就业市场尚未真正形成，因此用人单位录用毕业生还不同程度地存在不公平、不公正的现象。公平待遇权是毕业生最为迫切需要得到维护的权益。

6. 违约及求偿权

毕业生、用人单位签订就业协议书后，任何一方不得擅自毁约。用人单位无故要求解约，毕业生有权要求对方严格履行就业协议，否则用人单位应承担违约责任，支付违约金，毕业生有权要求用人单位进行补偿。

7. 在择业期（两年）内将档案、户口保留在校两年的权利

毕业生如在毕业当年未能找到工作，或只是找到非正规就业单位，有权在毕业后两年内将档案、户口保留在校，期满学校无义务为其保存。

（二）其他权利

1. 要求用人单位履行就业协议接收毕业生的权利

就业协议书是国家专用于毕业生就业的正式文本，具有法律效力。双方一旦签约，就有义务严格履行协议，不得无故进行更改。用人单位必须依照就业协议接收毕业生，并妥善安排毕业生的工作，提供相应的工作和生活条件，以保证毕业生正常工作。

2. 要求用人单位按照《中华人民共和国劳动法》规定提供各种劳动保障的权利

毕业生到用人单位报到后应与之签订劳动合同。《中华人民共和国劳动法》第三条规定："劳动者享有平等就业和选择职业的权利、取得劳动报酬的权利、休息休假的权利、获得劳动安全卫生保护的权利、接受职业技能培训的权利、享受社会保险和福利的权利、提请劳动争议处理的权利以及法律规定的其他劳动权利。"

3. 追究用人单位违约责任的权利

毕业生与用人单位签订就业协议书，这是双方遵循平等自愿、协商一致原则而达成的协议，双方均有遵守的义务。如果用人单位不能按照就业协议书的内容履行，或者打折扣，毕业生有追究用人单位违约责任的权利。

精选案例

　　某高校计算机专业的毕业生杜某来到一家计算机软件开发公司应聘。公司在对他的计算机水平进行测试后，同意录用并拟定了为期3年的劳动合同。由于杜某的工作涉及该公司软件开发的核心秘密，因此公司在劳动合同中规定："员工要为用人单位保守生产、技术、经营秘密。在离开公司2年内，不得在与该公司生产同类产品或经营同类业务且有竞争关系的其他用人单位任职，或自己生产、经营与该公司有竞争关系的同类产品或业务。如有违约，依法承担赔偿责任。"杜某看到这条约定后，认为既然来到公司工作，就应该做到诚实守信，为用人单位保守秘密，所以同意了此项约定。

　　上述合同中的这一条款，叫作"竞业限制条款"。竞业限制是指用人单位的员工（尤其是高级工）在其任职期间不得兼职于竞争单位或兼营竞争性业务，在其离职后的特定时期和地区内也不得从业于竞争单位或进行竞争性营业活动。竞业限制的主要目的是保护用人单位的商业秘密不会随着员工的流动而流向竞争单位，保持用人单位在竞争中的优势地位。《中华人民共和国劳动合同法》第二十三条规定："对负有保密义务的劳动者，用人单位可以在劳动合同或者保密协议中与劳动者约定竞业限制条款，并约定在解除或者终止劳动合同后，在竞业限制期限内按月给予劳动者经济补偿。"第二十四条规定："人员到与本单位生产或者经营同类产品、从事同类业务的有竞争关系的其他用人单位，或者自己开业生产或者经营同类产品、从事同类业务的竞业限制期限，不得超过二年。"

　　杜某在签订这份合同时，首先想到了诚实守信的做人标准，这是值得肯定的。但是，他还应该考虑的是：一旦离开了用人单位，杜某在2年内不得从事他所喜爱和拥有专长的专业，为了生计有可能从事某项没有专业要求和自己并不愿从事的工作，这将对他的收入和生活造成一定影响。而用人单位只从自身利益出发提出了对劳动者的竞业限制，却没有规定对于诚实守信的员工要给予相应的补偿，这是有失公平的。所以，如果杜某的工资是每月3 000元的话，那么在履行承诺的前提下，若他离职，应得到3万多元的补偿。

　　员工坚持诚实守信的原则，为维护用人单位的合法利益而履行相应义务是必须的，但同时也要考虑自身的合法权益是不是受到了侵害。所以毕业生在签订劳动合同时，应认真分析合同条款，衡量其是否符合权利与义务对等，是否公平、合法。

 体验活动

　　请同学们交流讨论，你们在求职过程中应该享受的权益有哪些？又有哪些权益是受到法律保护的？

二、毕业生权益保护

　　在就业过程中，有时会出现一些侵害毕业生权益的行为。毕业生可通过以下途径对自身权益实施保护：

应届生身份有
什么好处

（一）就业主管部门的保护

　　就业主管部门通过制定相应的规范来保护毕业生的权益，并对侵犯毕业生权益的行为加以抵制或处理。

（二）学校的保护

　　学校对毕业生权益的保护最为直接。学校可通过制定各项措施来规范毕业生就业指导和就业推荐工作，对于用人单位在录用毕业生过程中的不公平、不公正行为，学校有权予以抵制以维护毕业生的受录用权。用人单位与毕业生签订不符合规定的就业协议书时，学校有权不予同意，未经学校同意的就业协议书不具有法律效力，不能作为编制就业计划的依据。

（三）自我保护

　　毕业生权益保护的另一个重要方面就是毕业生自我保护。毕业生自我保护体现在3个方面：

　　第一，毕业生应了解目前国家关于毕业生就业的方针、政策和规范以及它们之间的关系，熟悉毕业生在就业过程中的权利和义务，这是毕业生权益自我保护的前提。如果在就业过程中发现所谓的公司规定或部门规定与国家政策法规相抵触，侵犯了自己的权益，毕业生则可以依据法规办事，维护自己的合法权益。

第二，毕业生应自觉遵守就业规范，接受制约，保证自己的就业行为不违反就业规范，不侵犯其他毕业生的合法权益。

第三，在用人单位接收毕业生的过程中，毕业生也应对自身权益进行自我保护。例如，按照国家规定，毕业生在报到后应享受正常的福利待遇，如养老金、公积金；某些工作岗位对毕业生体质有特殊要求，用人单位应在与毕业生双向选择时就表明，否则不得以体检不合格为由不予录用；另外，正常的人才流动也应符合国家和地方的人才流动规定，不应受到限制；报到后毕业生发生疾病不能坚持正常工作的，则按用人单位在职人员有关规定处理，不能退回学校。

毕业生应对自己的权利有正确认识，应学会运用法律手段维护自身合法权益。针对侵犯自身就业权益的行为，毕业生有权向用人单位上级主管部门和学校进行申诉，并听取他们的处理意见，同时也可提交给当地的劳动人事争议仲裁机构进行调解和仲裁，也可以直接向人民法院提起诉讼。

 体验活动

> 同学们亲身经历或身边遇到过的求职侵权行为有哪些？毕业生应该怎样维护自己的合法权益？

三、求职过程中常见的侵权与违法行为

一些毕业生在求职过程中会遇到侵权违法行为，导致自身权益受损。因此毕业生要多关注相关信息，增强法律意识，积累经验，认真分析毕业生求职过程中所面临的各种权益保护问题，防患于未然，规避风险。

（一）欺骗宣传

有的用人单位在招聘时夸大单位规模、发展前景、工资待遇等，或隐瞒单位实情；有的用人单位千方百计了解毕业生的情况，却设法回避毕业生提出的了解用人单位的问题，这些行为导致毕业生与用人单位之间信息不对称，侵犯了毕业生的知情权；更有甚者，恶意欺骗毕业生，宣称"高薪""高福利""高岗位"，诱惑毕业生从事名不副实的工作，严重损害毕业生的权益。例如，某企业抛出低工资高奖金的制度吸

引毕业生，扬言做得好月薪可达万元，这其实是员工在几乎没有底薪的情况下领取苛刻的销售提成。通常，管理规范的优秀企业会淡化奖金、提成这些易于滋生副作用的薪资，只有那些急功近利、员工流动性大的企业才会这么做。广大毕业生应脚踏实地，不要投机取巧，不要相信天上能掉馅饼，增强抗拒诱惑的能力，避免落入不法分子的圈套。

（二）招聘歧视

平等就业是劳动者享有的权利，但在招聘中难免出现一些歧视行为。

（1）性别歧视。有的用人单位不顾社会责任，片面追求自身利益最大化，逃避《中华人民共和国劳动法》规定用人单位对女职工的义务，在招聘员工时，私下或公开规定"只招男生"或"男生优先"。

（2）身体歧视。一些用人单位在缺少相关规定的情况下将身体残疾或有疾病的人拒之门外，剥夺了这些人的就业机会；还有一些用人单位在并无必要的情况下对求职者的身高、相貌等提出要求。

（3）户籍歧视。有的用人单位只招收本地户口的毕业生，如没有本地户口就必须有本地户口居民的担保，抬高了外地户口毕业生就业的门槛。有的地方为了保护本地人口就业，制定不合理的人才准入制度，使本地用人单位无法招收外地户口的毕业生，或无法使外地户口的劳动者成为正式职工，严重限制了人才的合理流动。

以上歧视行为侵犯了广大毕业生的平等就业权，毕业生需要运用法律武器维护自身权益。

（三）违规收费

国家有关部门早已明文规定，用人单位不得以任何名义向求职者收取报名费、押金、保证金等费用，对员工的培训费用应当从成本中支出。但个别用人单位对此置若罔闻，巧立名目向求职者收费。毕业生迫于对工作的需要往往只得交钱。可是这些用人单位收取费用后便为所欲为，或怠于履行义务，或得寸进尺，提出更过分的要求。因此，毕业生在求职时要区分用人单位的哪些做法是合理的，哪些做法是不合理的，对于乱收费现象要坚决抵制。

（四）侵犯隐私

毕业生在求职时会在媒介和求职材料上留下自己的信息资料，如姓名、年龄、身高、学历、电话、身份证号，这些信息属于个人隐私，未经本人同意不得公开、泄露、出售。但因为各种原因，如工作人员的疏漏、网络软件的缺陷、不法分子的圈套，导致信息泄露，这些信息被用来侵害毕业生权益或谋求商业利益。因此，毕业生求职时不要随便将个人资料留给不可靠的用人单位和个人；投放网络时要选择安全防范能力强和可靠性高的网站，同时注意设置保密内容。在面试时，一些用人单位的提问会涉及个人隐私，如果与工作无关或出于恶意，毕业生有权拒绝回答；如果是出于安排合适岗位的需要或考察应变能力，毕业生可以视情况回答。用人单位获得毕业生的个人隐私后，有保密的义务，否则构成侵权。

（五）延长实习期

用人单位设置长时间低工资实习期或无工资实习期，属于侵权行为。毕竟求职者或实习生在实习过程中，付出了劳动，而这些劳动不一定立即得到用人单位的认可，但是不可以长期得不到认可。

第二节　毕业生就业的法律保障

毕业生要熟悉和掌握国家法律、法规，强化自己的维权意识，一旦在求职应聘、签订就业协议书和劳动合同的过程中发现有权益受到侵犯，能够积极运用法律武器维护自己的合法权益。

一、《中华人民共和国劳动法》

（一）《中华人民共和国劳动法》的适用范围

《中华人民共和国劳动法》于 1994 年 7 月 5 日经第八届全国人民代表大会常务委员会第八次会议通过，自 1995 年 1 月 1 日起施行，2009 年 8 月 27 日第一次修正，2018 年 12 月 29 日第二次修正。《中华人民共和国劳动法》的宗旨是，保护劳动者的合法权益，调整劳动关系，建立和维护适应社会主义市场经济的劳动制度，促进经济发展和社会进步。

《中华人民共和国劳动法》的适用范围包括在中华人民共和国境内的企业、个体经济组织和与之形成劳动关系的劳动者，国家机关、事业组织、社会团体和与之建立劳动合同关系的劳动者。

（二）劳动者的权利和义务

《中华人民共和国劳动法》明确规定了劳动者享有的权利及应当履行的义务。劳动者享有平等就业和选择职业的权利、取得劳动报酬的权利、休息休假的权利、获得劳动安全卫生保护的权利、接受职业技能培训的权利、享受社会保险和福利的权利、提请劳动争议处理的权利以及法律规定的其他权利。劳动者应当完成劳动任务，提高职业技能，执行劳动安全卫生规程，遵守劳动纪律和职业道德。用人单位应当依法建立和完善规章制度，保障劳动者享有劳动权利和履行劳动义务。

 体验活动

> "天下没有免费的午餐"，但一些地方却出现了高校毕业生分文不取、无偿工作的现象，即"零工资"就业。针对这个特殊的社会现象，不同人士有不同的看法。赞成者认为，劳动者主动申请无偿工作是不违法的，"零工资"就业是劳动力市场发展的结果。反对者认为，这会引起就业市场混乱，劳动者丧失权利；不法企业乘虚而入，压榨和剥夺劳动者的成果；也会存在不少企业管理方面的难题；关键是在法律上根本无法可依。
>
> 运用所学的知识谈谈你对"零工资"就业现象的认识。

二、《中华人民共和国就业促进法》

《中华人民共和国就业促进法》于 2007 年 8 月 30 日经第十届全国人民代表大会常务委员会第二十九次会议通过，自 2008 年 1 月 1 日起施行。制定《中华人民共和国就业促进法》的目的是促进就业，促进经济发展与扩大就业相协调，促进社会和谐稳定。人们普遍关心的禁止就业歧视、扶助困难群体、规范就业服务和管理等就业问题在这部法律中都有体现。

毕业生在就业中常常遭遇就业不平等、就业歧视等问题，《中华人民共和国就业促进法》给毕业生提供了明确的法律依据，应引起毕业生的特别关注。《中华人民共和国就业促进法》第二十五条规定："各级人民政府创造公平就业的环境，消除就业歧视，制定政策并采取措施对就业困难人员给予扶持和援助。"这一条对用人单位实施就业歧视的行为进行了明确否定。第二十六条规定："用人单位招用人员、职业中介机构从事职业中介活动，应当向劳动者提供平等的就业机会和公平的就业条件，不得实施就业歧视。"这一条规范了用人单位和职业中介机构的招聘和职业中介行为。此外，对于保障妇女、少数民族、残疾人、传染病患者的劳动权利都做了明确规定。第二十七条规定："国家保障妇女享有与男子平等的劳动权利。用人单位招用人员，除国家规定的不适合妇女的工种或者岗位外，不得以性别为由拒绝录用妇女或者提高对妇女的录用标准。用人单位录用女职工，不得在劳动合同中规定限制女职工结婚、生育的内容。"第二十八条规定："各民族劳动者享有平等的劳动权利。用人单位招用人员，应当依法对少数民族劳动者给予适当照顾。"第二十九条规定："国家保障残疾人的劳动权利。各级人民政府应当对残疾人就业统筹规划，为残疾人创造就业条件。用人单位招用人员，不得歧视残疾人。"第三十条规定："用人单位招用人员，不得以是传染病病原携带者为由拒绝录用。"用人单位违反《中华人民共和国就业促进法》实施就业歧视行为的，毕业生可以向人民法院提起诉讼，维护自己平等就业的权益。

精选案例

> 毕业生小汪找到了一份满意的工作，但用人单位剥夺了他的工作机会，因为他是乙肝病毒携带者。小汪是国际贸易专业的学生，学业成绩很优秀，选择从事进出口贸易工作是他的理想。他疑惑的是，因为他是乙肝病毒携带者，用人单位是否可以以此为由拒绝录用他？
>
> 《中华人民共和国就业促进法》虽然没有提到乙肝病毒携带者，但在第三十条做了概括性规定："用人单位招用人员，不得以是传染病病原携带者为由拒绝录用。但是，经医学鉴定传染病原携带者在治愈前或者排除传染嫌疑前，不得从事法律、行政法规和国务院卫生行政部门规定禁止从事的易使传染病扩散的工作。"
>
> 有关医学资料显示，一般的乙肝病毒携带者传染性很小，对健康危害也不大。按照《中华人民共和国就业促进法》的有关规定，除前述规定情形外，任何机关或单位设置禁止录用乙肝病毒携带者的规定都是无效的，用人单位不得以小汪是乙肝病毒携带者为由拒绝录用。

三、《中华人民共和国劳动合同法》

（一）《中华人民共和国劳动合同法》的适用范围

《中华人民共和国劳动合同法》于 2007 年 6 月 29 日经第十届全国人民代表大会常务委员会第二十八次会议通过，自 2008 年 1 月 1 日起

微课

劳动合同的
签订

施行，2012 年 12 月 28 日修正。

《中华人民共和国劳动合同法》适用于中华人民共和国境内的企业、个体经济组织、民办非企业单位等组织与劳动者建立劳动关系，订立、履行、变更、解除或者终止劳动合同。国家机关、事业单位、社会团体和与其建立劳动关系的劳动者，订立、履行、变更、解除或者终止劳动合同。

（二）劳动合同的种类

劳动合同分为固定期限劳动合同、无固定期限劳动合同和以完成一定工作任务为期限的劳动合同。固定期限劳动合同是指用人单位与劳动者约定合同终止时间的劳动合同。无固定期限劳动合同是指用人单位与劳动者约定无确定终止时间的劳动合同。以完成一定工作任务为期限的劳动合同是指用人单位与劳动者约定以某项工作的完成为合同期限的劳动合同。用人单位与劳动者协商一致，可以订立固定期限劳动合同，也可以订立无固定期限劳动合同或者订立以完成一定工作任务为期限的劳动合同，但是《中华人民共和国劳动合同法》规定必须订立无固定期限劳动合同的除外。

（三）劳动合同的签订

用人单位与劳动者建立劳动关系，应当订立书面劳动合同；已建立劳动关系，未同时订立书面劳动合同的，应当自用工之日起一个月内订立书面劳动合同。用人单位与劳动者在用工前订立劳动合同的，劳动关系自用工之日起建立。

劳动合同应当具备以下条款：劳动合同期限、工作内容、劳动保护和劳动条件、劳动报酬、劳动纪律、劳动合同终止的条件、违反劳动合同的责任、当事人协商约定的其他内容。

（四）劳动合同的生效

劳动合同由用人单位与劳动者协商一致，并经用人单位与劳动者在劳动合同文本上签字或者盖章生效。劳动合同文本由用人单位和劳动者各执一份。

（五）劳动者的试用期

劳动合同期限三个月以上不满一年的，试用期不得超过一个月；劳动合同期限一年以上不满三年的，试用期不得超过二个月；三年以上固定期限和无固定期限的劳动合同，试用期不得超过六个月。同一用人单位与同一劳动者只能约定一次试用期。以完成一定工作任务为期限的劳动合同或者劳动合同期限不满三个月的，不得约定试用期。试用期包含在劳动合同期限内。劳动合同仅约定试用期的，试用期不成立，约定的期限为劳动合同期限。劳动者在试用期的工资不得低于本单位相同岗位最低档工资或者劳动合同约定工资的 80%，并不得低于用人单位所在地的最低工资标准。

 精选案例

王某从某高校毕业后到某广告公司工作，签订了为期 3 年的劳动合同，双方约定试用期 3 个月。但是在王某上班 4 个月后该广告公司提出，原先签订的劳动合同由于未经公司领导开会研究现在必须停止履行。王某认为公司的理由不能成立，自己一向表现良好，对待工作认真负责，公司这样对待自己是不能接受的。为此，王某多次向领导要求恢复履行合同并赔偿损失。但是公司始终坚持终止履行合同，并声称领导决策没有商量的余地。王某向当地仲裁委员会提出了申诉。

本案例中，该广告公司声称"未经公司领导开会研究"，所以单方面停止履行已经签订的劳动合同的做法，是没有法律依据的。按照《中华人民共和国劳动合同法》的规定："用人单位与劳动者应当履行劳动合同约定的义务。"王某与该广告公司之间的劳动合同依法订立，该广告公司应当履行，任意终止劳动合同的行为是违反法律规定的。王某不但有权要求该广告公司继续履行劳动合同，而且有权要求该广告公司进行违约赔偿。

四、《中华人民共和国社会保险法》

《中华人民共和国社会保险法》自 2011 年 7 月 1 日起施行。该法是新中国成立以来第一部社会保险制度的综合性法律，它从法律上明确了国家建立基本养老保险、基本医疗保险、工伤保险、失业保险、生育保险等社会保险制度，并对确立基本养老保险关系转移接续制度，提高基本养老保险基金统筹层次，建立新型农村社会养老保险制度、城镇居民养老保险制度和新型农村合作医疗制度等做出了原则规定。与毕业生就业有关的社会保险，主要是就业后涉及的"五险一金"。"五险"包括养老保险、医疗保险、失业保险、工伤保险、生育保险（现已并入医疗保险）；"一金"是指住房公积金。

五、税法

税收是指国家为满足社会公共需要，凭借公权力，依照法律所规定的标准和程序，参与国民收入分配，强制地、无偿地取得财政收入的一种方式。与毕业生就业、创业相关的税法主要有《中华人民共和国个人所得税法》《中华人民共和国企业所得税法》等。国家鼓励毕业生自主创业，并实行税费优惠，各地区相继出台了鼓励政策。例如，符合条件的毕业生可免收行政事业性收费、小额担保贷款享受政府贴息、享受社会保险补贴政策，具体内容可在当地教育部门的协助下向银行、工商、税务、社保等部门咨询。

第三节　违约责任与劳动争议

与用人单位签订就业协议书、劳动合同等法律文件后，如何维护自己的合法权益、发生争议时如何处理，这些都是毕业生普遍关心的问题。

一、就业协议争议的解决办法

在实践中，通常引起就业协议争议的主体是毕业生和用人单位。解决就业协议争议的办法主要有以下几种：

毕业生与用人单位协商解决；毕业生说明情况，赢得用人单位的理解和谅解，经双方协商达成新的意向。这种办法适用于由毕业生的个人原因引起的就业协议争议。

由学校出面或由当地省级毕业生就业主管部门与用人单位进行调解：由学校或行政部门介入，针对纠纷予以调解，取得双方的基本满意。这种办法大多适用于用人单位引起的就业协议争议。

对协商调解不成的就业协议争议，毕业生可直接向人民法院起诉，由人民法院依法裁决。

毕业生在签订就业协议书之前一定要考虑周详，尽量避免日后产生纠纷。一旦发生纠纷，自己的权益受损，毕业生要学会运用法律武器保护自己，通过合法的途径和正常的程序，维护自己的正当权益。

📺 精选案例

王某是某传媒学院新闻专业的毕业生。暑假时，他在一家规模较大的传媒公司实习，由于表现出色，实习结束时他被录取了。毕业后，他便在这家传媒公司上班。该公司人事专员说，再过两个月为他办理入职手续，王某表示同意，毕竟工作难得。尽管签订了劳动合同，王某仍未正式入职。慢慢地，他了解到，自己和同岗位的同事相比，工资是他们的 60%；而且由于传媒公司一直拖着不给他办手续，他现在还没有上社会保险。同事告诉他，一年之后才会有，不要急。王某心里很不踏实。

可以看出，王某对自己的就业权益有了初步的法律意识，但是，如何解决类似事情、有哪些途径可以解决，他仍然不清楚。其实，王某可以采取的途径有 3 种：首先，和领导协商，不是大吵大闹，也不是质问，而是讲明自己的困难，征求意见，请领导考虑，态度要好，毕竟一份好工作很难找。如果领导通情达理，事情就好办；如果传媒公司本来就不是很想留用你，你迟早都要走，现在说开也好。其次，如果不想给自己找麻烦，还可以向劳动监察部门匿名举报传媒公司的违规行为。最后，请学校就业指导中心以学校的名义进行过问。应该说，学校并非是干预，而是为学生考虑，用人单位一般不会轻视，因此能够起到督促作用。

二、处理劳动争议的法律规定

《中华人民共和国企业劳动争议处理条例》适用于中华人民共和国境内的企业与职工之间的下列劳动争议，包括：一是因企业开除、除名、辞退职工和职工辞职、自动离职发生的争议；二是因执行国家有关工资、保险、福利、培训、劳动保护的规定发生的争议；三是因履行劳动合同发生的争议；四是法律、法规规定应当依照本条例处理的其他劳动争议。

劳动争议发生后，当事人可向本企业劳动争议调解委员会申请调解；调解不成的，可以向劳动争议仲裁委员会申请仲裁。当事人也可以直接向劳动争议仲裁委员会申请仲裁。对仲裁裁决不服的，可以向人民法院起诉。

（一）确定劳动争议发生之日

《关于贯彻执行〈中华人民共和国劳动法〉若干问题的意见》（以下简称《意见》）对《中华人民共和国劳动法》中的"劳动争议发生之日"作了规定："'劳动

争议发生之日'是指当事人知道或者应当知道其权利被侵害之日"。如何理解该条款"劳动争议发生之日"的真实内涵，直接关系到劳动者的合法权益能否得到法律的保护。

劳动争议又称"劳动纠纷"，是指劳动关系当事人即用人单位与劳动者之间，因实现劳动权利、履行劳动义务而发生的纠纷。如果当事人权益被实际侵害，但当事人不知道或一段时间后才知晓，则"劳动争议发生之日是指当事人知道或者应当知道其权利被侵害之日"，这明示了以下几点：一是权利被侵害之日与劳动争议发生之日是不同的概念，权利被侵害并不意味着劳动争议的事实发生或一定发生；二是先有权利被侵害之日，而后存在劳动争议发生之日；三是权利被实际侵害不能推论或视为"当事人知道或者应当知道"。将劳动争议发生之日理解为权利被侵害之日，或将权利被侵害之日视为当事人知道或者应当知道权利被侵害之日，都是违背《中华人民共和国劳动法》的立法精神的。

（二）处理劳动争议的程序

《中华人民共和国劳动法》第七十七条规定："用人单位与劳动者发生劳动争议，当事人可以依法申请调解、仲裁、提起诉讼，也可以协商解决。"由此可见，劳动争议处理程序分为4个阶段。

1. 协商

劳动争议发生后，当事人应首先进行协商，协商一致后，双方可达成和解协议，但和解协议无必须履行的法律效力，而是由双方自觉履行。协商不是处理劳动争议的必经程序，当事人不愿协商或协商不成，可以向本单位劳动争议调解委员会申请调解或向劳动争议仲裁委员会申请仲裁。

2. 调解

劳动争议发生后，当事人双方愿意调解的，可以书面或口头形式向劳动争议调解委员会申请调解，劳动争议调解委员会接到调解申请后，可依据自愿、合法原则进行调解。劳动争议调解组织调解劳动争议，应当自收到调解申请之日起十五日内未达成调整协议的，当事人可以依法申请仲裁。经调解达成协议的，制作调解书，双方当事人应当履行。

调解不是劳动争议解决的必经程序，调解协议也无必须履行的法律效力。当事人不愿调解或调解不成，可直接向劳动争议仲裁委员会申请仲裁。

3. 仲裁

发生劳动争议，当事人不愿调解、调解不成或者达成调解协议后不履行的，可以向劳动争议仲裁委员会申请仲裁。劳动争议由劳动合同履行地或者用人单位所在地的劳动争议仲裁委员会管辖。双方当事人分别向劳动合同履行地和用人单位所在地的劳动争议仲裁委员会申请仲裁的，由劳动合同履行地的劳动争议仲裁委员会管辖。

劳动争议申请仲裁的时效期间为一年。仲裁时效期间从当事人知道或者应当知道其权利被侵害之日起计算。劳动争议仲裁委员会收到仲裁申请之日起五日内，认为符合受理条件的，应当受理，并通知申请人；认为不符合受理条件的，应当书面通知申请人不予受理，并说明理由。对劳动争议仲裁委员会不予受理或者逾期未作出决定的，申请人可以就该劳动争议事项向人民法院提起诉讼。

仲裁庭裁决劳动争议案件，应当自劳动争议仲裁委员会受理仲裁申请之日起四十五日内结束。案情复杂需要延期的，经劳动争议仲裁委员会主任批准，可以延期并书面通知当事人，但是延长期限不得超过十五日。逾期未作出仲裁裁决的，当事人可以就该劳动争议事项向人民法院提起诉讼。仲裁庭裁决劳动争议案件时，其中一部分事实已经清楚，可以就该部分先行裁决。

当事人对发生法律效力的调解书、裁决书，应当依照规定的期限履行。一方当事人逾期不履行的，另一方当事人可以依照民事诉讼法的有关规定向人民法院申请执行。受理申请的人民法院应当依法执行。

4. 诉讼

诉讼是处理劳动争议的最后一道程序。《中华人民共和国劳动法》第八十三条规定："劳动争议当事人对仲裁裁决不服的，可以自收到仲裁裁决书之日起十五日内向人民法院提起诉讼。"

劳动争议案件由人民法院民事审判庭审理。依据《中华人民共和国民事诉讼法》的规定："人民法院适用普通程序审理的案件，应当在立案之日起六个月内审结。有特殊情况需要延长的，由本院院长批准，可以延长六个月；还需要延长的，报请上级人民法院批准。"依据《中华人民共和国民事诉讼法》第一百六十四条："当事人不服地方人民法院第一审判决的，有权在判决书送达之日起十五日内向上一级人民法院提起上诉。当事人不服地方人民法院第一审裁定的，有权在裁定书送达之日起十日内向上一级人民法院提起上诉。"

三、劳动争议案件的管辖

劳动争议案件由用人单位所在地或劳动合同履行地的基层人民法院管辖。劳动合同履行地不明确的，由用人单位所在地的基层人民法院管辖。

第四节 劳动维权的注意事项

一、首次就业维权的注意事项

（一）端正态度，调整心态

首次就业，毕业生往往会产生焦急、急迫和盲目的心态。在求职时，他们或不惜委曲求全，或不敢据理力争，或被花言巧语诱骗。虽然首次就业不是"一次定终身"，但如果首次就业就使得身心受到伤害，势必会给自己未来的职业发展带来不小的负面影响。因此，毕业生时刻保持清醒的头脑，了解和掌握就业方面的政策和流程，并严格按照程序办事，将会使自己的合法权益得到充分的保障。

（二）学习法律法规，掌握政策流程

毕业生在求职、择业、签约之前，要全面了解和掌握就业政策和流程，做好相关法律法规的知识储备，这样才可以做到思路清楚、条理清晰、有的放矢，及早识破不法用人单位设下的陷阱，懂得通过合法途径解决就业过程中出现的问题，最大限度地保护自己的正当权益。

（三）了解用人单位，查找背景材料

在求职的过程中，毕业生应尽量从多方面了解用人单位的行业背景、运营状况、招聘信誉、岗位职责以及企业文化等，还可以实地考察工作环境。

（四）慎重签订协议，敢于据理力争

毕业生在签约时，要仔细阅读就业协议书及其补充条款，重点关注试用期及违约责任条款，尽量不要在就业协议书中留下空白。用人单位的口头承诺要尽可能在补充协议中予以注明，并明确毕业生在签订劳动合同时予以确认。如果毕业生在求职应聘和签订协议的过程中发现自身权益受到侵害，不要因为害怕失去就业机会而忍气吞声，要学会运用法律武器维护自己的合法权益。

（五）善于虚心请教，多方征求意见

毕业生在就业的过程中遇到问题，要及时咨询有关专家、教师和家长。毕业生求职的过程，也是从学生向社会人转化的过程，学生的社会阅历还很少，而法律专家的视角、教师家长的指导、往届校友的经验，对于毕业生来说是一笔宝贵的财富。

体验活动

> 小马是某高校电子科学与技术专业的毕业生，刚与某电子科技公司签订了就业协议书。但就在他即将报到上班的前一周，又有另外一家公司给小马打来了录用电话，而且小马发现电子科技公司的工作岗位也不太适合自己，于是向电子科技公司提出了解除就业协议的申请。电子科技公司虽然答应了他的要求，却以小马违约为由，要求其根据就业协议书的约定，缴纳8 000元的违约金。小马觉得很不合理，认为自己现在还未正式上班，没有签订劳动合同，不能算真正违约，为何要交8 000元？
>
> 小马的说法对吗？为什么？

二、建立劳动关系后维权的注意事项

进入职场的毕业生面对纷繁复杂的社会，在职业适应方面还有很多事情要做，但也不要忽略了对自身合法权益的保护，以保障自己的职业生涯顺利发展。

（一）重视学习劳动法规

《中华人民共和国劳动法》《中华人民共和国劳动合同法》《中华人民共和国劳动争议调解仲裁法》以及各地方的劳动管理规定是毕业生签订劳动合同、调整劳动关系、解决劳动争议时的依据。毕业生在就业之前就应对这些法律常识有所了解，防止不法分子有机可乘。

（二）重视签订劳动合同

签订劳动合同是毕业生在实际工作中合法权益得到充分保障的前提。毕业生在成为职场人的过程中，应当学会依法保护自身劳动权益，了解劳动合同订立的原则、应当具备的条款以及合同变更、解除、终止的情形，以防合同短期化、滥用试用期、随意设置违约金、不支付解雇补偿金等情况出现。依法签订劳动合同，不仅可以帮助毕业生顺利

就业、愉快上岗，还将提高毕业生服务社会的主动性和积极性，并为他们的职业发展提供坚实保障。

 精选案例

　　张某从某高校印刷专业毕业后，到印刷厂从事排版工作。张某在印刷厂工作的一个多月时间里，该厂领导发现张某视力明显降低，经常漏掉文字，影响工作。印刷厂与张某协商，将其调往印刷或装订车间工作，但张某以工作累为由表示不同意。不久，厂领导又提出将其调到业务部工作，张某嫌工资偏低不愿意去。鉴于此，经厂领导研究决定，提前1个月书面通知张某与该厂解除劳动合同，并给予张某2个月的经济补偿金。张某收到上述决定后，以合同期限未满、厂方单方解除合同为由申请劳动仲裁，要求厂方撤销决定。劳动争议仲裁委员会经查，双方当事人所述事实无误，在调解无效的前提下，裁决对张某的申诉请示不予支持，维持印刷厂的决定。

　　在劳动合同订立时所依据的客观情况发生重大变化，致使原劳动合同无法履行，经当事人协商不能就变更劳动合同达成协议的，用人单位可以解除劳动合同。客观情况发生重大变化是指发生的与订立劳动合同有关致使原劳动合同无法履行的行为和事件。张某在与该印刷厂签订劳动合同时，视力符合从事排版工作的条件。但在履行劳动合同过程中，张某视力明显降低，排版差错率超标，厂领导与其协商调整工作岗位既有利于生产又有利于保护其视力，并无不当。张某所提不愿从事其他岗位工作的理由不充分，厂方难以满足。

 实训练习

模拟签订劳动合同

　　实训目的

　　建立劳动和社会保障的法律、法规意识，了解《中华人民共和国劳动法》《中华人民共和国劳动合同法》的基本内容，学会依法与用人单位建立劳动关系，正确认识维护个人权益和尊重用人单位合法权益的辩证关系，正确处理劳动关系双方可能出现的问题。

　　实训内容

　　1. 训练内容

　　（1）了解签订劳动合同的基本知识。

　　（2）识别合同陷阱。

2. 建议时间

40分钟。

3. 活动过程

（1）准备。

1）打印或复制劳动合同参考文本。

2）分组，每组6人，其中3人扮演用人单位领导，3人扮演员工。

3）另选5人组成裁判委员会，任命裁判长1人。裁判委员会的主要职责是对劳动合同进行评判，对双方的分歧进行调解。其余学生做观众。

4）为提高训练效果，使每个学生都能参与活动，学生可以互换角色。

5）布置模拟签约场地。在布置模拟情景时以便于观众观看为原则，可以在教室中安排。

（2）过程。

1）教师将准备好的问题合同分发给各组和裁判委员会（同时将正确的合同分发给裁判委员会）。

2）各组当事人双方就合同条款和内容进行协商，限时20分钟。协商过程应以"用人单位"方为主，即使"用人单位"方发现合同中的问题，如果"员工"方没有提出异议，也不能修改。

3）协商结束。各小组按顺序依次由"员工方"向裁判委员会汇报协商结果。协商内容包括：对劳动合同是否有异议？如果有异议，对哪些条款和内容有异议？劳动合同的修改意见是什么？提出修改意见的依据和理由是什么？

4）裁判长代表裁判委员会对劳动合同进行评判，对协商过程中产生的分歧进行调解。

（3）结束。

教师组织学生谈个人感受，并就模拟过程中所反映的问题，以及裁判委员会的评判和调解意见进行点评。

第七章　职业适应与发展

　　大学生圆满完成学业，走上工作岗位，最关心的莫过于怎样才能顺利地在工作岗位上干出一番事业；最需要的莫过于怎样更充分地认识自我和积极地适应社会，从而尽快完成从学生角色到职业角色的转换，树立良好的职业形象，建立和谐的人际关系，迈好成就个人事业的第一步，为今后的事业发展和成功奠定良好的基础。

学习目标

1. 明确学生角色与职业角色的差异，并逐步培养角色意识，顺利进入职业角色。
2. 懂得在新的岗位上时刻注意把握机遇、发展自身能力。
3. 结合自身特点，学习如何应对角色转换中的各种问题。
4. 掌握职场适应的一些技巧并应用到实际生活中。

案例导入

　　这天，张老师的心理咨询室里来了一位参加工作不久的大学生小丽。小丽大学毕业后好不容易应聘到一个小公司做文秘工作，虽然辛苦，待遇一般，但小丽还是勉强接受了。由于刚刚毕业，小丽在很多方面都欠缺经验，她不知怎样婉转地与客户沟通，安排会议时总手忙脚乱，因而常常受到同事们的冷眼相对或老板的冷嘲热讽。小丽越来越难以承受工作的压力，想辞职又怕再次沦为"无业游民"，继续忍耐又难以保持心理平衡。时间一长，小丽开始变得非常焦虑、抑郁甚至精神恍惚，几乎每天晚上回到出租屋中都难以入睡，白天却又要强打精神面对工作。在万般无奈的情况下，小丽只得求助于心理咨询，希望能缓解自己的心理问题。听了小丽的叙述，张老师认为，和现今许多刚刚踏入职场的毕业生一样，小丽在职业适应方面出现了问题。

　　小丽面临的问题是典型的不适应新工作环境。从学生角色到职业角色，环境发生了很大的变化，这种变化给小丽带来了严重的心理压力。化解小丽职场中的困惑，心理疏导是关键。

　　许多毕业生走上工作岗位后，感受最为深切的是对新环境的诸多不适应：心理上的不适应、生活上的不适应、工作上的不适应、人际关系上的不适应、知识技能上的不适应等。任何人对于环境的改变都需要一个适应过程。大学生待在校园里十几年，转眼间来到纷繁复杂的社会，产生诸多不适应不足为怪，问题在于如何正视现实，寻找原因，学会尽快适应新环境。适应期的长短，不仅影响毕业生的今日，而且影响毕业生今后的发展。

第一节　职业适应与角色转换

选择职业，就是选择未来；正确地选择职业，就是为未来的成功奠定了良好的基础。为此，每一位毕业生都要把握机遇，争取迈好第一步。毕业生完成学业，找到工作以后，即将走上工作岗位，成为职场新人，面对另一种生活规则，进入人生的又一个转折点。

作为职场新人，面临的第一个问题就是角色转换问题。职场新人的角色转换是指由一个"天之骄子"的大学生，转变为一个现实的社会劳动者，要抛开以往不切实际的想法，认识自己所处的真实地位和严酷的社会现实，实事求是地面对就业这样一个现实。毕业生要想正确地开启职业生涯，就必须摆正自己的位置，客观、冷静地进入就业状态，认识社会、了解社会，以自身的实力，积极主动地适应社会需要，正确地迈出人生中关键的一步。

一、职业适应的含义

职业适应，也称"工作适应"，是指人在职业活动中，对工作中出现各种问题时的一系列心理过程，主要是指个体对工作环境、工作任务、工作活动的适应，以及对自身行为和新的工作需要的适应。具体地说，职业适应就是人在工作环境中根据工作性质的外在要求，对自身的身心系统进行评价，对职业行为进行自我调适，并努力达到自我与经验相互一致的心理过程。它包括人对工作环境和职业行为规范的同化与顺应，对职业工作价值和职业生活意义的评价，以及对自身工作能力、工作状态和工作压力的体验与认知。职业适应不是简单的在工作情景中的反应，而是个人心理发展水平的综合表现。

从实践看，不是任何人都能胜任社会中的所有职业，即使经过职业培训，一个人也不一定能完全适应新的职业。人对职业的适应程度主要包括两个方面：一是人的个性特征对职业的适应程度；二是某一类型职业活动的特点对人的个性特征及其发展的影响。

总体而言，在职业适应过程中，人是居于主体地位和发挥主导作用的。但是职业对人的反作用也不是无动于衷的，不同工种、技能及变化时刻要求人与职业相匹配和适应。人与职业之间，既存在相适应的一面，也存在不相适应的一面，两者之间只能在不断磨合的过程中达到和谐统一。因此，在实践中培养和强化人与职业活动相适应的个性特征在就业竞争和职业适应中显得十分重要。

二、就业前后的社会角色差异

社会角色是指人们所处的特定社会地位和身份所决定的规范体系和行为模式，是人们对具有特定地位的人的行为的一种期望，是社会群体的基础，它随着社会实践的变化和发展而不断更新。毕业生就业以后，其所扮演的角色由学生角色转换为职业角色，虽然完成变化的时间不长，但角色性质变化非常大，甚至可以说是个人生涯的重大转折。

学生角色与职业角色的差异体现在以下几个方面：

（一）社会责任不同

作为学生，主要责任是掌握科学文化知识，做到德、智、体、美、劳全面发展，为将来工作做准备。责任履行得如何，关系到本人知识掌握的多少和能力培养的程度。而职业角色是以特定的身份履行自己的责任，依靠自己的本领或技能完成职业角色所要求的任务。责任履行得如何，不仅影响个人价值的实现，还会影响单位、行业的声誉。

（二）活动方式不同

学生的主要活动是学习，因此比较强调对知识的输入、吸收与接纳，较少强调对知识的输出与应用。从业者的主要活动是向外界提供服务，因此，职业角色强调从业者能够输出、应用与创造性地发挥自己的知识和技能，向外界提供专业服务。毕业生参加工作以后，就要从输入、吸收与接纳知识等被动方式转变为输出、应用与创造性地发挥知识技能等主动方式。

如果不能及时有效地转变活动方式，毕业生将会感到难以适应工作。

（三）生活方式不同

学习生活是一种集体生活，学生住在学生公寓、若干人在同一间宿舍、在集体食堂用餐，学校对学生提出统一的行为规范、实行统一的生活作息制度，学生按照统一的时间表、同样的要求进行学习和生活，违反了纪律还会受到处罚。成为从业者以后，单位只在工作时间提出要求，其他时间自行支配。在遵守国家法律法规和社会公德的前提下，从业者在生活上享有很大的自由度，没有严格统一的管理方式进行约束。

（四）认识社会的内容和途径不同

学生是受教育者，对社会的认识、了解主要来自书本，来自课堂学习，认识的途径主要是间接的，认识的内容主要是理论性的；学生对社会的期望值也很高，有完美的理想，充满浪漫的色彩。学生就业以后则通过亲身实践加深对社会的认识、了解，认识的途径是直接的，认识的内容主要是实践性的、具体的、现实主义的。

理想与现实总是存在一定的差距，有的学生走向社会仍习惯用在学校时的思维方式认识社会，因此，他们遇到现实矛盾时容易产生困惑、迷惘、彷徨甚至失望，无法适应工作环境，难以转换角色；有的学生能正确认识这一差距，通过艰苦的努力拼搏最终实现了理想。

三、角色转换的步骤

毕业生走向社会，开始立业、创业，就要明晰社会对职业角色的期望，按照社会与职业岗位对角色的要求塑造自己，充分做好塑造职业角色所必需的心理、技能等各项准备。只有这样，才能获得社会对其所担任的新的职业角色的认同，从而在新的人生旅途中创造辉煌的业绩。

（一）培养角色意识

不同的职业岗位赋予从业者不同的职责，毕业生由学校走向社会，角色发生了变化，其义务、责任、权利等也随之变化，因此在进入社会前就要树立新的职业角色意识。由于学校生活相对单一，加之毕业生喜好幻想，又由于传播的各种社会理想模式在一定程度上抬高了毕业生对社会的期望值，往往造成一些毕业生对新环境估计不足，不能面对社会现实、妥善处理各种矛盾，不能按职业角色要求规范自己。心理素质不稳定的毕业生则容易心理失衡，影响个人的发展。因此，毕业生正确地认识社会，做好所担任新的职业角色的心理准备是十分重要的。

毕业生对于将要担任的职业角色，除应做好认识、心理的充分准备外，还要恰如其分地估计自己对职业角色的实际担任能力。由于每个人的自身素质、生活阅历、适应能力等各不相同，担任职业角色的能力也有差异，因此毕业生要对自己的业务专长、性格特点、身体状况、处事态度等有较客观的认识。如果这种估计与新的职业角色有差异，则要进行必要的调整和自我训练，以达到新的职业角色的要求。

（二）明晰角色期望

任何一种职业都有一定的职业要求和规范。每个人对于自己将从事的职业要有强烈的责任感和事业心，掌握工作岗位对职业角色的期望，做到遵守岗位职责，讲究职业道德。

古人云："三人行，必有我师焉！"刚参加工作的毕业生应该谨慎，尊重同事，不论对年长者还是年轻人，上级还是下级，都要有以人为师的态度，因为他们在这个工作岗位上或许已工作多年，各方面都比职场新人更有实际经验，切不可给人留下肤浅的感觉。毕业生要赢得同事的信任，得到同事的帮助和支持，应该从小事做起，从本岗位做起，要不怕脏、不怕累，脏活累活抢着干。

毕业生眼高手低、自命清高、不做实事，在现实生活中是行不通的。

初入社会的毕业生要了解社会和周围人群的特点，了解职业角色规范，观察和了解他人对事物的评论，从而学会担任职业角色。一个人无论担任什么职业角色都必须根据岗位的需要努力实现社会对自己的期望。

（三）实现角色转换

个人在社会中的地位是随着社会环境和职业岗位的变化而变化的。毕业生转换角色，适应新环境，走上工作岗位，进入社会，他们的角色发生了变化，必须按照社会与工作岗位对角色的要求来塑造自己。

刚刚走向社会的毕业生，往往由于年龄、知识、阅历、能力、社会实践经验等方面受到局限，因此面对错综复杂的问题时感到力不从心。有些毕业生由于在经济和生活上长期依赖家庭，因此自己碰到具体问题时，摆脱不了依赖心理。所以，在尚未进入社会前，毕业生要有意识地接触社会、了解社会，培养必要的心理素质，调整自己的行为，提高适应能力。

总之，胜任新角色是一个由感性认识到理性认识的过程，毕业生要经过进入社会前的准备和进入社会后的观察、实践才能适应，直至得心应手。现实中的角色适应虽然复杂，但只要毕业生注意加强平时的个人修养，严格要求自己，完全可以胜任所担任的新角色。

四、初入职场可能面临的问题

毕业生由学生角色向职业角色转换，往往会面临新旧角色的冲突。有些毕业生由于受到社会因素、家庭因素尤其是自身认知能力、人格心理发展、意志品质以及情绪情感等因素的影响，不能正确认识角色转换的实质，或者在角色转换中不能持之以恒，角色转换的过程中容易出现以下问题：

（一）对学生角色的依恋

一些毕业生在角色转换过程中容易依恋学生角色，出现怀旧心理。经过十多年的读书生涯，毕业生对学生角色的体验可以说非常深刻，学生生活使得每一位学生在学习、生活和思维方式上都养成了一种相对固定的习惯。因此，在职业生涯开始之初，许多毕业生常常会自觉或者不自觉地把自己置身于学生角色之中，以学生角色的社会义务和社会规范要求自己、对待工作，以学生角色的习惯方式待人接物，观察和分析事物。

（二）对职业角色的畏惧

面对新环境，一些毕业生刚走进新的工作环境时，对待工作不知道应该从何入手、如何应对，在工作中缩手缩脚，怕担责任、怕出事故、怕闹笑话、怕造成不良影响。他们在工作上放不开手脚，缺乏年轻人的朝气和锐气。

（三）主观思想上的自傲

有一些毕业生对人才的理解不够全面和准确，认为自己接受了比较系统正规的高等教育，拿到了学历，学到了知识，已经是比较高层次的人才了。他们往往看不起基层工作和基层工作人员，甚至认为大学毕业生做一些琐碎的、不起眼的工作大材小用，有失身份。于是他们就轻视实践，眼高手低。

（四）客观作风上的浮躁

一些毕业生在角色转换的过程中受社会环境的影响，表现出浮躁作风和不稳定的情绪情感。他们一阵子想干这项工作，一阵子又想干那项工作，不能深入了解工作性质、工作职责以及工作技巧。近年来，调整单位的毕业生人数增多，就是因为一些毕业生就职很长时间后还不能稳定情绪，进入职业角色，反而认为单位有问题，因此没有找到适合自己的职位。事实上，如果毕业生不能静心、踏踏实实地学习，适应工作，不管什么样的单位都不会适合他的。

体验活动

> 小刘今年 23 岁，毕业于某学院服装设计与营销专业。毕业后的两年时间里，他一共换了 6 份工作。第一份工作是在一家大型外资企业做设计，他干了 3 个月；第二份工作是在一家大型民营企业做销售，又只做了 3 个月；随后的时间里，他又换了 3 份工作，分别做过销售、跟单员、设计助理；最后一份工作是一家专卖店的销售，他仅干了 2 个星期就辞职了。现在小刘又回到原点，又一次重复他已经习惯的事情，投简历→面试→再投简历→再面试。为此，他感到非常苦恼和迷茫，总是想起学校生活的美好，感觉工作不如意，行事有规则，干活有压力，同事之间的关系也总是相处不好，他不知道自己该怎么办。
>
> 1. 你认为小刘频繁换工作的主要原因是什么？
> 2. 如果你是小刘，此时你该怎么做？

五、角色转换的原则

角色转换是一个艰苦而长期的过程，需要毕业生坚持不懈地努力。毕业生在角色转换过程中需要注意以下几条原则：

（一）热爱本职工作，甘于吃苦

热爱本职工作，甘于吃苦是学生角色向职业角色转换的基础。刚刚走上工作岗位的毕业生，应当尽快从学生生活的模式中解脱出来，全身心地投入工作。如果"身在曹营心在汉"，经过几个月甚至一年的时间还无法静心，这不仅对角色转换不利，而且会影响职业兴趣的培养和工作成绩的取得。甘于吃苦是毕业生角色转换的重要条件。毕业生只有甘于吃苦，才能更快适应工作，及时进入角色并实现角色的顺利转换。

（二）虚心学习，提高能力

虚心学习，提高能力是角色转换的重要手段。由于专业课程设置得相对狭窄、大学生活的短暂，毕业生在校学习期间学习的知识是有限的，尤其是随着科学的发展和技术的进步，新的知识和技能不断地出现，很多知识和技能需要在工作实践中学习、锻炼和提高。毕业生在校期间虽然学到了不少知识和技能，但面对全新的职业，还需要像小学生那样从头学起，虚心向有丰富经验的技术人员、领导、师傅、同事学习，学习他们观察问题、分析问题和解决问题的方法和能力，不断丰富自己的专业知识，提高自己的专业技能，最终达到自我完善，这样可以尽快实现角色转换。

（三）善于观察，勤于思考

善于观察，勤于思考是角色转换的有力保障。毕业生进入职业角色，只有善于观察问题，勤于思考问题，才能发现问题，并运用自身掌握的知识努力解决问题，真正探索职业的内部结构，掌握第一手资料；也只有勤于思考，毕业生在工作中才会有自己的独立见解，逐步具备独立开展工作的能力，更好地承担职业角色责任。

（四）勇挑重担，乐于奉献

勇挑重担，乐于奉献是完成角色转换的重要标志。毕业生走上工作岗位，应当从一开始就严格要求自己，树立主人翁意识，增强社会责任感，培养无私奉献精神，任劳任怨，不计较个人得失，努力承担岗位职责，主动适应工作环境，促使自己更好、更快地完成角色转换。

六、角色转换的对策

（一）加强调适，适应角色转换

走上工作岗位的毕业生，从学生群体迈向了从业者群体，由受教育者转变成教育者、管理者，由依赖型消费者转变为自给型生产者，必然导致其工作方式和生活方式自立化、自主化。

作为社会的一员，毕业生既享有成人的权利又要尽成人的义务。毕业生要尽快从昔日校园天真、无忧的生活中走出来，以务实的生活态度、良好的消费行为、合理的时间支配、高效的工作作风、积极的精神面貌，勇敢地投身新的生活；要加强心理调适，建立良好的职业心理、劳动心理和道德心理，使之与自己的职业角色相互适应，促进协调发展，尽快缩短角色转换和心理调适期。

（二）搞好关系，尽快适应社会

在一个集体中，个体想要有效地工作，个体与个体间要保持心理和行为上的一致性和融洽性，建立和谐的人际关系。刚刚走上工作岗位的毕业生，从相对单纯宁静的校园突然踏入纷繁复杂的社会，难免会产生种种惶惑和不适应。

社会不是真空，人不能孤立存在。毕业生在工作上需要他人支持，生活上需要他人帮助，行为上需要他人理解。在这段时期内，毕业生尤其需要建立和谐的人际关系，树立良好的第一印象，积极主动地去适应社会。毕业生要平等待人，互相团结；尊重他人，礼貌生活；宽以待人，严于律己。毕业生须掌握与人相处的艺术，如对上级服从而不盲从，为人规矩而不拘谨；上班早到下班迟退，与人相处态度和谐，面带微笑，学会忍让与坚持原则相统一。

（三）加强学习，增强适应能力

毕业生往往对现实的估计和对自我的设计过于理想化，步入社会后很容易出现个人的主观愿望与实际现状发生冲突的情况。为避免这些认识上的偏差，毕业生在步入社会前，就必须加强学习，提高对国情和社会现状的认识。随着社会的发展，社会对人才素质的要求也越来越高，毕业生除应具备一些带专业性特点的能力外，还需具备一些其他能力，如组织管理能力、决策能力、协调能力、语言文字能力、创造能力、交际能力。

💻 精选案例

　　陈某是某高校国贸专业的学生，临近毕业，她也忙着找工作。当得知学校要举办招聘会时，她将早已准备好的求职材料，按照个人的意向职位分门别类地进行了装订并放到不同的档案袋中。

　　在招聘会这天，陈某带着她认真准备的个人简历去应聘。招聘会现场来了好多单位和学生，现场真是人山人海。由于是开放的招聘会，每个单位前边都围了很多人，有的同学因为求职心切，一时也忘了排队，场面有些混乱。因陈某本身就是学生会干部，对组织活动特别有经验，在她的组织和号召下，同学们都排好队有序地参加招聘会。之后，她开始慢慢找寻她意向的单位，当她在一家外贸公司前面停下排队，轮到她时，她很客气地将简历递给人事经理。人事经理拿着她的简历认真翻看，看完转给一起来招聘的同事。陈某面带微笑等着人事经理发问，她也做好了充分回答的准备。这时，人事经理笑着说："同学，你被录用了，欢迎加入我们的团队。"陈某正诧异，人事经理补充说："你刚才的表现我们都看到了，你是位热心、有组织能力、综合素质很好的同学。"就这样，陈某应聘到了心仪的职位。

（四）确立目标，脚踏实地地奋斗

毕业生走上工作岗位，开始了人生旅途中的一段新征程。祖国辉煌的未来和人生美好的前景已经展现在面前。然而，通往成功的路并不平坦，只有确立合适目标，经过长期的艰苦奋斗，事业才能成功。

1. 目标合适

确定目标，既要有一定高度，也要有可行性。目标短小，毕业生往往会被眼前的利益所左右，迈不开前进的步子；目标过于远大，毕业生容易心浮气躁，常常会被小挫折所打败。

2. 脚踏实地

踏实的工作作风对毕业生尤为重要。毕业生要仔细认真地做好每一份工作：一要循序渐进，坚持不懈；二要勤奋努力，坚定不移；三要从大处着眼，从小事着手；四要认真细致，精益求精；五要总结经验，不断提高。

总之，社会比学校更现实，社会不相信"期货"，社会不会给任何人"补考"的机会，所以毕业生要尽快完成由学生角色到职业角色的转变。

第二节 适应职场新环境

一、树立良好的个人形象

微课

学会自我营销

几乎没有人会否认良好的个人印象在社会交往中的重要性，良好的个人形象是人际交往的重要资本。个人形象包括外貌仪表、言行举止，通俗来说就是一个人看起来如何、说话怎样，以及在待人接物方面的表现怎样。毕业生初到工作岗位上时，一定要先学会看看镜子中的自己，事先了解应该如何塑造良好的形象。这其中至少要注意两个方面：一是注意自己的外表和体态语言；二是了解自己的优点与劣势，懂得从哪些方面塑造自己的形象。

外表和体态语言虽然较为表面与主观，但是却在留给他人的第一印象中具有十分重要的作用。作为职场新人，毕业生一定要注意自己的着装打扮，关键是要符合自己的职业身份和个性特点。

无论毕业生从事的是哪种职业，只要工作性质允许，就应适当地进行颜面修饰，适度的淡妆反而比素面更能使人显得精神焕发。衣着也是如此，尽可能地学会摆脱学生时代的稚嫩装扮，选择一件合适的职业装能给毕业生的个人形象加分不少，总体上做到成熟、稳重和大方是使得自己的外表装扮适合职业环境的不变原则。同时，毕业生在注意外表的同时还要注意自己的体态语言。例如，经常性地保持微笑，并且保持发自内心的笑容；不要总是一脸严肃，这会让他人觉得你难以接近而和你疏远，这些小的细节都会直接影响他人对你的第一印象。

在保持自我形象中，正确了解自己的优缺点是决定性因素。外表和举止是外在方面，但并不代表个人形象的全部内容，个性因素则是个人形象中非常关键的内在方面。虽然一个人的个性特点很难在短时间内有明显的改变，但是可以通过了解自己的优点与缺点，尽可能地展现自己的优点，同时用优点补足缺点，从而在与他人的交往中展现最优的自我形象。

二、建立和谐的人际关系

作为一个社会人，每一个个体都不是完全独立封闭的，无时无刻都有机会与他人接触、相处，毕业生走出校园踏入社会更是如此。许多刚刚参加工作甚至已经入职多年的从业者发现，在职场这个大集体中，往往并不是简单地做好自己就够了，学会与周围的人沟通交流，甚至比自己盲目地埋头苦干更有帮助。

相当一部分初入职场的毕业生都会对如何处理职场中的人际关系感到困惑和苦恼。例如，毕业生面对领导时应当如何表现、如何反应，与同事有言语行为接触时又有哪些禁忌和法则。

事实上，人与人之间的关系虽然复杂，但当把握一定的为人处世原则时，人际关系也可以变得很简单。

（一）互惠互利

互惠互利并不是指人与人相处都是带有功利性、有目的的，而是指个体在与人相处时要时刻带有感激之情，懂得对他人表示友好。只有抱着这样的心态和为人之道，才会获取他人的尊重与友好。互惠互利是人际交往的根基。

（二）记住他人的名字

记住他人的名字是人际交往中非常实用且有效的方法之一。事实上，能否记住名字或面孔本身就是对他人是否尊重和重视的检验。有时候不是记性不好，而是没有用心对待他人。进入工作环境后，毕业生要能够尽快地记住身旁同事、领导的名字与面孔，这样既能避免见面时不知如何应对的尴尬，又能让他人感受到你的平易近人，为建立和谐的人际关系打下良好基础。

（三）学会真诚地赞美别人

毕业生如果想在人际交往中获得别人的好感，就要学会在恰当的时机用恰当的方式赞美他人。所谓恰当，就意味着一定要真诚、发自内心。毕业生在初进单位时容易出现羞于大胆地夸奖他人的情况，担心别人质疑自己的动机，又或是因为难以发现他人的优点而不愿做表面工作。事实上并不需要有太多顾虑和担忧，毕业生只要懂得和人相处时保持低姿态，就会很容易发现别人的长处，从而发自内心地给予赞美。

（四）做好一名听众

做好一名听众也是个体在人际交往中获取好感的重要砝码。与人相处不但要懂得说话而且要懂得倾听，因为每个人都希望别人能够分享自己的想法与情感，并且获取他人的理解与支持。

作为职场新人，更要学会听别人讲话，尤其是领导、同事和自己沟通时。

（五）微笑具有神奇的力量

每个人都深深理解和知道微笑的力量。虽然微笑看似简单易行，然而真正在日常交际中坚持下来却并非易事。有的毕业生可能认为自己是个内向谨慎、沉默寡言的人，本身就不擅长在陌生环境中表现得轻松愉悦。其实发自内心的笑容并不难，正如对别人的赞美一样，只要真诚就能获取他人的好感。

总之，刚刚进入职业环境的毕业生要尽可能主动地与他人沟通交流，切忌独来独往、沉默寡言，这样既不能帮助自己尽快地适应新环境，也会妨碍领导和同事对你进行了解。

三、有效疏导职场压力

对于每一位初入职场的毕业生来说，没有压力不现实，适当的压力会成为督促进步的原动力。但是，当个体压力过度又无法释放时则容易出现各种各样的情绪问题。带着不良的情绪工作，必然会影响自己的前途发展。因此，当踏入职场后出现各方面的不适应时，毕业生应当采取措施释放压力，而非逃避压力。寻求好的解压方式非常重要，有效的解压方式能够很好地缓解各种压力带来的负面情绪。

（一）自我放松

自我放松是一种比较理想的解压途径。当个体心理压力过大难以承受时，可以尝试每天给自己一点空隙放松。放松的形式非常多，如深呼吸、慢跑、听音乐或睡眠。例如，毕业生在工作之余每天晚上花一点时间记录一下自己今日的状况，进行一下自我反思和鼓励，将不良情绪转化为明天继续奋斗的动力；也可以在临睡前听一些舒缓的轻音乐或者自己喜欢的音乐；在床头放一本最喜欢看的书，看书一方面促进睡眠，另一方面可以抛开工作上的烦恼。

（二）倾诉

倾诉也是一种良好的解压途径。当心情烦躁难以自控时，毕业生可以立刻记录此时此刻的感受与烦恼，很多时候能够在书写的过程中逐渐冷静下来，甚至发现一些本质的问题。除自我倾诉外，毕业生还可以选择向身边的好友或家人倾诉，及时化解不愉快的情绪，获得别人的情感支持。

因此，紧张工作之余，毕业生一定不要将自己闭塞起来，朋友往往能成为缓解自身压力的"一剂良药"。

（三）寻找压力源

放松和倾诉都是疏导压力的途径，但更重要的是从根本上查找问题，也就是寻找压力源，改变认知观念。压力一方面是外界的客观原因所导致的，另一方面则是个体自身的认知偏差所导致的。例如，完美主义者总是以过高的标准要求他人和自己，一旦事情发展不足难以达到其要求时，他们就会产生不良的情绪。而消极主义者则是因为很难发现事物的多面性，总是将认知局限在糟糕的状况中，因此其情绪也很容易受到影响。事实上，任何事情都没有绝对的好与坏，如果毕业生能够真正认识到这一点，将消极的思维转换为积极的思维，那么本身可能是导致压力产生的因素自然也就不复存在了。只要毕业生以一种新的角度或有利视角看待同一个情况，借力使力，就能更好地发挥潜能，不断超越自我，遇到问题时自我释然。

第三节　提升职业适应力

一、影响职业适应的因素

有研究表明，毕业生的平均职业适应期为 3 年。人们可以适应某职业，但内心不一定认同该职业，可能对其评价很低，甚至低于社会评价的一般水平。据调查，刚参加工作时，大部分毕业生认为自己"完全适应"或"基本适应"工作需要，少部分毕业生认为"基本不适应"或"完全不适应"。其实，职业与人的生存和发展的物质条件密切相关，与人对社会的贡献密切相关，与自我价值实现密切相关。事实上，使当前毕业生产生就业困惑的原因不是单方面的，既有社会因素也有毕业生自身的问题。社会因素需要全社会的共同努力来改善，而毕业生自身问题则需要毕业生自己发现并解决。所以，要改善就业状况，对于毕业生来说，首先要明白自身哪些因素导致自己在职业适应上出现了问题并予以积极克服。

（一）定位问题

就业定位深刻地影响毕业生的就业水平和职业适应。例如，某高校毕业生号召成立"薪资联盟"，抵制用人单位压低薪资标准，拒签月薪低于 2 500 元的就业协议；与此同时，另一高校毕业生为了挤进自己向往的单位，主动提出"零工资就业"，即在见习期不要钱，经过考验认可后再建立劳动关系。这是两个截然相反的现象，但却同时反映了当前毕业生就业择业时在工作定位上的问题。前者体现了一些毕业生不切实际的一厢情愿，对社会现实缺乏基本的判断力，没能根据现实情况的变化及时调整自己的心理定位。这样的人即使之后进入职场，也会因为期望值过高、优势心理作祟而影响自身职业适应力。另一方面，"零工资就业"则显得过于被动消极，同样是对自己职业定位的偏差，无底线的低姿态并不代表能换来工作上的好结果。

随着社会对"以人为本"价值观的进一步认同，毕业生也越来越注重自我价值的实现和个人发展前途，出现了多元化的价值观，形成了个人价值并非一定要通过经济待遇来体现的观念。对毕业生来说，选择适当的职业是他们跨入社会、走向成功、实现价值的重要一步。

（二）心态问题

一项对 1 万多名学生的调查显示，50% 左右的学生认为，自己在 35 岁前将达到职业生涯的顶峰。事实上，对于很多在职场上打拼多年的有经验人士或成功人士来说，这样的想法实在不切实际。大多数毕业生从未经历过社会的磨砺，心态容易浮躁。一方面，他们总是考虑自己能从社会、工作中得到什么，而很少思考自己为他人和集体所做的贡献；另一方面，他们在就业时抱着"骑驴找马"的心态，总是想着先随便找一个工作，随时都考虑能否跳槽或有更佳的选择，因受到这种不安定心态的影响而不能脚踏实地地工作。这些心态上的偏差都会影响用人单位对毕业生的评价，从而致使毕业生就业形势愈发不乐观。

1. 职业期望

毕业生的职业理想在很大程度上受到利益取向的制约，这种趋势是中国特色社会主义市场经济的反映，是社会进步的表现。大多数的毕业生经过十几年的寒窗苦读，急欲显露自己的才华，以期能更好地回报家人和社会，因而他们对未来职业有很高的期望。

2. 职业现实

毕业生在职业生活中逐渐摒弃了"铁饭碗"的旧观念，而转向实现自身价值的追求。大多数人希望专业对口，在事业上有所作为。在具体生活中，毕业生对职业的考虑是多方面的，这是职业心态务实化的一个表现。即毕业生在择业时既追求精神上的满足感和事业上的成就感，又希望在物质上有足够的保障，表明了毕业生涉世之初的不自信和隐隐的担忧。

3. 职业风险

工作稳定性反映当代毕业生既渴望参与竞争，又期望稳定的矛盾心态。刚毕业的大学生有一股敢闯敢做的拼劲，这是创业所需要的，创业对他们的能力和意志都是锻炼，具有进步意义。但同时也可以看出，毕业生承担风险不是单纯的冒险，而是有条件的，如果达不到条件，那么他们就会考察工作的环境和职业的性质。

4. 职业声望

时代的发展使人们已改变了"一锤定终身"的观念。由于种种原因，毕业生可能不会一下子找到适合自己的职业，但他们往往倾向于选择相对稳定、声望较高的职业，这说明他们的职业价值观中还存留些许传统观念。他们特别关注职业性质及其前途，有较强的竞争意识和自主性，希望职业符合个人兴趣爱好，关心职业声望和职业报酬。

（三）经验问题

造成毕业生就业坎坷的另一个关键因素就是缺乏实际工作经验。从许多单位的招聘启事中不难看出，"具有相关工作经验"是其非常看中的一个条件。某省高校曾经对即将毕业的近千名大学生做了问卷调查，结果发现，约70%的大学生认为自己在择业中最缺乏的是实践工作经验，这也是招聘中最令人尴尬的"短处"之一。调查还发现，约有27%的人力资源主管认为求职者的工作经验越实用越容易被录用，一些企业会根据具体职位的要求选择求职者。对于没有任何经验的毕业生群体来说，单位需要花费很多人力、物力、财力进行培养，同时还会担心人才流失。有时候，单位培养毕业生的成本远远高于短时间内毕业生能够为单位所提供的价值。正是因为这些因素，用人单位在人才招聘上的要求和毕业生本身普遍缺乏工作经验之间出现矛盾，这也是导致毕业生出现就业问题的一个根本原因。

（四）其他问题

1. 职业待遇

目前，毕业生普遍都比较看重经济待遇，关注生存条件，这已成为影响一部分毕业生职业适应的关键因素。毕业生刚毕业，在物质上几乎一无所有，一旦进入社会就面临生存问题，生存问题解决之后，才谈得上发展。当今社会是开放的社会、流动的社会，而较高的经济水平既是职业流动间歇的物质保障，又是向其他职业流动的筹码。当然，这也与社会压力有关，这种压力主要来自社会、家庭对毕业生较高的期望。

2. 人际关系

在强调团队和协作精神的今天，和谐的人际环境对毕业生职业适应有举足轻重的作用。有些毕业生虽然能力很强，但因为与领导、同事相处不好而陷于困境，这成为他们职业发展的绊脚石。

除此之外，性格、就业准备程度也对职业适应产生影响。性格越外向的人，职业适应越快，性格外向有助于个人在受挫折时积极调整心态，从逆境中奋起，再创辉煌。就业准备越充分的人，在同等条件下，找到合适工作的机会越多。大学期间社会实践活动的经历、兴趣爱好、领导的作风、工作效率等职业要素也影响毕业生的职业适应。

总的来说，社会因素和毕业生个人因素引发了毕业生职业适应方面的不良现象。毕业生若想从根本上解决当下的就业困难，顺利完满地完成职业角色的转换，就必须从自身查找原因，并且积极克服，以提升个人的职业适应力。

 精选案例

　　小金是某高职院校市场营销专业的学生，毕业后到一家保险公司做保险推销业务员。她是学校的优秀毕业生，但工作后的业务额完成情况却不够理想。起初她以为是自己对业务不熟悉的缘故，于是开始认真学习保险业务。经过刻苦学习，她的业务额略有回升，却也只达到了其他业务员的一半。半年后，她觉得自己并不适合干这份工作，于是准备向经理递交辞职信。恰巧，经理当时正在和一个客户谈业务，没时间看辞职信，便对小金说："我正准备开会，你能替我接待这位客户吗？"小金同意了，她想反正准备离开了，跟客户谈话不必有什么顾忌，因此在谈话中，把自己学到的业务知识都搬了出来，结果非常成功，客户爽快地买了一笔大额保险。经理开会回来后问她还准备辞职吗，她认真想了一下，收回了辞职信。事后她发现，不是自己能力和业务知识不够，而是没有找到与客户交流的正确方法。此后，她积极向老业务员学习，认真学习沟通技巧，真诚对待客户，结果业务额大幅度提升。

二、提升职业适应力的方法

职业适应力并非与生俱来，它既需要个人天赋，更需要经过磨练和学习来获取经验。对于个人天赋而言，每一种性格特点都有其独特的优势与劣势，并非外向型一定好于内向型，或独立型一定优于依赖型。更为关键的是，毕业生要在实际岗位上讲求学习方法和工作方法，不断提升自我，逐步适应新的工作环境。从影响职业适应力的主要因素来看，调整心态、加强实践经验是毕业生提升职业适应力的有效方法。

（一）调整心态

一般刚参加工作的毕业生所从事的岗位都是较为基层的，和自己的理想存有落差，因而需要有充分的心理准备，主要包括一方面锻炼自己的抗压能力，另一方面要学习以正确的心态面对新环境。

对待压力最好的办法就是尽快熟悉业务。毕业生要在平凡、枯燥的工作中寻找乐趣，努力创新。如果毕业生在平凡的工作中激情不减、表现突出，在压力下不屈不挠、努力工作，必将披荆斩棘，成绩斐然。

除面对职场压力要保持良好的心态外，事实上，开始一项新工作在许多方面都需要稳定且乐观的心态。第一，在面对工作的枯燥无味时要保持好心态。很多毕业生入职后用学生的眼光看待企业，对企业现状不满，接受不了企业的"规矩"，没有耐心去适应企业。其实，每个企业都有优势和劣势，最重要的是毕业生要学会适应新的环境，快速融入企业，在和企业相互深入了解后，找到适合自己的位置。第二，与人沟通交流时保持谦虚好学的心态。作为职场新人，面对领导、对待同事都要尽可能地以向他人学习的态度进行沟通交流。不要急功近利，更不能骄傲自满，多多观察和学习他人的经验，弥补自己的不足。第三，面对挫折、遭遇低谷时更要有乐观向上的心态。没有任何人的职场经历是一帆风顺的，对于刚刚毕业的大学生来说更是如此，只有经历了波折与风浪，在以后的职业生涯中才会有更加优异的表现和发展。

知识拓展

初入职场，有哪些事情一定不能做？

1. 要么闷声不吭，要么滥问问题

初入职场的毕业生容易走入极端：要么一言不发，出问题了就自己闷头解决；要么就是一天到晚问题不断。前者会让同事觉得你不上进，后者会让同事觉得你很烦人。那么如何拿捏这个尺度呢？首先求助搜索引擎，大部分技能类、常识类的问题都可以通过搜索引擎来解决。如果搜索引擎不能解决，再去问同事。毕业生刚入职一定会遇到很多流程上面的困惑，问问旁边的同事就能很快解决。

2. 毫不掩饰自己的负面情绪

很多毕业生习惯释放自己的负面情绪，不开心了就耷拉着脸……然而不让主观因素影响自己的工作情绪也是一种专业的表现。喜欢带着负面情绪工作的人，往往都是同事避而远之的对象。办公室里面谁也不会喜欢经常带着负面情绪工作的人。所以不管你的心情好不好、遇到了什么委屈的事，既然来到公司上班，那就把注意力放在工作上，尽量避免把负能量传递给他人。毕业生在平时也要保持乐观向上的心态，营造良好的工作环境。

3. 在同一个问题上连续犯错

在同一个问题上连续犯错，要么是因为你的态度不认真，要么就是学习能力太差。无论是哪一种，你给人的印象都是不好的，前者会让人觉得你的工作态度敷衍，后者会让人觉得你难以委以重任。所以，要尽量避免犯低级错误。你可以培养记录的习惯，准备一个便携的笔记本或在自己的电脑上建立一个文档，及时记录自己的错误及正确做法，并定期总结。

4. 没有时间观念

在职场中，没有时间观念是大忌。尤其在团队协作过程中，每个人都有自己的位置，每个人的时间都是宝贵的。工作是环环相扣的，因为你的延期可能导致整个项目延期。即使只是开会迟到了，也可能会影响其他同事。因此，初入职场的毕业生一定要培养自己的时间观念，最好能早于规定的时间到达或者提交任务，为他人预留一点准备时间。

（二）加强实践经验

在现实中，把工作经验看得比学历和学校更为重要的用人单位并不是少数；"名校出身、专科学历还抵不上两年工作经验"——对用人单位的工作经验准入门槛望洋兴叹的毕业生也不是少数。事实上，毕业生无论是在校期间还是进入职场后，都有大量的机会进一步加强自己的实践工作经验。

一方面，大学期间的实习是一个非常良好的桥梁，能够帮助毕业生对社会和职业有一定的了解，同时在实践中开阔视野，增长见识，为进一步走向社会打下坚实基础。大学期间的实习是毕业生走上工作岗位的第一步，毕业生一定要认真对待实习期，不要以为与真正的工作不相关就马虎应付。事实上很多用人单位在招聘时都会调查求职者在大学期间有过哪些见习和社会实践的经历，从中学习到了什么。同时毕业生也可以通过总结自己的实习经历，认识自己在哪些方面还不够成熟、需要弥补，这无疑能够帮助其为真正的职场生活做好充分准备。

另一方面，从平时的工作学习细节出发，也是增加工作经验的良好途径。很多大学生在毕业之前甚至连一份社会工作的经验都没有，基本上将自己封闭在一个独立于外界的"真空"环境内，这无疑会影响用人单位在招聘时对毕业生的评价。因此，毕业生应当在踏入社会之前有意识、主动地了解和认识社会环境，越多尝试越多经验，也就越有利于自身今后的职业发展。毕业生在课余时间可以多多走进社会，通过应聘和就职一些临时的工作岗位，一方面熟悉应聘的场景和要求，锻炼自己的应变能力；另一方面在见习的过程中多向有工作经验的同事学习，锻炼自己的工作能力。毕业生在寻求见习机会时，不要一味地考虑工资待遇或工作环境，因为这个过程更多的是一种自我锻炼，并非是决定一生发展的工作。

如何才能让自己尽快、尽好地适应工作是每个毕业生在踏入职场前必须面对的首要问题，提高职场适应力能够帮助毕业生在自己的职位上站稳脚跟、快速发展。相反，毕业生一旦在职业适应上出现问题，将不仅影响工作，而且影响个人的人生道路。因此，毕业生要有心理准备和行动表现，从大学期间就开始有目的地培养和提高自我职业适应力，为今后的职业发展奠定良好的基础。

第四节　职业发展

职业不是一成不变的，个体职业生涯都有一个循序渐进的发展过程，是个体在职业领域中不断学习与进步的过程。在职业发展的过程中，个体要想进步，就要不断学习，为实现职业顺利发展创造条件；要加强自我职业生涯规划管理，保持良好的发展方向。

一、善于发现机遇

在人生的道路上，机遇是可能使个体获得成功的重要机会和境遇。有些人虽然具备成功的才能，但是没有显露的机会和展示的舞台，从而与成功失之交臂。机遇对于成功十分重要。

（一）善于发现机遇是走向成功的阶梯

发现机遇要求个体有能够透过表面现象揭示发展规律的本事。当毕业生开始就业，迈入第一个工作岗位时，如果能对未来充满希望，以积极的态度面对人生，就会发现更多的机遇。

生活中处处充满机遇，每一次活动、每一次交往、每一次转折、每一次得失都可能带来新的感受、新的信息、新的朋友，都可能是一次机遇、一次选择、一次走向成功的契机。在职业生涯中，毕业生要善于发现机遇，这对于目标的最终实现是极其重要的。

（二）善于把握机遇是获得成功的保证

机不可失，时不再来。发现机遇还只是提供获得成功的可能，要想把可能变成现实，个体还要牢牢地把握机遇，敢于承担风险，勇于付出，在实践中不断地努力。因为在机遇面前，所有人都想抓住，每个人都在努力，不前进就等于落后。只有及时地把握机遇，才能获得成功。

个体想成功而又不善于抓住机遇，很难成大事。抓住机遇靠的是什么？靠的是知识和能力。机遇对于成功只是起到发现、转折、考验的作用。没有机遇，个体的才能可能会被暂时埋没；个体没有良好的素质，无论有多少机遇，也没有成功的可能。

机遇只偏爱有准备的人。对于没有准备的人来说，再多的机遇也不起作用。因此，毕业生就业之后，更要坚持终身学习。

精选案例

梁某是某校优秀毕业生。到油田报到的第一天，他正巧遇到了一口油井发生井喷事故。一般来说，井喷是大事故，油夹带着地下的其他流体喷涌而出，大火和浓烟直冲云霄，具有很大的危险性。梁某丝毫没有犹豫，放下行李，衣服也没有来得及换，就奔赴一线参加抢险。他的行动和主人翁意识，深深地感动了同事和领导。另外，由于他能放下架子，经常深入生产一线，虚心向老师傅学习请教，业务水平提高得很快，不久被委以重任，在事业上取得了突出成绩。

梁某在油田报到之日就遇上了井喷事故，立即毫不犹豫地参加了抢险工作，充分体现了他良好的团队意识和主人翁精神，因而在领导和其他同事心中留下了良好的第一印象，这为他事业的成功奠定了坚实的基础。

二、做好终身学习

现代社会，非学不可，非善学不可，非终身学习不可。据了解，如果一个人一年不学习，其所拥有的知识就会折旧 80%。一个人比另一个人水平高、能力强，在很大程度上，是其拥有更多的信息，能够站在更高层次上用不同的视角看待问题、拥有更多解决问题的方法。而这些能力的根源，都是丰富广阔的知识。

对于很多毕业生来说，从小读书一直到大学毕业，往往持有这样一个看似自然的想法：读完大学，书就算读到头了，参加工作则意味着学习生涯的终结。事实上，这样的观点既片面，也狭隘。"活到老，学到老。"虽然这句话非常通俗浅显，但却是不争的真理，对于个人的职业发展也适用。社会在不断发展变化，职业的结构、内容和用人要求也在不断变化，个人的职业意识、职业素质以及知识能力必须通过学习才能提高。大学教育固然重要，但毕竟只是短暂的一个阶段，大学毕业之后的延伸学习和重新学习，对于一个人选择及重新选择职业岗位和取得职业成就，无疑具有更重要的意义。尤其是在当前的知识经济时代，获取知识、运用知识和创新知识的能力是一个人成功的重要因素。善于学习、有较强的学习能力和思维能力的创新型人才，才是知识经济时代的强者，因此每个人都需要具备终身学习的精神。

（一）终身学习的含义

1994 年 11 月，在意大利罗马举行了"首届世界终身学习会议"。会议提出，"终身学习"是 21 世纪的生存概念，人们如果没有终身学习的概念，就难以在 21 世纪生存，并采纳终身学习的定义为："终身学习是通过一个不断的支持过程来发挥人的潜能，它激励并使人们有权利去获得他们终身所需的全部知识、价值、技能和理解，并在任何任务、情况和环境中有信心、创造性和愉快地应用它们。"国际劳工组织提出要"为终生具备就业能力而终身学习。"党的十六届六中全会进一步提出"构建社会主义和谐社会"要求，提出要"积极发展继续教育，努力建设学习型社会"。终身学习将成为人们生活方式的一部分。因此，"不一定终身受雇，但须终身学习"应该成为毕业生的基本信念。

学习是一种持续终身的活动。终身学习是指开始于人的生命之初，终止于人的生命之末，包括人生发展的各个阶段的几个方面的学习活动。它既包括纵向的一个人从婴儿到老年期的不同发展阶段的各种学习，也包括横向的在学校、家庭、社会等不同领域的各种学习活动。终身学习彻底改变了传统的学习观念、学习思想，对学习赋予了全新的含义。

学习是个体的一种自发的生活方式。"终身教育"是一种理念，"学习型社会"是一种保障措施，二者为人的完善提供了条件。若要真正实现人的完善，还必须将个体的学习内化为个人的经验。因此，"终身学习"的重要内涵就在于它是个体的一种自发的生活方式。在这样的生活方式中，个体学会观察、倾听、表达自己的观点，提出问题和思考；个体能够认识到自己所需要的教育，并能规划和评价自己的学习。

学习是多样化、个性化的。终身学习尊重每个人的个性和独立性，重视学习者自主、自发地不断发展，它不仅使学习内容多样化的范围更加扩大，而且使教育、学习的技术与方法等也进一步扩大，个体可以自主地从多种内容和方法中进行选择。另外，终身学习的目标也是多样化的，"学会认知、学会做事、学会共处、学会生存"是终身学习理念的重要支柱与最终目标。

（二）制定有效的终身学习计划

虽然我们都认可"活到老，学到老"的说法，也能认识到不断学习对于自己适应职业的重要性，然而更为关键的是要把终身学习的观念落实到实际行动中，要合理进行终身学习的计划安排，要培养终身学习的好习惯。制定一份成功的终身学习计划应遵循以下原则：

第一，要有清晰的人生蓝图。如果一个人连自己想要什么、想成为什么的人都毫无感觉，那么必然也搞不清自己应当学什么、怎么学。

第二，要有激励。终身学习不同于短时间的学习，更多的是需要一个人的意志力和持久性，因此制定一些能够自我激励的方法不失为督促终身学习的好助手。

第三，要明白自己的弱势。终身学习的内容已不单单是知识的学习，更多的是要学习如何更好地在职业和社会中求发展，所以个体必须明确自己在工作中的各种劣势，从而有目的、有方向地学习，逐渐将自己的劣势发展为优势，发挥自己的最大能力。

第四，要重视阅历和观摩。与学生时代的学习不同，终身学习的成果更多的是阅历的增加、视野的拓宽、实践的历练。同时，在终身学习中个体一定要学会广结良缘、寻找榜样。"独学而无友，则孤陋而寡闻。"学习不是一个人孤芳自赏，更多的是与身边的人沟通、交流，向有经验的前辈观摩、请教，如此才能较快地学到真本事。

联合国教科文组织曾在《学习：内在的财富》报告中指出，终身学习包括四大支柱：学会共处、学会求知、学会做事、学会做人。这四个方面无疑都是职业发展中必须面对、必须学习的。个体制订自己的终身学习计划时，一定要同时思考这些方面，缺一不可。

三、强化职业生涯管理

前面的章节中已介绍有关职业生涯规划的内容，同学们也了解了尽早制定职业生涯规划的重要性。但制定职业生涯规划只是成功的职业发展的一个必要条件，仅此不够，从业者还要善于对职业生涯规划进行管理，只有这样才能保证职业生涯发展有充分的、成功的条件。在职场上，单位都会对自己的员工进行职业生涯规划管理，通过对员工职业生涯规划的主客观因素进行分析、测定和总结，使得员工的职业生涯目标和单位发展的战略目标一致。而对于个体来说，要尽可能了解自己所在单位的职业生涯规划管理模式，根据自己的兴趣、能力和个人发展目标有效地管理自己的职业生涯规划，使自己和单位目标协调一致、共同发展。

（一）适时进行自我评价

适时进行自我评价是职业生涯规划管理的一个重要内容。生活中我们常常发现，很多大学生在毕业前已拟定了非常具体详细的职业生涯规划，但是在以后的职业生涯发展过程中却一味地跟着感觉走，结果慢慢地偏离了当初的职业生涯规划，使职业生涯发展变成了盲目发展。所以，在职业生涯发展的过程中，从业者应适时对自己的职业发展状况与职业生涯规划进行评价，及时调整行为，或更改规划目标，使自己的职业生涯发展有规划而非盲目。

个体需要从多个角度对自我的职业生涯规划与管理进行评价。以下这些自我评价和管理的方法可以提供一些参考。1）撰写自传。通过写自传的方式了解和反思自己在生活中发生的事情、工作的转化以及未来的计划等。2）通过问卷量表的形式，了解自己愿意从事的职业、喜欢的课程，以及在理论、经济、审美、社会、政治甚至是宗教信仰方面的价值观，思考自己的职业生涯规划是否与当下的价值观和个人意愿相匹配。3）24小时日记。记录一个工作日和一个非工作日的活动，对自我进行全方位的检查。4）与两个重要人物面谈。可以与自己的朋友、配偶、同事或亲戚谈谈自己的想法。5）生活方式描写。以言语或者图画的形式将自己当下的生活状况转达给他人或自己。

（二）时间管理

时间管理是职业生涯规划管理中的一个关键项目。一位企业家曾经提道："对我们大部分而言，我们必须下达的最重要决策就是如何去使用自己的时间。对我来说，我就不会将自己的时间花在需要很多生产劳力而成果却平凡无奇的事情上面。而且，只要我能找人去做的事情，我绝不会自己去做。"对时间的管理实际上就是对资源和对自我行为的管理，因为只有管理好自己的工作和生活时间，才能更好地提高效率，发挥最大潜能。

要想管理好自己的时间，一定要讲求一些策略。首先是设定时间使用标准，计划做每件事情的时间，对每天的时间安排进行管理。其次是找出最重要的事情。有研究者曾经提出，真正重要的、有意义的事情只占所有使用时间中的20%，而剩余80%的时间往往都被用在一些次要的琐事上。所以，要想有效利用和管理好自己的时间，一定要区分哪些事情重要需要尽快解决，哪些事情只是次要的可以不予立即理会。最后，在区分主次之后就要找出正确的做事顺序，其顺序依次应该是重要而紧急的、重要但不紧急的、紧急但不重要的、不紧急且不重要的。

（三）职业规划调整

人生道路没有一成不变的，职业发展也是如此。成功的职业发展道路不仅能实现个体最初的职业生涯理想，而且能够顺应社会和职业的发展要求，灵活变动以求最优的结果。在职业发展过程中，很多因素会导致职业生涯的改变甚至重新选择，包括个体的主客观因素以及社会和职业的因素，如兴趣志向发生了转变、教育深造所产生的变动、家庭环境的变化、工作环境的改变。这时候就需要个体对先前的职业生涯规划进行适时调整和修改。这种调整可以是对职业的重新选择，也可以是对职业生涯路线的改变，或对阶段目标的修正，或变更实施措施。

调整职业生涯规划，要根据个人意向和环境需要而决定。而且，职业生涯规划的调整要遵循一定的法则：修正规划而不是目标；当修正规划无法达成目标时才应考虑修正目标达成的时间；当延长时间和降低要求都不能实现目标时则要考虑放弃目标而重新设定目标。但是无论怎样调整，通过不断的评估和修正，最终的职业生涯规划应该是更成功的、更加适合个体职业发展的。

总而言之，每个人都有属于自己的职业发展道路，此道路或崎岖蜿蜒或平坦宽广，这并不是绝对的，也就是说，最重要的是个体必须常常把最重要的事放在首位。如果能够按照自己的职业生涯规划管理时间，不拖延不浪费，那么几乎就是成功了一大半。个体只有能够在心中坚守自己最初的梦想，并且沿着这条梦想道路不断学习、不断进步，才会真正成为人生的最大赢家。有这样一句话：别看我一时，请看我一生；只有放弃的人，没有失败的人；生涯路上永不服输。

 实训练习

职场发展的秘诀

实训目的

进一步了解找准职场定位的方法，树立在自己岗位上成才的志向。

实训内容

（1）分组，每组 4～6 人，设组长 1 名。

（2）各小组对以下情景进行讨论分析，提出解决办法。

1）初入职场，由于业务不熟练，工作中经常会遇到麻烦和难处，事情出了差错就会遭到领导的批评。

2）初到单位，与同事还不熟悉，感觉很孤单。

3）所做的工作都是一些简单、重复的事情，感觉不受重视，没有什么前途。

（3）各小组走访当地的劳动模范、技能大师，或在工作上有所成就的本专业毕业生，了解他们的职场经历，从中总结有用的经验。走访前要做好准备工作，如确定时间、地点，准备访谈问题。

实训检测

实训结束后，教师可根据表 7-1 进行评分。

表 7-1　实训活动评价表

评分标准	分值	实际得分	备注
积极参与讨论，并能够针对所给情景提出有效的解决办法	25		
走访前做好了准备工作	25		
能够从走访人员的职业经历中，总结对自身有用的成功经验	25		
其他	25		
总分	100		

第八章 大学生自主创业

　　自主创业是新时期大学生就业的一种新选择，是对传统就业观念的一种挑战，是大学生走向社会的一种全新的、更高层次的就业方式。这一全新的就业模式对人才成长、社会贡献有所助益，尤其是可以直接为大学生创造就业机会。大学生应做好创业能力、素质的准备，了解创业步骤，具备创业所需要的意识、知识、能力和心理品质，以成功迈上创业之路。

学习目标

1. 了解大学生创业的主要形式。
2. 明确创业者应具备的素质。
3. 掌握创业素质的培养方法。
4. 熟悉创业步骤。

案例导入

汽车修理专业的高职毕业生小刚还没有合适的工作，但他心里有个想法：有机会当老板的话，那就不一定要打工了。有一天，小刚经过一个汽车美容店，见门口贴着"低价转让"，他跟店主一谈就动心了。这家位于闹市的店生意兴隆，技工师傅都有一定工作经验，店主因为女朋友要出国所以决定低价转让。对小刚来说，这可是个难得的圆"老板梦"的机会。几经商量，转让价被压到了50万元。于是，小刚开始在亲戚朋友间融资。父母资助了他30万元；大学室友小文一听说，马上跟家里商量，拿了10万元入股；可是他还缺10万元。正发愁的时候，他无意中听一同门师兄说起，大学生创业可以申请5万元两年免息的贷款，这样小刚和小文又顺利地凑了10万元，两人由学生身份转成了老板。

转眼一年过去了，两人的生意做得风生水起，小店天天门庭若市。

以上案例中，小刚和小文的成功有几点可以供我们借鉴。一是他们从事的都是自己专业所在的行业。俗话说得好："做熟不做生。"经过大学的学习，他们已经具备汽车修理行业的一定专业知识和操作技能。二是父母能拿出多年的积蓄支持他们创业。家里的支持对于初期的创业者是非常重要的。三是他们发现了机会，并有力地牢牢抓住了机会。毕竟低价转让的机会也不会天天有，但是机会总是眷顾有准备的人。四是他们筹资能力不错，而且将对大学生的资金支持政策为己所用。成功不是偶然的，而是多种因素叠加造成的必然。

第一节　了解创业知识

一、创业的基本知识

（一）创业的概念

创业者的概念

创业是指承担风险的创业者通过寻找和把握创业机会，投入已有的技能知识，配置资源，创建新企业，为消费者提供产品和服务，为个人和社会创造价值和财富的过程。这个概念包括以下几层含义：

（1）创业是一个创造的过程，即创业者要付出努力和代价。

（2）创业的本质在于对机会的商业价值的挖掘与利用，即要创造或认识到事物的商业用途。

（3）创业的潜在价值需要通过市场来体现，即市场是创造财富的渠道。

（4）创业以追求回报为目的，包括个人价值的满足与实现、知识与财富的积累等。

（二）创业的要素

1. 创业的关键要素

创业的关键要素包括创业机会、创业团队和创业资源。

创业机会就是创业者可以利用的商机。从创业过程的角度来说，创业机会是创业的起点，创业过程就是围绕创业机会进行识别、开发、利用的过程。

创业团队是指在创业初期（包括企业成立前和成立早期），由一群才能互补、责任共担、愿为共同的创业目标奋斗的人所组成的特殊群体。

创业资源是指创业企业在创造价值的过程中需要的特定资产，包括有形与无形资产。它是企业创立和运营的必要条件，主要包括创业人才、创业资本、创业技术和创业管理等。

2. 创业各要素之间的关系

可以从以下几个方面认识创业各要素之间的相互关系：

创业机会是创业过程中的重要驱动力，创业团队是创业过程中的主导者，创业资源是创业成功的必要保证。创业过程始于创业机会，而不是资金、战略、网络、团队或创业计划。开始创业时，创业机会比资金、团队成员的才干和能力以及合适的资源更重要。在创业过程中，创业机会与创业资源之间存在适应→差距→适应的动态过程。

创业过程是创业机会、创业团队和创业资源3个要素相匹配和平衡的结果。创业者要善于配置和平衡创业团队，借此推进创业过程，包括对创业机会的理性分析和把握、对创业风险的认识和应对、对创业资源的合理配置和利用、对创业团队适应性的认识和分析等。

创业是一个连续不断地、寻求平衡的行为组合。3个要素的绝对平衡是不存在的，但要保持发展，必须追求动态平衡。创业团队必须思考的问题包括：目前的团队能否领导企业未来的成长？面临怎样的资源状况？下一阶段的运作与成功面临哪些困难与陷阱？这些问题在企业发展的不同阶段会以不同的形式出现，它牵涉企业的可持续发展。

（三）创业的过程

创业的过程包括从产生创业想法到创建新企业并获取回报的整个过程，通常可分为以下6个主要环节：

1. 产生创业动机

创业动机是创业的原动力，它推动创业者发现和识别市场机会。创业活动的主体是创业者，创业活动首先取决于个体是否希望成为创业者。创业动机不是个体打算创业的一时冲动，而是对创业目标与预期收益的深思熟虑。

2. 识别创业机会

识别创业机会是对可能成为创业机会的事件的分析和对创业预期结果的判断。创业机会一般分为两种：一种是意外发现的，另一种是经过深思熟虑才发现的。国家产业政策的调整、新技术的出现、人口和家庭结构的变化、人们的物质和精神需求的变化、流行时尚等都可能形成创业机会。创业者应该具有敏感的嗅觉，能够及时、准确地识别创业机会，识别之后，还要对创业机会进行评价和提炼。

3. 整合有效资源

资源是创业的基础条件，整合资源是创业者开发机会的重要手段。强调整合资源，是因为创业者可以直接控制的可用资源往往很少，许多成功的创业者都有白手起家的经历。创业者需要整合的资源包括基本信息（市场、环境和法律问题）、人力资源（合作者、最初的雇员）、财务资源等。

4. 创建新企业

创建新企业需要进行大量的准备工作，其中创业计划、创业融资和注册登记尤为关键。创意能否变成行动，关键看其能否成为一个周密的创业计划；资金往往成为创业企业的"瓶颈"，创业融资在企业的创建过程中至关重要；当创业者完成创业计划并获得融资之后，就可以按照法定程序进行注册登记，包括确定企业的组织形式、设计企业名称、向工商行政管理机关提出企业登记注册申请、领取营业执照等。

5. 实现机会价值

创业者整合资源、创建新企业的目的是实现机会价值，并通过实现机会价值来实现自己的创业目标。这是创业过程中的重要环节，确保新创建的企业生存是创业者必须面对的挑战，但创业者不能仅仅考虑生存，同时还要考虑成长，不成长就无法生存得更好，在激烈竞争的环境中尤其如此。创业者需要了解企业成长的一般规律，预见企业不同成长阶段可能面临的问题，采取有效的措施予以防范和解决，使机会价值得到充分的实现，同时不断开发新的机会，把企业做活、做大、做强、做长。

6. 收获创业回报

对回报的正当追求是创业活动的目的，有助于强化创业者对事业的执着。对创业者来说，创业是获取回报的手段和途径，是一种载体。回报可能是多种多样的，对回报的满意程度在很大程度上取决于创业者的创业动机。多数创业者的创业动机首先是自己当老板，然后才是追求利润和财富，对这些人来说，当老板的感受就是回报。

二、大学生创业的主要形式

创业是指个体或团队发现某种信息、资源、机会或掌握某种技术，利用或借用相应的平台或载体，将其发现的信息、资源、机会或掌握的技术，以一定的方式转化成财富和价值，并实现某种追求或目标的过程。创业的形式有很多种，大学生创业的主要形式有以下几种：

（一）"互联网+"创业

"互联网+"创业是指创业者以互联网作为平台进行创业。"互联网+"创业的典型例子就是创业者借助各种网络平台经营网络店铺、撰写网络文章。随着互联网和电子商务的快速发展，大学生进行"互联网+"创业时既面临机遇，又面临挑战。

1. 大学生"互联网+"创业的优势

（1）创业模式灵活。大学生"互联网+"创业大致可以分为两种模式：一种是利用自建网站创业，如自建B2C购物网站、创办论坛或网络社区；另一种是利用第三方网上创业平台创业，如淘宝网、拼多多。自建网站创业的模式一般需要创业者掌握一定的计算机网络技术并具有网站管理经验，同时，网站的运营管理需要相对较多的资金。这种模式有利于创业者创造独具特色的管理风格和经营方式，自主性较强。利用第三方网上创业平台创业时，创业者可得到第三方网上创业平台的服务和技术支持。一些大学生由于资金、技术和渠道受限，因此通常选择第三方网上创业平台，他们将线下的商品放到线上销售。

（2）创业风险相对较小。与传统的创业活动相比，"互联网 +"创业有着无可比拟的优点，即创业活动不需要实体卖场，只需投入较少的固定资产，且信息沟通快，交易不受时空限制，商机无限，经营成本大大降低。

（3）组建创业团队相对容易。大学生"互联网 +"创业往往是一种团体行为，是由志同道合、优势互补、有共同创业意愿的大学生团队共同经营的一份事业。在大学校园里，大学生来自五湖四海，他们掌握了不同专业领域的知识，有着各自的专长与特点，很容易因共同的创业梦想走到一起。

2. 大学生"互联网 +"创业的劣势

（1）对"互联网 +"创业的复杂性认识不足。"互联网 +"创业的竞争极其激烈，一个创业项目从最初构思到初期规划、具体落实，再到项目成形，处处都可能遭遇风险。很多大学生对于"互联网 +"创业的复杂性认识不足，认为"互联网 +"创业比传统创业更加简单、更容易成功，实则不然。无论是传统创业还是"互联网 +"创业，创业团队都需要对创业项目做市场分析与预测，也需要筹集创业资金、评估创业风险、制定营销策略、预测财务状况等，因为任何一个环节都具有复杂性，都可能致使创业失败。

（2）缺乏"互联网 +"创业的经验。大学生的社会阅历比较浅，缺乏"互联网 +"创业的相关经验，所以在将所学的理论知识应用到创业实践时难免会遇到困难。

（3）"互联网 +"创业融资困难。大学生创业者没有经济来源，通常只能通过自行筹资、银行贷款、风险投资等方式获得创业资金。大学生创业者通常由于没有资产可供抵押，且缺乏创业经验，所以较难获得银行贷款和风险投资。与传统创业一样，大学生进行"互联网 +"创业同样存在融资难的问题。

（二）连锁经营

连锁经营是一种商业经营模式，是指经营同类商品或服务的若干个企业（或企业分支机构）以一定的纽带和形式组成一个联合体，该联合体在整体规划下进行专业化分工，并在分工和商圈保护的基础上实施集中化管理，把独立的经营活动组合成整体，规模经营，从而实现规模效益。

连锁经营是一条方便、快捷的创业途径。连锁经营商有现成的营销模式和成熟的管理方式，有相对成熟的产品及品牌，已拥有相对固定的消费者群体。当然，连锁经营的创业方式也有一定的劣势。例如，经营者必须受连锁经营商的约束，不能拥有自己的经营理念，还要交纳一笔加盟费。

创业者选择连锁经营时应思考以下3个问题：1）自己的团队能否适应连锁经营商的管理理念和管理模式。2）自己的团队是否具有承担费用和投入创业资金的能力。3）自己所在的区域是否有同类型的连锁店，或者已经有几家同类型的连锁店，其经营状况如何。

创业者可以从以下几个方面了解上述情况：1）咨询连锁经营商。2）询问同类经营者。3）自己先到连锁经营商的连锁店工作一段时间。签订合同时，经营者可以参考其他加盟商的签约条件。

知识拓展

加盟连锁经营

加盟连锁经营是企业之间为了共同利益联合而成的事业合作体，各成员店是独立法人，具有较高的自主权，只是在部分业务范围内合作经营，以达到共享规模效益的目的。

1. 加盟连锁经营的特点

（1）成员店拥有独立的所有权、经营权和核算权。

（2）总部与成员店之间的关系是协商与服务的关系。

（3）维系加盟连锁经营的经济关系纽带是经双方协商后签订的合同。

2. 加盟连锁经营的优缺点

加盟连锁经营的优点如下：门店数量基数大、利益直接，有利于调动成员店的积极性和创造性；连锁系统集中管理和指导，有利于提高各门店的经营管理水平；统一进货，有利于各门店降低成本并享受规模效益。因此，加盟连锁经营的店铺具有较好的发展潜力，既具有连锁经营的规模优势，又能保持独立商店的某些经营特色。但加盟连锁经营的发展规模和地域受限。

3. 加盟连锁经营的表现形式

加盟连锁经营的表现形式如下：经营者交纳一定的费用后成为该连锁企业中的一员；各连锁门店无独立进货的权限，由总店配送中心统一送货。连锁经营在多个方面进行统一，即店招统一、服饰统一、进货统一、店面形式统一、结算统一、企业文化统一等。这种统一的经营思维打破了传统"一家一店""各自为政"的经营思想。

4. 加盟连锁经营的发展模式

（1）产品和服务标准化。标准化意味着可复制性。

（2）市场营销品牌化。市场营销品牌覆盖范围广，便于企业统一对外形象，控制广告成本。

（3）内部管理信息化。网络技术突破了区域的限制，通过使用网络通用工具和企业EPR系统，可以达到远程管理、远程监控等目的。标准化模式的广泛使用更使这种信息化管理成为可能并获得实效。特别在电子商务快速发展的今天，各门店可以借助网上的推广、咨询、订货和支付等形式扩大市场规模。线上和线下相结合是连锁企业未来的发展方向。

（4）资金管理集中化。连锁企业直接面向消费者，各门店将每天的销售额直接存入银行并汇集到总部的财务部门，由总部统一分配和使用。这样便于连锁企业有效地使用资金，有利于降低经营成本。

（三）接手转让店铺

接手转让店铺是指创业者接手他人全部或部分转让的成熟店铺、商品业务及相应的客户，在该店铺原本的经营基础上继续经营管理的一种创业活动。创业者接手转让店铺后可根据具体情况采用以下经营策略：

1. 成熟品牌，萧规曹随

如果创业者接手的是一家口碑较好、经营状况良好的店铺，那么最好就按照原来的模式经营，这样有利于维护原有的良好口碑和经营效益。若想对原先的经营项目进行变革，则一定要在深入了解情况之后结合其他成功项目进行。

2. 问题项目，稳步调整

如果创业者所接手的经营项目存在很多问题，则应稳步发展、微幅调整，而不要把原先的经营规则、经营模式统统抛弃后另起炉灶。一个经营项目只要能够生存下来，那么其经营模式一定包含合理的成分。因此，对于存在问题的项目，创业者可以逐步调整，在调整过程中借鉴类似项目的成功案例，摸着石头过河，剔除原先经营模式中的不合理成分，并加入新的合理成分，以增加项目发展的活力和潜力。

（四）高新技术创业

高新技术创业是指创业者以高新技术为基础，从事一种或多种高新技术及其产品的研究、开发、生产和技术服务的创业活动。高新技术创业所需要的关键技术往往开发难度很大，但一旦开发成功，就能获得较好的经济效益和社会效益。高新技术创业是知识密集、技术密集的创业活动，其所经营产品的主导技术必须属于高新技术领域。高新技术产业主要包括信息技术、生物技术和新材料技术。

1. 高新技术创业的特点

（1）高门槛，高投入。高新技术创业是尖端技术创业活动，需要跨学科、跨领域的多种人才投入和大量的智力投入，因而具有较高的门槛。同时，与高新技术产品相关的研发、测试、实验、生产等方面的设备也需要较大的资金投入。

（2）迭代快，增长快。高新技术创业具有成果转化周期短、市场反馈快、产品更新换代快等特点。同时，与其他创业活动相比，高新技术创业的资产规模、销售收入、销售利润等指标可以在几年内增长几十倍，甚至上百倍。

（3）高风险，高回报。高新技术创业以技术创新为基础，其高风险主要体现在技术研发风险高、知识产权风险高、新产品市场风险高、财务风险高、国家政策风险高等多个方面。同时，高新技术创业一旦成功，创业者所获得的回报将是巨大的，是很多传统行业无法比拟的。

2. 高新技术创业的关键条件

高新技术创业具有鲜明的技术特点，除此之外，其须满足其他创业形式所共有的一些条件，且尤其强调具备创业团队、技术产品与服务这两个关键条件。

（1）创业团队。高新技术创业模式需要将市场机会、人才资源和高新技术这三者有机地结合在一起，而一个人往往很难同时具备这种创业模式所需要的全部条件。因此，高新技术创业需要一个由多种优势互补的人才组成的创业团队，且团队中必须有两个重要角色，即技术专家和团队管理者。

（2）技术产品与服务。具有市场竞争力的技术产品与服务是高新技术创业的必要条件。拥有自主知识产权的技术产品是高新技术企业最主要的优势之一。因此，创业者必须根据市场需求不断地开拓创新、完善技术产品与服务。

前文介绍了 4 种创业形式。大学生采取前 3 种形式创业时，可以组建团队创业，也可以个人单独创业。组建团队创业时，创业者可以充分挖掘团队成员的潜力，发挥团队成员的合力。适合个人单独创业的项目通常技术性较强，创业初期的规模较小、资金投入量较少，创业者可以在这种模式的基础上慢慢积累经验、广结人脉、积蓄资金，为今后扩大规模打下基础。

 知识拓展

《高校毕业生自主创业证》申领程序

《高校毕业生自主创业证》的发放对象是毕业年度内在校期间创业的高校毕业生。其中，高校毕业生是指从实施高等学历教育的普通高等学校、成人高等学校毕业的学生。毕业年度是指毕业所在自然年，即 1 月 1 日至 12 月 31 日。

1. 毕业生网上申请

毕业生注册、登录教育部大学生创业服务网（http://cy.ncss.org.cn），按要求在网上提交《高校毕业生自主创业证》申请。

（1）学籍审核。

（2）注册申请。

（3）上传照片。

（4）注册成功。

2. 高校网上初审

毕业生所在高校对毕业生提交的相关信息进行审核，通过后注明已审核，并在网上提交学校所在地省级教育行政部门。

3. 省级教育行政部门复核

省级教育行政部门对毕业生提交的相关信息进行复核并予以确认。

4. 高校发放《高校毕业生自主创业证》

复核通过后，由所在高校打印并发放《高校毕业生自主创业证》，相关部门和学生本人都可随时查询。

体验活动

全面认识创业，了解创业对人生发展的价值和意义。通过对以上内容的学习，试具体分析自身的创业动机和创业价值观。

创业对你的人生发展的价值和意义：

_____

你的创业动机：

_____

你的创业价值观：

_____

三、创业素质及其培养

（一）创业素质的内容

创业者应当具备以下基本素质：

1. 创业意识

创业意识是指人们从事创业活动的强大内驱力，它是创业活动中起动力作用的因素。创业意识不是因一时冲动而形成的，也不是凭空想象出来的，而是源自个体强烈的内在需要。当创业需要上升为创业动机时，个体就产生了心理动力。

大学生自主创业时首先应具备创业意识，如果没有创业意识，那么再好的知识条件、能力条件都不可能在创业实践中发挥作用。因此，当代大学生在规划职业生涯时应在心中埋下创业意识的种子，这种创业意识一旦遇到合适的创业机会就会发挥作用。

精选案例

> 甲和乙两个青年一起开山。甲把石块砸成石子运到路边，卖给建房的人，乙直接把石块运到码头，卖给杭州的花鸟商人，因为这里的石头奇形怪状，富有观赏价值。3年后，乙成为村上第一个盖起瓦房的人。
>
> 后来，政府不许开山，只许种树，于是，这片山成了果园。这里的梨清甜爽口，因此销量很好。甲把堆积如山的梨成筐地运出去。乙与甲不同，他卖掉果树，开始种柳树。因为他发现来这儿的客商不愁买不到好梨，只愁买不到盛梨的筐。5年后，乙成为全村第一个在城里买房的人。
>
> 成功有时就来自独特的眼光和非凡的创意。乙之所以能成为"村上第一个盖起瓦房的人"和"全村第一个在城里买房的人"，是因为他具有敏锐的商业嗅觉，能够从开山和种树中发现更有价值的商机。

2. 创业精神

创业精神是创业的核心与灵魂。创业精神最初来自创业企业，但不限于创业企业，百年企业之所以"青春常在"，也是因为创业精神在发挥作用。人们常用不同的词语来描绘创业精神，如创新精神、合作精神、冒险精神、敬业精神。在新时代，人们描绘创业精神时又增加了新的词语，如时代精神、社会责任感、奉献精神、事业荣誉感、二次创业的勇气、艰苦奋斗的作风、至诚至信、开放的心态、宽广的胸怀。

实际上，创业精神在心理层面是一种思维方式，其基础是创新；在行为层面是发现机会、把握机会并创造价值的过程。对于创业者而言，创业精神就是发现和把握商机，无论当时受何种制约，都能通过创新从无到有地整合某些资源或创造某些条件，以满足社会需求、创造社会价值。

3. 风险意识

风险意识是指创业者在创业过程中树立的防范意识和应急处理意识，即在创业初期能够准确判断和预测风险，在创业中期能够沉着地应对风险，在创业后期能够预防风险。在创业过程中，风险是无时无刻不存在的，它几乎贯穿于创业的全过程，且表现形式多种多样。创业者往往由于忽视创业过程中显性或潜在的各类风险而中途溃败。要想创业成功，创业者必须敢于面对风险，增强创业风险意识，主动认识和分析风险，并通过采取积极措施来有效地抵御和化解风险，以避免或降低创业过程中的风险损失。

4. 竞争意识

创业是一条举步维艰的道路。在创业路上，创业者应学会坚强，学会适应，学会如何和他人竞争。也就是说，创业者从开始创业那一刻起就必须具有竞争意识，以便在竞争激烈的市场环境中脱颖而出，进而在创业领域立于不败之地。

创业者有了竞争意识，就能够随时保持警觉并站在风口浪尖上。竞争意识能促使创业者想出运营和推广企业的好办法。创业者应深入思考"你的竞争对手在哪些领域占有领先地位？""他们如何定位自己？""他们的产品和服务对你而言，质量如何？"等问题并积极地解决这些问题，只有这样才能够在市场竞争中脱颖而出。

5. 心理素质

（1）独立自主。创业者要有独立自主的个性心理。独立自主主要体现在以下几个方面：1）自主抉择，即在选择人生道路、创业目标时有自己的见解和主张；2）自主行动，即在行动上很少受他人影响和支配，能将自己的主张或决策贯彻到底；3）自主创新，即能够开拓创新，不因循守旧或步人后尘。

（2）信心坚定。信心坚定是指创业者对自身所从事的活动或事业深信不疑的一种心理特征。这是创业者获得创业成功的必备要素。如果创业者缺乏坚定的信心，遇到挫折就怀疑自己决策的正确性，那么创业活动就无法顺利开展。

（3）敢于冒险。在市场经济大潮中，机会与风险共存。只要开展创业活动，就必然有风险伴随。创业就意味着冒险，只有冒险才可能把握稍纵即逝的市场机遇。需要注意的是，冒险不意味着冒进。冒进是指不顾具体条件和实际情形而贸然前行。如果创业者经过努力可以实现某件事，那么努力争取这种行为就是冒险，否则就属于冒进。无知的冒进只会使事情变得更糟，让目标变得遥不可及。

（4）顽强执着。创业者需要有百折不挠的精神，无论面对成功还是失败，都能做到坚持不懈。对于一个创业团队来说，顽强和执着是团队成功的锐利武器，它可以引导创业团队排除万难、奋勇向前。

6. 创业能力

（1）专业能力。创业者应当熟练掌握专业知识，具备精湛的专业技能，因为这些能力是保证自己在创业领域取得成功的必备条件。

（2）社交能力。在创业过程中，创业者随时需要通过社交获取创业资源。其中，最重要的一项资源就是人脉资源，即创业者构建人际网络的能力。这就要求创业者拥有较强的社交能力。此外，创业者在与各方面人员进行沟通、联系时也需要运用社交能力，在对外扩大企业影响力、降低负面效应时更需要运用社交能力。社交能力是创业者必备的一项重要能力。

（3）经营管理能力。创业的成功离不开成功的经营管理。这要求创业者具备较强的经营管理能力。经营管理能力是指对创业团队、资金的管理能力。它既涉及人员的选择、使用、组合和优化，也涉及资金的筹集、核算、分配和使用。经营管理能力是一种较高层次的综合能力，是运筹能力。创业者要想提高经营管理能力，就应从学会经营、学会管理、学会用人、学会理财等方面努力。

（4）创新能力。创新能力是创业能力的重要组成部分。创新是知识经济的主旋律，是企业化解外界风险和取得竞争优势的有效途径，它包括两方面的含义：一是大脑活动的能力，即创造性思维、创造性想象、独立性思维和捕捉灵感的能力；二是创新实践的能力，即在创新活动中完成创新任务的具体工作的能力。创新能力是一种综合能力，与知识、技能、经验、心态等有着密切的关系。

（5）其他能力。其他能力主要是指除前述4种能力外的直接影响创业实践活动效率的重要能力，包括学习能力、组织管理能力、沟通协调能力、团队合作能力、风险决策能力、市场营销能力等。

1）学习能力是创业的基础能力之一。一方面，创业者应具有学习并掌握与创业相关的学科知识的能力；另一方面，创业者应具有在实践中不断总结、学习专业技术和经营管理经验的能力。

2）组织管理能力是指为了有效地实现目标，灵活地运用各种方法组织、协调各方面资源的能力，包括出色的领导水平、统筹能力和用人能力等。

3）沟通协调能力是指在日常工作中妥善处理自己与他人之间的关系，以便调动各方人员工作积极性的能力。

4）团队合作能力是指积极主动地与他人协作配合，最大限度地提高工作效率的能力。

5）风险决策能力是指决策者所具有的参与决策活动、进行方案选择的能力。

6）市场营销能力是指创业者把握、适应、影响、完成市场营销活动，以追求企业利益最大化的经营能力。

对创业者来说，具备创业能力是创业成功的必要条件。大学生在规划职业生涯时就应有意识地提升自己的综合能力。

（二）创业素质的培养

1. 认真学习创业知识

创业知识包括专业技术知识、经营管理知识和综合性知识。创业知识是用于开展创业活动的基本知识，能为创业者的心理、行为活动提供信息框架，其广度和深度决定了创业活动的广度和深度。

（1）专业技术知识是从事某一专业工作或职业所必须具备的知识，一般与专业能力、职业能力结合在一起发挥作用。

（2）经营管理知识是从事经营管理工作所必须具备的知识，包括领导、组织、管理、沟通和协调等方面的知识。

（3）综合性知识是发挥社会关系运筹作用的多种专门知识，包括政策、法规、工商、税务、金融、保险、人际交往、公共关系等。

在创业知识的构成中，经营管理知识和综合性知识是具有重要价值的知识，它们只有与经营管理能力和综合性能力结合在一起，才能共同发挥作用。

2. 准确把握创业政策

随着我国"大众创业、万众创新"热潮的蓬勃兴起，为了鼓励和支持大学生创新创业，国务院和地方各级政府、各地高校先后出台了许多支持措施和优惠政策，精简了与创业相关的若干申请手续和办理程序，内容涉及金融贷款、场地、培训、指导、税收、学籍管理等方方面面。大学生在投身创新创业实践之前认识、理解和运用这些政策，是走好创业第一步的关键。

3. 努力提升创业能力

（1）专业能力的培养。实践证明，没有专业能力的人要想创业成功，是很困难的。因此，大学生应努力提高自己的专业能力。具体来说，需要做到以下两点：1）热爱自己的专业，并努力学好专业知识，为创业打好理论基础。2）通过实践活动不断提高专业技能。

（2）社交能力的培养。大学生培养并提升社交能力的方法有以下几种：1）找出社交的困扰。现实生活中，每个人在与他人的交往中都可能遇到这样或那样的困惑。准确找出自身困惑源于哪些方面，有助于对症下药，进而解决自身存在的社交问题。2）树立正确的心态。在与他人交往的过程中，应持包容的心态面对他人不同的观点；遇到比自己能力强的同学、朋友，不要自卑，而要学习他人的优点，同时展示自己的才能；不要因为与他人"不投缘"就拒绝与人交往。3）了解社交心理并掌握社交技巧，可以通过阅读社交心理、待人接物方面的书籍学习人际交往技巧。

（3）管理能力的培养。大学生培养和提升管理能力的方法有如下几种：1）学会管理时间。首先，记录时间的使用情况，并连续记录一个月，一年之内记录三至四个月；其次，分析哪些事情根本不必做，哪些事情可以由他人代为而不用亲力亲为，做哪些事情时可以改进方法、提高效率；最后，优化时间分配与使用，把有效的时间用来处理重要的事情。2）学会用人所长。人无完人，真正优秀的管理者会先了解一个人擅长做什么事，再根据其长处安排工作。3）确保要事优先。把主要精力用于处理重要的事情。4）学会及时做出有效的决策。

（4）创新能力的培养。创新是创业精神的核心。大学生可通过下列方法培养和提升创新能力：完善个性发展，保持好奇心和求知欲；敢于质疑，突破书本思维的桎梏；自觉培养科学精神，训练创新思维。

 体验活动

> 分析自己是否适合创业，并说明原因。如果适合创业，那么你打算采用哪些方法来提升自己的创业素质？

4. 积极参加创业大赛

大学生应积极参加创业大赛，以锻炼创新思维，培养创业综合素质，进而提升创业能力。常见的创业大赛有"中国'互联网＋'大学生创新创业大赛""'挑战杯'全国大学生系列科学技术竞赛""'创青春'中国青年创新创业大赛"等。

"中国'互联网＋'大学生创新创业大赛"由教育部与有关部委、地方人民政府共同举办，自 2015 年开始，每年举办一届。大赛主题、目的与任务、总体安排、具体组织机构、参赛项目要求、比赛赛制和赛程安排等以教育部发布的关于举办"中国'互联网＋'大学生创新创业大赛"的通知为准。参赛团队通过登录"全国大学生创业服务网"（https://cy.ncss.org.cn）或关注微信公众号（"全国大学生创业服务网"或"中国互联网＋大学生创新创业大赛"）进行报名。

"'挑战杯'全国大学生系列科技学术竞赛"简称"挑战杯"，是由共青团中央、中国科协、教育部和全国学联共同主办的全国性的大学生课外学术实践竞赛，竞赛官方网站为 www.tiaozhanbei.net。"挑战杯"竞赛在中国共有两个并列项目，一个是"'挑战杯'中国大学生创业计划竞赛"，另一个是"'挑战杯'全国大学生课外学术科技作品竞赛"。这两个项目的全国竞赛交叉轮流开展，每个项目每两年举办一届。

"'创青春'中国青年创新创业大赛"是"'挑战杯'中国大学生创业计划竞赛"的升级版比赛。为贯彻落实习近平总书记系列重要讲话和党中央有关指示精神，适应大学生创业发展的形势需要，人力资源和社会保障部等部门决定在原有"'挑战杯'中国大学生创业计划竞赛"的基础上，自 2014 年起共同组织开展"'创青春'中国青年创新创业大赛"。

第二节 熟悉创业步骤

创业的具体实施步骤通常包括创业项目选择与评估、组建创业团队、制订创业计划、创立企业。

一、创业项目选择与评估

项目是机会的具体化，是将创意转化为市场所需产品的实际表现。产品是否适销，是判断项目选择是否正确的唯一依据，是创业能否持续的关键。产品不能满足市场需求，创业就会面临失败。创业者在下决定之前，首先必须决定从事哪一行业，选择哪一类项目。选择项目要遵循一定的原则，创业者要了解自己在哪方面较有创意、潜力；哪方面的事业较能吸引自己的注意并能鞭策自己勇往直前，而且要有清晰的思路。一旦做好选择，接下来的许多课题便需要创业者一步步地去执行了。

（一）选择创业项目应遵循的基本原则

1. 做自己熟悉的

创业是一项风险性极强的活动，对于初次创业的大学生更是如此，因此贸然走进一个陌生的行业是不合适的。创业者应尽量选择自己熟悉的行业和项目，充分利用自己的优势资源，如专业技术、行业从业经验、经营管理能力、个人社会关系，这样既可以较好地控制风险，又能够发挥自己的特长，形成自己的经营特色。此外，创业者要看清市场变化，在将来的市场竞争中占据主动地位。我国许多老字号品牌能够长盛不衰，与这些品牌商家在最初创业时开发并有效利用自己的专业技术有密切关系。

2. 做自己感兴趣的

兴趣是最好的老师，只要你对某件事情感兴趣，一般都容易做好，并且会事半功倍；如果对某件事情不感兴趣，一般都不容易做好，即使最后做好了，也会事倍功半。因此，正在艰难选择项目的创业者，最好选择自己感兴趣的行业和项目。

3. 做可以掌控的

与其他创业者相比，初次创业者有许多先天不足，他们普遍缺乏创业经验，资金、社会关系等资源相对贫乏，这些不足让他们极易遭遇创业"初始危险期"。他们满怀雄心、激情澎湃，但创业初期，生存才是最重要的，因此，创业者必须衡量清楚自己的资源，量入为出，把风险置于自己可以掌控的范围之内。在同等条件下，创业者应优先考虑那些"短平快"项目，一方面可以迅速收回投资，降低投资风险；另一方面，即便项目后期成长不好，创业者也可以选择维持经营或主动退出，利用挖掘的"第一桶金"另寻出路。实践中，不少成功的创业者目前经营的产业与当初创业时的选择大相径庭恰好说明了这一点。

4. 做市场需要的

产品生产要以市场为根本。创业者在选定项目之前，一定要做好充分的市场调查，获取市场的产品需求信息。创业需要灵感，但灵感不能建立在虚幻之上。若没有做过市场调查，就不能知晓市场真正的需求，更无法预测市场的未来走势，生产出来的产品将会脱离市场。创业者可以通过问卷、访谈、实地考察、试验等多种方式进行市场调查，获取市场的第一手资料，尤其要注意对市场空白的搜索，因为有空白就意味着存在巨大的消费需求，而这就是商机，就是最好的创业项目。

5. 做可持续发展的

选定项目时，创业者应该有长远眼光，把可持续发展作为创建企业的一个重要因素。思想有多远，路就有多远，如果只考虑眼前利益，也就离被淘汰不远了。有些产品的盛销也就是一阵"风"，这阵"风"吹过之后市场就饱和了。市场有源源不断的需求，创业者最好选择可以反复消费的产品，这样才可以长久地持续发展。

6. 做符合政策导向的

成功的创业者一定会时时关注国家政策的变化。政策对于不同产业的导向，意味着国家对于该产业的态度以及它可预见的前景。国家扶持的产业往往是国家重点发展的项目，而这正是创业者所需要的商机。现在，相当一部分成功的民营企业家就是在国家政策的变化中找到了创业机会，顺利起步。随着改革开放的不断深入，涌现出的商机将会越来越多。

另外，创业项目要选择国家允许、准入的行业和领域。国家对于有些领域是明令禁止的，如制毒贩毒、生产和经营军火、非法传销；有些领域是有限制准入条件的，如制药、烟草；有些领域是有限制准入资质的，如大型的建筑安装工程、矿山的开采。绝大部分普通的民用产品没有什么限制，只需要创业者守法经营和照章纳税即可进入。创业者所选择的项目及经营要符合法律的规定，否则也是要失败的。

所有的创业行为都要落实在一个个具体的创业项目上。创业项目的寻找和选择至关重要，创业者在探寻创业项目时要舍得下功夫。

（二）选择创业项目的策略和方法

1. 基于解决别人困难选定创业项目

"别人的困难往往就是企业成功的机会。"企业通过为他人提供有益的服务、为他人解决工作和生活中的困难可以获得正当合法的盈利。例如，某企业为解决印刷行业困难，发明了激光照排系统，创业一举成功。

2. 分析已有产品存在的问题选定创业项目

市场上销售的产品总会存在这样或那样的问题。有的产品样式呆板，有的产品颜色单一；有的产品在功能和性能方面不够完善，有的产品在结构方面不够合理等。经过调查分析，创业者针对这些产品存在的问题，进行改进，以此作为创业项目往往成功率很高。

3. 透视热销产品背后隐藏的商机选定创业项目

以热销产品为导向，认真分析热销产品背后隐藏的商机，再选定创业项目进行经营。例如，创业者看到市场上的鸡蛋很热销时，分析预测鸡蛋热销背后隐藏的商机：一是马上会兴起"养鸡热"；二是当"养鸡热"兴起后，鸡饲料将会供不应求。因此，既不去卖鸡蛋也不去养鸡，而是跳过两个阶段去生产鸡饲料。这样当"养鸡热"兴起后，自然就会财源滚滚。

4. 基于市场供求差异分析选定创业项目

从宏观上看，任何产品或服务的市场需求总量和市场供给总量之间往往都会存在一定的差距。通过调查分析，若发现哪个产品或服务的市场供给不足，就可以从中找到创业机会，选定创业项目。市场需求不仅是多样化的，而且是不断变化的。因此，即使有时市场供求总量平衡，结构也会出现不平衡，这样就会有需求空隙存在。

创业者通过分析供需结构差异，也可以从中发现创业机会，选定创业项目。例如，我国饮料市场的供求状况总体上供过于求，但"健力宝"创始人当年创业时就是在这供过于求的市场状态中，通过分析供需结构差异发现了创业机会，开发出运动保健饮料，起名"健力宝"，一举打开市场，不断发展壮大为今天的健力宝公司。

5. 利用市场细分选定创业项目

所谓市场细分，就是根据整体市场上消费者需求的差异性，以影响消费者的需求和欲望的某些因素为依据，把某种产品的整体市场划分为若干个消费者群体的一种市场分类方法。通过市场细分划分出的每个消费者群体就是每个子市场，每个子市场都是由具有相同或类似需求倾向的消费者构成的群体。因此，属于同一子市场的消费者对同一产品的需求极为相似，分属不同子市场的消费者对同一产品的需求则存在明显差异。可见，进行科学的市场细分有利于发现市场机会，选定目标市场，确定创业项目。

（三）创业项目的评估

1. 市场评估

准确的市场评估是选好创业项目的前提。可靠的市场容量及其增长速度，可以为创业企业带来商机，相反也可能限制创业企业的灵活性与发展。创业项目的市场分析主要包括3个部分，即行业环境分析、目标市场分析和竞争对手分析。

（1）行业环境分析。行业环境研究的方法主要有行业专家访谈法和二手资料分析法。行业专家访谈法的访谈对象包括行业协会、政府主管部门、大学及研究院所的专家、竞争对手的雇员、客户所在单位的专家等。二手资料分析法中，二手资料的来源包括专业网站、综合经济网站、专业报刊、行业协会报告、专利数据库、中央及省级政府部门行业发展计划、专业展览会、专业研讨会、专业咨询顾问机构报告等。

（2）目标市场分析。研究目标市场首先必须确定市场细分的标准。如果是个人消费者，一般的细分标准有年龄、性别、家庭人数、收入、地理区域等；如果是单位客户，一般的细分标准有行业、地区、规模、利润、购买目的、产品性能等。确定细分的目标市场后，可以通过调查问卷的方法对目标市场进行分析。例如，对调查单位客户的基本信息，主要包括：行业、地址、销售额、利润、员工数、主要产品／服务、现有供应商、购买决策者、需求数量等。制定调查问卷之前可结合行业研究状况试访几个潜在客户，以便使问卷更具可信度。

（3）竞争对手分析。分析竞争对手，既有助于创业者摸清对手的情况，又能从中学习竞争对手的长处，从而提高创业企业的竞争能力。分析竞争对手不但要了解企业现有多少竞争对手，他们提供什么样的同类产品，销售额是多少；还要确切地了解对手的产品，他们的研发能力和技术储备，他们的目标市场及营销策略，他们目前的盈利状况和潜力，他们的核心竞争能力，他们的技术人员和管理人员，他们的生产设备和生产能力，他们的供货商情况，他们成功或失败的根本原因，他们采取的战略，他们的销售渠道及销售系统，他们的主要客户，主要客户对他们的产品／服务的评价，客户对他们的忠诚度等。

2. 产品评价与技术评价

评价产品的创新程度主要考查新产品相对于原有产品的创新情况，看其功能是否有所增强，性能是否有所改善，是否能更好地满足用户的需求。评价产品的独特性，则要看新产品是否具有独一无二的特点，市场上是否存在同类产品，以及是否难以仿制。

评价技术的先进性可以用3个方面的指标来衡量，即技术功能指标、技术性能指标和技术消耗指标。技术功能指标是否先进直接决定产品的功能水平，由于产品功能是通过技术功能实现的，消费者买的是功能解决方案，因此一定要保证消费者获得先进的技术功能。技术性能指标是否先进主要表现为技术参数的先进与否，是不是采用目前最领先的技术。技术消耗指标是否先进，主要是指实现技术功能指标、技术性能指标的消耗水平。技术的实现对消耗的要求可能很高，降低消耗就意味着节约成本。

评价技术的可靠性体现在核心技术的成熟性、技术整体的配套性和技术的风险性 3 个方面。核心技术的成熟性主要是看技术效果的稳定性和产品的均一性，以及核心技术是否经过工业性试验。技术整体的配套性主要是看一项工业生产中所用的所有技术是否配套，如果所有的技术都很先进，但是在共同使用过程中却不能协调配套，那么这样的技术组合就是失败的。技术的风险性是指新思想与新技术本身的先天不足（技术不成熟、不完善）及可替代的新技术出现的时间短等多种因素带来的风险的大小，此外，还包括制造技术和使用技术的不确定性所带来的风险的大小。

3. 财务评价

项目未来财务状况预测，主要是通过对项目的未来收益进行预测，看项目能否给投资者带来高额回报，重点是项目的预期收益。

投资回报的预测主要是根据创业投资项目的特点，确定能够正确反映项目风险的贴现率，建立合理的现金流量模型，并用贴现率计算项目的投资收益、净现值、投资回收期、投资回报率等。

考虑到新项目开发可能面临的各项风险，合理的投资回报率应在 25% 以上。一般而言，15% 以下的投资回报率，将不是一个值得考虑的新项目。通常，越是知识密集的新项目机会，对于资金的需求量越低，投资回报率反而越高。毛利率高的新项目机会，相对风险较低，也比较容易实现损益平衡；相反，毛利率低的新项目机会，风险则较高，遇到决策失误或市场产生较大变化的时候，企业很容易遭受损失。一般而言，理想的毛利率是 40%。当毛利率低于 20% 的时候，这个新项目机会就不值得考虑。

4. 风险评估

对创业投资项目进行风险评估时，需将定性分析与定量分析结合起来，通过系统而充分的考虑，定性分析与项目有关的各种不确定因素，确定这些不确定因素的概率分布，并在不同条件下，定量分析与项目有关的各种因素在发生变化时对项目投资效果所产生的影响。

风险评估主要有以下几点：

（1）评估技术和产品的风险。重点分析核心技术的含金量有多少，是否具有完全的自主知识产权，技术和产品的持续发展能力如何。

（2）评估创业团队的风险。企业是否拥有优秀的企业家已经成为企业经营成功与否的关键。应重点分析企业家的素质、核心技术人员的稳定性、团队与企业利益的关联度以及管理的开放性等。

（3）重点分析企业无形资产价值、企业核心资产价值、资本增长倍数与回报率，即投资回报风险。

（4）注重对政策环境、人文环境等风险因素的分析。

5. 致命缺点的评估

致命缺点一般会因创业项目的内涵和创业者风险承担能力高低的不同而有所差异。如果发现有以下6个致命瑕疵，创业者就要十分谨慎，因为该创业项目极有可能走向失败。

（1）创业团队缺乏相关产业经验与企业管理能力。

（2）看不到创业项目的利基市场和为消费者创造价值的能力，不具有明显市场竞争优势。

（3）创业项目的市场机会不明显，市场规模不大或实现盈利遥遥无期。

（4）运营创业项目的资源能力有限，无法达到具有竞争优势的经济规模。

（5）看不到创业项目能够获得显著利润的机会，包括毛利率、投资回报率、损益平衡时间等指标。

（6）不具备市场控制能力，关键资源与通路均掌握在他人手中。

二、组建创业团队

创业者不可能万事皆通，有的人是技术方面的天才，但在管理、财务和销售等方面是外行；有的人是管理方面的专家，但对技术却一窍不通。因此，建立一个由各方面的专家组成的创业团队，对创办风险企业是十分必要的。

创业团队就是由少数技能互补的创业者组成的团队，他们有着共同的创业目标，共同担负相应的责任。共同创业可以分散创业的失败风险；团队成员之间的技能互补可提高创业驾驭环境的能力；通过对不同资源的整合，能同时从多个融资渠道获取创业资金等资源，保证创业企业的成功。

（一）创业团队的组成要素

一个团结高效的创业团队，必须具备以下5个要素（5P），即目标（Purpose）、人（People）、定位（Place）、权力（Power）、计划（Plan）：

1. 目标

创业团队应该有一个既定的共同目标为团队导航，使团队知道要向何处去。没有目标，这个团队就没有存在的价值。目标在创业企业的管理中以创业企业的远景、战略的形式体现。

2. 人

人是构成创业团队的核心力量。3个及3个以上的人就形成一个群体，当群体有共同的奋斗目标时就形成了团队。在一个创业团队中，人力资源是所有创业资源中最活跃、最重要的资源之一，应充分调动创业者的各种资源和能力，将人力资源进一步转化为人力资本。

目标是通过人来实现的，所以人的选择是创业团队中非常重要的一部分。在一个团队中可能需要有人出主意，有人定计划，有人实施，有人协调不同的人一起工作，还有人监督创业团队工作的进展、评价创业团队最终的贡献，通过分工不同的人共同完成创业团队的目标。选择人的时候要考虑人的能力如何、经验如何、技能是否互补。

3. 定位

创业团队的定位包含两层意思：

（1）创业团队的定位。主要包括：创业团队在企业中处于什么位置，由谁选择和决定团队成员，创业团队最终应对谁负责，创业团队采取什么方式激励下属。

（2）个体（创业者）的定位。主要包括：①团队成员在创业团队中扮演什么角色，是制定计划还是具体实施或评估；②是共同出资，委派其中某个人参与管理，还是大家共同出资，共同参与管理，或是共同出资，聘请第三方（职业经理人）管理（这在创业实体的组织形式上体现为合伙企业或公司制企业）。

4. 权力

创业团队当中领导者的权力大小与其团队的发展阶段和创业企业所在行业有关。一般来说，创业团队越成熟，领导者所拥有的权力越小；在创业团队发展的初期阶段，领导权相对比较集中。高科技企业多数实行民主的管理方式。

5. 计划

计划的两层含义：1）目标的最终实现，需要一系列具体的行动方案，因此可以把计划理解成达到目标的具体工作程序。2）按计划进行可以保证创业团队的进度。只有在计划下，创业团队才会一步一步地贴近目标，最终实现目标。

（二）组建创业团队的要求

创业团队不是草台班子，不是几个兴趣相投的人合唱一台戏，也不是人员的简单拼凑，不是进行1+1=2的简单运算，而是理论与实践的结合，是技术与管理、人才与市场的亲密合作。

1. 优势互补

创业团队是人力资源的核心，建立优势互补的创业团队是保持创业团队稳定的关键。创建一个团队的时候，不仅要考虑成员之间的关系，最重要的是考虑成员之间的能力或技术上的互补性，包括管理风格、决策风格、经验、性格、个性、能力、技术以及未来的价值分配模式等特点的互补，以此保持团队的平衡。太阳微系统公司就是一个非常值得借鉴的例子。创业初期，印度风险投资家维诺德·科斯拉找来的 3 个人分别是软件专家、硬件专家和管理专家。太阳微系统公司的创业团队非常稳定，稳定的团队为其带来了稳定的发展。

创业团队是由很多成员组成的，那么这些成员在团队里究竟扮演什么角色，什么样的人与团队现有成员的个人能力和经验是互补的，这些都是必须先界定清楚的。创业者可以利用角色理论挑选和配置成员，做到优势互补，用人之长。

2. 有凝聚力

优秀的人才聚在一起，难免会产生一些思想的碰撞，这时，就需要一种共同的价值观来协调，并由一个拥有威望和权威的人引领执行。有正确团队理念的成员可以处在一个命运共同体中，共享收益，共担风险。团队工作，即作为一个团队，而不是靠个别的"英雄"工作，每个人的工作相互依赖和支持，依靠事业成功相互激励。

3. 目标明确

目标在团队组建过程中具有特殊的价值。首先，目标是一种有效的激励因素。如果一个人看清了团队的未来发展目标，并认为随着团队目标的实现，自己可以从中分享到很多的利益，那么他就会把这个目标当成是自己的目标，并为实现这个目标而奋斗。从这个意义上讲，共同的未来目标是创业团队克服困难、取得胜利的动力。其次，目标是一种有效的协调因素。团队中各种角色的个性、能力有所不同，但是"步调一致才能得胜利"。孙子曰："上下同欲者胜。"只有目标一致、齐心协力的创业团队才会得到最终的胜利与成功。

4. 建立责、权、利统一的团队管理机制

创业的失败常由团队的不和引起，团队的不和又是因为权力和利益的分配不均导致的，如何妥善处理创业团队内部的权力关系和利益关系，使团队成员各司其职、各得其利，是保持团队稳定的关键。处理权与利的关系，不能只依靠道德力量，更重要的是制定创业团队的管理规则，以价值观引导人，以制度约束人，从而调和两者的关系。

三、制订创业计划

创业计划是用来吸引投资者并从投资方获得资金的一种文件。它是创业者或创业团队通过搜集与整理有关资料，在完成了项目调研、项目分析、盈利模式设计之后，按照一定的格式和撰写要求制作的全面展示创业项目的现状、未来发展潜力及投入产出计划的书面材料。它是创业者或创业团队开展创业活动的蓝图和操作手册。创业计划通常由以下内容组成。

（一）执行摘要

执行摘要介绍企业的主营产业、产品和服务，企业的竞争优势，成立地点、时间及所处阶段，发展规划和策略等基本情况。

执行摘要是投资者最先阅读的部分，但一般是创业者或创业团队最后完成的部分，是对整个创业计划精华的浓缩，旨在引起投资者的兴趣，使其有进一步探究项目的渴望。执行摘要的长度通常以 2～3 页为宜，内容力求精练有力，重点阐明企业的投资亮点，尤其是相对于竞争对手的"抢眼之处"。一般情况下，净现金流入、广泛的客户基础、市场快速增长的机会、背景厚实的团队都是可能引起投资者兴趣的亮点。

（二）产品和服务

产品和服务部分描述产品的用途和服务的亮点、有关的专利、著作权、政府批文等。

此部分主要是对企业现有产品和服务的性能、技术特点、典型客户、盈利能力等进行陈述，并介绍未来产品的研发计划。投资者本质上是极为看重收益和回报的商人，而且他们多是有经济或金融背景的，他们更加认同市场对于企业产品的反应。所以，创业者或创业团队向投资者介绍产品体系，必须简洁明了，而更多的笔墨应放在产品的盈利能力、典型客户、同类产品比较等内容的介绍上。

（三）竞争情况及市场分析

竞争情况及市场分析部分分析现有和将来的竞争对手，他们的优势和劣势，以及本企业的优势和战胜竞争对手的方法；市场容量和市场发展趋势，预估市场份额和销售额。

与其他融资方式不同，投资者的超额收益更多来源于未来的增长。所以，投资者对于项目所处的市场的未来发展非常重视。在市场竞争部分，创业者或创业团队重点分析市场整体发展趋势、细分市场的容量、预估未来增长、主要的影响因素等。竞争分析包括主要竞争对手的优劣势分析和自身的核心竞争力等内容。对于市场容量的估算、预估未来增长的数据最好来源于第三方的调查或研究报告，避免自行推算。对于特殊市场，在预估时则力求保持客观中肯的态度，避免"自吹自擂"。

（四）战略规划与实施计划

战略规划与实施计划部分介绍对应目标市场的营销计划，如定价、分销、广告、提升；规划和开发计划，包括开发状态和目标，规避可能出现的困难和风险的方法；制造和操作计划，如操作周期、设备的使用和改进。

拥有了优质的产品和良好的市场机遇，还需要一个切实可行的实施计划来配合，才能保证最后的成功。在这一部分，创业者或创业团队要着力举证为了实现战略目标而在人员团队、资金、资源、渠道、合作各方面的配置。制定的实施计划要与创业计划中的其他章节保持一致。例如，产品计划与产品服务中的未来研发一致，资金配置与资金使用计划一致，人员配置与人力资源规划一致。

（五）管理团队

管理团队部分为对企业的重要人物进行介绍，包括他们的职务、工作经验、受教育程度等；还有公司的全职员工、兼职员工人数，以及哪些职务空缺。投资者对人在整个项目中的作用看得至关重要。

对于管理团队的描述，除常规介绍整个团队的专业背景、学历水平、年龄分布外，更重要的是核心团队的经历。一个稳定团结的核心团队可以帮助企业渡过种种难关，是企业最宝贵的资源之一，而且核心团队的过往经历直接影响企业的发展路径。所以，团队成员的成功创业经历对于获得投资者的资金而言，往往是极有分量的筹码。

（六）财务预测与融资方案

财务预测与融资方案部分介绍企业的收入来源，预测收入的增长情况，包括企业目前的财务报表、五年内的财务预测、投资的退出方式（公开上市、股票回购、出售、兼并或合并）；介绍企业目前及未来资金筹集和使用情况、企业融资方式、融资前后的资本结构表。

影响企业价值评估的财务情况、融资后的资金使用计划，总是投资者最为关心的地方。财务预测的合理性直接影响融资方案的设计和取舍，这对与投资者的直接谈判至关重要；一份详细、合理的资金使用计划能很好地减少投资者的顾虑。因此，创业者或创业团队要列明各种固定成本与变动成本、直接成本与间接成本、销售数量与价格、运营成绩与利润、股东权益与盈余分配办法等。

（七）风险分析

风险分析部分的目的就是说明各种潜在的风险，向投资者展示针对风险的规避措施。对投资者而言，风险并不可怕，可怕的是那些对于风险盲目乐观或根本无视风险存在的创业者或创业团队。

（八）附录

附录部分包括支持上述信息的资料，如管理层简历、销售手册、产品图纸，以及其他需要介绍的资料。

一份良好的创业计划包括附录在内，共计 20～40 页。过于冗长的创业计划反而会让人失去耐心。整个创业计划的写作是一个循序渐进的过程，可以分成五个阶段完成。

第一阶段：细化创业计划构想，初步提出创业计划的构想。

第二阶段：市场调查。创业者或创业团队与行业内的企业和专业人士进行接触，了解整个行业的市场状况，如产品价格、销售渠道、客户分布以及市场发展变化的趋势；也可以自行进行一些问卷调查，或在必要时求助市场调查公司。

第三阶段：竞争者调查。创业者或创业团队确定潜在的竞争对手并分析本行业的竞争方向：分销问题如何？形成战略伙伴的可能性？谁是潜在盟友？准备一份 1～2 页的竞争者调查小结。

第四阶段：财务分析。财务分析包括对企业的价值评估。创业者或创业团队必须保证所有的可能性都考虑到了，财务分析要量化本企业的收入目标和公司战略，要求详细而精确地考虑实现企业目标所需的资金。

第五阶段：创业计划的撰写与修改。创业者或创业团队按搜集的信息制定企业未来的发展战略，把相关的信息按照上面的结构进行调整，完成整个创业计划的写作；在创业计划的制定工作完成以后仍然可以进一步论证其可行性，并根据信息的积累和市场的变化不断完善。

四、创立企业

（一）筹措资金

"万事开头难。"创业之初，对想创业或者马上准备创业的人来说也许最缺的是启动资金。

创业者首先得明白自己需要多少资金，如何获得资金，资金的来源渠道如何。创业者必须具备一定的商业概念，这些基本问题将决定创业的前期是否成功。大学生可以多渠道融资：在熟悉国家优惠政策的前提下，进行银行贷款；或通过自筹资金、合伙等传统途径融资；还可以充分利用风险投资、创业基金等融资渠道。一些投资者往往就因为看中大学生所掌握的先进技术，而愿意对其创业计划进行资助。因此，打算在高科技领域创业的大学生，一定要注意技术创新，开发具有知识产权的产品，吸引投资者手中的资金。

创业者要慎重选择筹集资金的方式，量力而行。很多人都渴望创业，但苦于没有资金。想要创业，创业者就必须考虑如何低成本创业。大学生可以了解当地的政策，争取免息的大学生创业贷款和小额贷款公司的基金。

（二）选择地点

2008 年，中国青年报社会调查中心联合腾讯网新闻中心对 3 423 名青年进行了在线调查。在选择最佳的创业地点时，大多数人没有将票投给"大城市"（18.1%），而是选择了"中等城市"（50.5%）或"小城市"（21.8%），更有 9.6% 的人将目光转向了乡镇。对此，专家们也有不同的看法。有的专家认为中小城市各种资源价格低廉，能降低创业成本，但是经济发展慢，对事业的发展会有一定限制；有的专家认为大城市的创业环境更好一些，机会更多，制度也越完善。有高学历或有工作经验的人，更愿意选择自己青睐的行业创业，这种机会型创业是未来的发展趋势。不过，更多的还是生存型创业者，所以应多考虑创业成本。有人并不认同"最佳创业地点"之说，他们认为最佳的创业地点是不确定的，因为商机不受地点的限制，哪里有市场和项目，哪里就能创业。本书编者认为因人而异、因事而异才是选择创业地点的客观态度。

就公司具体位置来说，要多方实地考察：店面大小、楼层、配套设施、附近的竞争对手及互补店、租金、合法证照取得的难易度、交通、营业时间、人口（流动人口、固定人口）、消费水平、发展前景等。对于那些流通迅速、体积小而又不占空间的行业，如精品店、高级时装店、餐厅，可以选择高租金区；而家具店、旧货店等，因为需要较大的空间，最好设置在低租金区。好的选址等于成功创业的一半。

（三）寻找适合的人加入

人才资源是重要的资源。创业团队成员应该讲诚信、品行好，能共同承担责任，有协作精神，互补性强。团队合资创业前应将大家的权利、义务划分清楚，对其他成员的利益分配、责任等可事先约定，这样才能共享创业成果，共同担负责任。创业不是一个人做得好就行，必须有人是个好老师，具有带领团队取得业绩的能力。有些人自己单干很好，让他教导人、培养人就不行，这样的人是不适合创业的。创业起步的关键是创建团队的能力。在劳动力流动速度加快和竞争加剧的形势下，优秀的劳动者越来越成为劳动力市场上被争夺的重要资源。

（四）办理工商登记

在创业项目和创业资金都有所准备的基础上，创业者必须先在当地办理相关证照，以获得营业执照和法人资格。创业者在申请证照的过程中要确定经营场所、经营范围、经营项目。营业执照的申请分为两种：一种是申请公司营业执照，由工商行政管理局核发；另一种是申请个体工商户营业执照，由工商行政管理局核发。一经登记注册，创业者即成法人，具备权利能力和行为能力，同时也要承担相应的法律责任。

店门口所挂的招牌名称、文字或图样可能是创业者特殊设计的，这种属于非商品类的文字及图像，称之为"服务标章"。除营业证照的申请办理外，如果创业者想要自家店所挂的招牌为自己专用，还必须向工商行政管理局申请服务标章注册。服务标章与创业者所申请的公司或商号是两码事，二者名称也可能不同。

有的行业还须办理特别许可证。如服务业中的旅馆业须在公安机关取得特种行业许可证。

营业执照申请可委托代办公司办理。

（五）招聘员工

创业者要考虑用工成本，前期可以选择临时工、大学生作补充人手。创业者招聘员工时要注意调查用人成本，签好劳动合同，遵守法律。

（六）开业

开业后创业者要做的事情很多，既要忙于生产，又要忙于销售，还要担心企业能否正常运转。创业者会发现，这要比在纸上做创业计划复杂得多。创业者将遇到许多意想不到的事情，要根据实际情况灵活处理，不断积累经验，不断学习新的东西。

1. 不同类型企业的经营模式

对于零售业来说，创业者的日常工作就是进货、销售、存货、记账和管理好店员等；此外，创业者还要考虑进什么样的货，哪些货好销售，采取什么手段促销。

对于服务业来说，创业者每天的工作就是招揽生意，热情服务，保证服务质量，加强宣传力度，采购原材料，控制赊账，确保资金流量，控制成本，管理好员工等。

对于制造业来说，创业者每天的工作就是控制生产成本，保证产品质量，推销产品，增加产品种类，扩大生产能力，采购原材料，组织好生产等。

2. 各类企业必不可少的工作

对于大部分企业，以下工作都是必不可少的：购买原材料、库存、运输、保证质量、控制成本、制定价格、加强宣传、销售产品或提供服务、业务记录、管理好员工等，此外企业上下一定要做到诚实守信。

在创业初期，创业者会遇到各种预想不到的困难，必须千方百计地解决经营过程中出现的问题，甚至把全部精力投入企业。创业者要有坚强的意志，相信一分耕耘就有一分收获。

企业的成功是由所有员工创造的整体业绩带来的。如果员工的技能不足、积极性不高、配合不当，即便创业者有一个好的构想，最终也无法实现。所以创业者要尊重每个员工，重视对员工的培训和激励。同样地，创业者要尊重客户，热情为他们服务，如果没有客户，任何企业都无法生存。

 **实训练习**

创业素质和创业能力调查

实训目的

了解大学生创业素质和创业能力的现状。

实训内容

素质和能力是人生的软财富，是个人事业的生机所在，也是个人创业成功的关键所在。只有积极进取，不断提升个人的素质和能力，才能适应社会发展的需要，才能在创业的道路上披荆斩棘，取得成功。

了解大学生创业素质和创业能力的现状，开展一次"创业素质和创业能力调查"活动。具体活动流程如下：

（1）分组，每组4～5人，设组长1名。

（2）各小组按照要求设计调查问卷，问卷内容要涵盖创业素质和创业能力的相关问题，所提问题要包括封闭性问题和开放性问题两类。

（3）选择调查时间和调查对象，利用课外时间进行调查。

（4）调查结束后，每小组撰写一份调查报告。报告的内容包括调查目的、调查对象、调查方法、调查分析及结果、素质和能力提升建议等。

实训检测

实训结束后，教师根据表8-1进行评分。

表8-1　实训活动评价表

评分标准	分值	实际得分	备注
积极参与活动	30		
调查问卷设计合理，符合要求	30		
调查报告分析正确，并提出有效建议	30		
其他	10		
总分	100		

第九章 珍惜工作机会和培养工匠精神

　　十年寒窗，不负韶华。大学生从入学到毕业，接受各个学科恩师的悉心教导、父母家人的无私付出，一路披荆斩棘，不畏艰难，终于学有所成，接下来面临的就是步入社会，利用自身所学，合理定位，施展才华和抱负。在这之前，大学生也许没有时间考虑"工作的意义"这个问题的深刻含义。俗话说："天生我材必有用。"如果大学生能够认真思考自身工作的意义，了解自身工作对于国家、社会、家庭及个人的深刻意义，就能更好地融入工作团队，更好地服务社会，从而过上美好的生活。

学习目标

1. 了解自身工作对于家庭、对于社会的意义。
2. 了解跳槽的得与失，明确定位，以利发展。
3. 了解工匠精神，在实践中发挥工匠精神。

案例导入

　　小王所学的专业是汽车技术服务与营销，毕业后在当地某汽车销售服务4S店找了一份工作，主要从事汽车零配件销售、整车销售、车辆售后服务等工作，月薪很不错，工作环境也很好。小王满心欢喜地按时上下班，心想"一定要努力工作，大干一番事业"。工作之初，部门经理给小王安排了一些打扫卫生、迎接来客、端茶倒水、打包整理之类的小事，小王也不遗余力、兢兢业业地努力工作，部门经理偶尔也会安排小王做一些销售小配件的工作，这样一干就是一个多月。但小王心里一直犯嘀咕，心想："我的目标是做整车销售，这样才会更有前途，他一直让我做边边角角的小事，何日才是个头啊！他认为在这样的企业没有前途，会耽误青春和时间，但在工作中依然兢兢业业。又过了一段时间，部门经理安排小王跟着老员工做汽车整车销售。机会终于来了，小王工作积极热情、好学好问、浑身充满力量。一年后，小王在整车销售工作岗位上已经能够独当一面，并取得了良好成绩，受到了领导和客户的一致好评。

　　一次，小王和部门经理吃饭时说道："老领导，谢谢您的关心，但是当初我来企业上班时，您为什么给我安排这些边边角角的小事，我差一点就没有坚持下去。"部门经理语重心长地说道："小王啊，我知道你的专业特长，如果工作之初，你没有完全熟悉企业的工作流程，我就把你安排到重要岗位，怕你吃不消啊！另外，边边角角的工作看起来是小事，其实工作无小事，任何工作都需要人去完成，是不是啊，小王。"小王一下子恍然大悟。

第一节　毕业后第一份工作的意义

一、第一份工作的社会意义

第一份工作的
意义

社会是由人所形成的集合体，也就是说，没有人就没有社会。企业，即在工作这个范围的人所形成的集合体。每个人都是有作用的，既然企业愿意聘用你，就证明你对企业肯定是有价值的。

社会需要不同知识、不同年龄、不同专业和不同岗位的人才，如果这个社会都是教师，或者都是医生，这样的社会结构是不是让人无法接受？只要有岗位，就有人才，就一定是有意义的工作。

企业需要不断地吸收新的人才，补充新鲜血液。刚入职的新员工也许工作能力不够出众，但是新员工有激情、爱学习、有干劲，这些特点都是企业储备和培养人才的必要条件。所以每一位新入职的员工，兢兢业业踏踏实实地就业，就一定可以为企业作出贡献，为社会这个大家庭作出贡献，从而体现自身的价值和意义。

体验活动

我就要步入社会就业了，我能为企业做些什么？

_____

_____

企业安排我的工作可能专业不对口，我能做好吗？

_____

_____

国家和社会培养了我，我应该为它们做些什么？

_____

_____

_____

二、第一份工作的家庭意义

💻 精选案例

小刘是位寒门学子，家在偏远山区，父母靠几亩地和做零工维持一家生计，日子一直过得很拮据，家里几间房子也是黑溜溜的。小刘从小学习就很用功，父母的辛苦小刘看在眼里、记在心里，但苦于年纪尚小，不能为父母分忧。上大学后，学费和生活费成了小刘父母沉重的压力。父亲为了多赚钱，每天都起早贪黑地干活儿，有时候出门做零工，一去就是一两个月。才几年工夫，小刘父亲脸上的皱纹加了一道又一道，明显苍老了许多。过年时，父母一件新衣服也不舍得添，总是把积攒下来的钱寄给小刘，希望他完成学业。苦心人天不负，有志者事竟成。在一家人共同的努力下，小刘不负父母期望，终于圆满地完成了学业。毕业后，小刘去了远离家乡的大城市，找了一份机械设计与制造的工作，4 000元的底薪加上加班费、各种补贴和年终奖，小刘一年的收入就有6万多元。小刘工作努力，也比较节俭，经常给父母打电话问候，叫父母不要再那么操劳了。每年过年，小刘都会买不少礼物带给爸爸妈妈，父母也乐开了花。3年后，小刘花了10万元给父母盖了三间新房。村里人见到小刘父母都说："你家小孩真争气啊，又孝敬工作又好！"小刘一家也是其乐融融。

完成学业这个艰苦的过程，是父母、学校、大学生自己三方共同努力的结果，是大家协作、分工明确、一起付出的成果，任何一方单方面的努力都是不行的，所以无论在家庭、在社会，还是参加了工作，大学生都要好好团结周围的人，互相帮助，有成果也不居功自傲，和大家一起分享才是美德。

孝和敬是千古不变的真理，俗话说："可怜天下父母心。"正是因为父母的无私付出、巨大牺牲和持之以恒、不畏艰险的努力，大学生才有了稳固的后方，有了衣食无忧的学习基础；也正是因为教师的辛勤努力和长期答疑解惑的恒心毅力，才造就了大学生的成功。所以大学生只有孝亲敬师，才算得上顶天立地；只有德才兼备，才算得上是真正的人才。有德有才的大学生，无论走到哪里，都是受欢迎的，无论做什么工作，都会比较容易做出成绩。

体验活动

就业后，我应该如何珍惜工作机会，应该如何善待父母？

_____

_____

就业后，我应该如何利用自身所学以报恩师教导？

_____

_____

_____

第二节　工作之初跳槽须谨慎

一、选择工作须慎始

精选案例

　　小李在学校学的是数控技术，毕业后他参加了多种形式的招聘，因为没有工作经验，也没有太多的应聘活动作参考，大多数时候都是在看招聘单位的各种介绍。招聘会参加了一场又一场，求职简历也寄了一份又一份，其中有不少企业愿意招聘小李，但他一直拿不定主意。小李的家乡属于经济欠发达地区，他还是想去经济发达地区工作，这样收入可能会高一些，最终他拿定主意，到南方一家企业工作。第一次远离家乡，参加工作，小李既兴奋又紧张，不清楚接下来的工作生活会是什么样的。到南方时是 8 月，正是高温高湿的季节，和家乡的气候条件大不相同，小李一时间竟然难以适应，工作也感觉力不从心。这样坚持了半个月后，小李感觉难以继续坚持下去，而且他得知，在当地，这样的气候条件大概要维持半年。于是小李递交了辞呈，他想回到家乡就业。虽然家乡工资稍低一点，但是他终归可以胜任，干得也是得心应手。

选择就业的地域很关键。大学生要考虑和了解的问题有很多，哪怕其他各项就业条件令自己很满意，但是如果水土不服，一时也难以胜任工作，特别是一些身体素质较弱的同学更应注意这个问题。

就业前，如果大学生想去外地工作，应事先了解当地气候、饮食，考虑自己能否适应。中国幅员辽阔，总会有一些地方适合自己，选择自身能够适应的地区就业，是适应就业的一大要素。

♟ 体验活动

我自身的身体素质、适应能力适合在哪几个区域就业？

_____

_____

凡事慎始，开始就要考虑好后果。我应该如何平衡好薪资、工作强度、工作环境、就业区域、就业行业等就业条件？

_____

_____

_____

二、频繁跳槽的得与失

🖥 精选案例

又到一年毕业季，同学们都忙着择业、就业，小宋也不例外，积极地到处应聘。小宋在学校是宣传委员，能说会道、精力充沛又好动。在了解和比较了几十家用人单位后，小宋确定了就业单位，月薪是 7 000 元。说干就干，小宋辞别家人，千里迢迢地来到一个陌生城市，充满激情地投入工作。刚来的时候，小宋也稍有水土不服，感觉工作强度大，出现了焦虑等不适应情况。但这些对小宋来说不是问题，咬咬牙就坚持下来了，他也很快就适应了大学毕业到就业的过程。领薪水的时间转眼就到了，小宋充满期待，毕竟这是自己人生"第一桶金"，是汗水和努力的成果。但是让小宋没有想到的是，到手的工资只有

4 000多元，和自己在招聘现场了解到的情况出入较大。小宋先是到车间主任办公室了解情况，车间主任告诉他，现在是生产淡季，订单不多，企业没有"三班倒"安排，"三班倒"的话，员工每月可以多拿几百元；另外小宋上班伊始，没有完全适应，加班时间不多，加班费太少；还有就是双休日其他员工都加班但小宋不加班，这样就少了大笔收入。小宋听完就傻眼了，心想这样的工作强度，自己是完全不能接受的，如此拼命地加班，就算月薪有7 000元也得不偿失。于是小宋果断地辞职了，租了间小房子住下，马不停蹄地踏入人才市场应聘。有了这次工作经验，小宋格外小心，应聘时尽量仔细咨询。这样折腾了半个多月，小宋选择了一份电话业务员的工作，朝九晚五，还有双休，底薪是3 000元，业务提成是5%。据用人单位描述，这份工作干得好的话月薪有一万多元。到了单位后，业务经理手把手地教小宋开展电话业务，小宋脑筋灵活，学得也很快，不久就开始开展业务了。他每天的工作就是不断地查资料、打电话，有时候一天打几百个电话是正常的。小宋本来就好动不好静，整天坐着也是一种煎熬。干了一个月，小宋只接到几个小单，提成只有几百块钱，加上底薪还没有第一份工作收入高，小宋这才意识到这份工作是需要靠长期积累、不断努力才有成绩的。即便如此，小宋还是咬牙坚持。半年之后，虽然业绩小有增长，但没有达到小宋的期望，小宋又一次选择了辞职，继续加入应聘大军，寻找机遇。这一折腾就过去了两个月，钱也花去了不少。有了两次职场经历，小宋也明白，自己是职场新人，能够每月有几千元的收入其实也不低，市场行情如此。但是小宋一直心怀激情，怀抱梦想。有一次，小宋点外卖，偶然和送餐员聊了聊，他了解到这份工作的一些细节。小宋灵机一动，当机立断去应聘了送餐员的工作。这份工作的特点是机动灵活，还可以满世界奔跑，正符合小宋好动的习惯。才干了几天，小宋就开心得不得了。小宋和单位领导、员工很快打成一团。干了一个多月，单位领导就提拔小宋当了小组组长，真是顺风顺水。一年后，小宋带领的小组在单位年终评审中荣获"服务和业绩双一流"小组。小宋感叹道，好在有了这次机遇，自己才得以发挥所长，择业、就业一路坎坷，几年的时间，自己终于小有所成了。

任何事情都有得必有失，有失也必有得。当一个人有跳槽的打算时，有些问题最好提前做好准备，以免陷入困境。

（一）跳槽的话我会失去什么

对于毕业不久、就业时间不长的大学生来讲，准备跳槽也一定是有原因的，归纳起来大致有如下几种：

（1）不适应工作强度。从上学转换到就业，每天工作时间8小时起步，有些企业甚至每天还要加班几个小时，这对一些大学生来讲，一时间难以承受。

（2）不满意薪资待遇。应聘时有些用人单位只介绍最高待遇，至于如何能够达到这个最高待遇，大学生没有实际工作经验，自然也无法全方位地咨询清楚，以致就业一段时间后发现薪资不如意。

（3）想有更宽广的发展空间。工作之初，大学生都心怀梦想，都想有一个好的发展空间，但是梦想和实际往往有差距，梦想的达成也需要时间沉淀。大学生来到企业就业，发现梦想和现实有一定的差距，就有了跳槽的动机。

综上所述，跳槽不是不可以，首先大学生应想到的是自己能不能承受的问题。跳槽面临的第一个问题就是失去工作，没有了经济来源。所以在跳槽前，只要还能够忍受就暂时忍受，等有了一些积蓄再换工作也不迟。

跳槽后面临的就是继续应聘、继续就业。这就要求大学生仔细思量自身的综合条件，思考是否可以找到比现在这份工作更合适的工作；也有可能找到一份还不如现在的工作，这就得不偿失了。

有了这些准备，条件合适的话，大学生在跳槽前和现有企业相关领导提前申请，并表示感谢后，就可以果断换工作了。不管是风还是雨，人生总得经历先苦后甜、先小后大，这是万物的自然规律。大学生既然选择了自己的路就勇敢地去闯，前提是做好充分的准备，不要给家人和自身带来伤害和麻烦；或者说这个伤害和麻烦自身可以承受，那就没问题了。

（二）跳槽的话我能得到什么

大学生有了跳槽的想法后，想想失去什么的同时，也想想能得到什么。如果光有失，没有得，可以暂时不跳槽；有一定的工作经验、一定的积蓄后，再跳槽也不迟。跳槽后的"得"，归纳起来大致有以下几种：

（1）可以增加历练的机会。很少有人一辈子只会在一个企业、一个岗位。成长需要历练，人可以在不同的企业、不同的工作中学习做人做事的道理，感悟沧海桑田的人生乐趣。

（2）可以寻找合理定位。大部分的人都是在多个企业、多个工作的体验中，找到了自己的人生意义。当一件事或者一份工作，自己愿意干下去，或者说这份工作让自己很激动、很动心，对社会进步是有促进作用的，又没有什么副作用，那么这个定位就是合理的，人生也就变得有意义了。

（3）可以增强自身的适应和生存能力。跳槽这件事情，大概没有人会一直做。经历过几次跳槽后，从业者会深入思考，自身的适应能力也会大大提升，但也会带来一些负面结果。回过头来想想，也许从业者现在回到跳槽前的企业就业，一样可以很好地完成工作，一样会有发展空间和前途。有了适应能力和生存能力，到哪里工作都差不多，只要从业者兢兢业业、脚踏实地，一定可以过上很好的生活。

体验活动

我为什么要跳槽？

_____

_____

我怎么选择跳槽的时机？

_____

_____

跳槽的得与失？

_____

_____

第三节　工匠精神利国利民利己

工匠喜欢不断雕琢自己的作品，不断改善自己的工艺，享受作品在手中升华的过程。工匠对细节有很高的要求，追求完美和极致，对精品有执着的坚持和追求。工匠精神是中国制造前行的精神源泉、是企业竞争发展的品牌资本、是员工个人成长的精神指引。

工匠精神就是追求卓越的创造精神、精益求精的品质精神、客户至上的服务精神。

一、工匠精神的内涵

微课

工匠精神

（一）敬业

敬业是从业者基于对职业的敬畏和热爱而产生的一种全身心投入、认认真真、尽职尽责的职业精神状态。中华民族历来有"敬业乐群""忠于职守"的传统，敬业是中国人的传统美德，也是社会主义核心价值观的基本内容之一。

（二）精益

精益就是精益求精，是从业者对每件产品、每道工序都凝神聚力、追求极致的职业品质。精益求精是指从业者已经做得很好了，还要求做得更好。基业长青的企业，无不是员工精益求精才获得成功的。

（三）专注

专注就是从业者内心笃定，发挥眼于细节的耐心、执着、坚持的精神，是"大国工匠"必须具备的精神品质。从中外实践经验来看，工匠精神都意味着一种执着，即从业者有一种几十年如一日的坚持与韧性。"术业有专攻"，大学生一旦选定行业，就应一门心思扎根下去，心无旁骛，在一个领域不断积累，发挥优势。

（四）创新

工匠精神还包括从业者追求突破、追求革新的创新精神。古往今来，热衷于创新和发明的工匠一直是世界科技进步的重要推动力量。新中国成立初期，我国涌现出一大批优秀的工匠，如倪志福、郝建秀，他们为社会主义事业做出了突出贡献。改革开放以来，从事高铁研制生产的铁路工作者和从事特高压、智能电网研究运行的电力工作者等都是工匠精神的优秀传承者，他们让中国创新闪耀光芒。

二、工匠精神的现实意义

2016年3月5日，时任国务院总理的李克强在第十二届全国人民代表大会第四次会议上作政府工作报告时说："鼓励企业开展个性化定制、柔性化生产，培育精益求精的工匠精神，增品种、提品质、创品牌。"2021年9月，党中央批准了中央宣传部梳理的第一批纳入中国共产党人精神谱系的伟大精神，"工匠精神"被纳入其中。

工匠精神是工业经济时代的一种产物，它是精致化生产的要求。以农业为例，工匠精神就是从源头保证食品安全，从种植开始，在原料、化肥、土地等方面保证安全；还有品质和质量，也需要从业者践行工匠精神，保质保量。

工匠精神就是要求从业者如同工匠一样，琢磨自己的产品，精益求精，使产品经得起市场的考验和推敲。工匠精神的核心是企业和员工要追求科技创新、技术进步。如果说制造业是国家的经济命脉所在，那么一个以科技创新、技术进步为宗旨的企业，就是国家财富增加的源泉。

体验活动

我如何在岗位上践行工匠精神？

_____

_____

践行工匠精神对国家和人民有什么好处？

_____

_____

践行工匠精神对我有什么好处？

_____

_____

_____

实训练习

劳动模范故事分享会

实训目的

感悟劳模精神，自觉树立具有时代特征的职业道德观念和就业观。

实训内容

（1）提前一周宣布"劳动模范故事分享会"活动安排。

（2）分组，每组10人左右，选出小组负责人。小组成员分工，各自负责收集资料、制作 PPT、讲故事等各个环节的工作。

（3）每位小组成员首先在组内共享资料、分享成果，选派一名优秀的代表参加全班的故事分享活动。

（4）评选出 PPT 制作得最好和故事讲得最精彩感人的小组进行奖励。

（5）每位小组成员写出参与"劳动模范故事分享会"的心得体会，张贴在班级宣传栏进行交流。

实训检测

实训结束后，教师可根据表 9-1 进行评分。

表 9-1　实训活动评价表

评分标准	分值	实际得分	备注
分工合理，相互协作	25		
所选故事具有代表性	25		
PPT 制作精美，讲解清晰流畅	25		
积极参与活动	25		
总分	100		

参考文献

[1] 张秦龙，乔晶策，贺适．大学生职业生涯规划与就业指导［M］.上海：上海交通大学出版社，2021.

[2] 张福仁，孟延军，杨彬．大学生就业指导：微课版［M］.4版.北京：人民邮电出版社，2021.

[3] 杨聿敏．高职生职业生涯规划与就业创业指导［M］.北京：中国铁道出版社，2020.

[4] 赵秋，黄妮妮，姚瑶．大学生就业指导［M］.北京：北京师范大学出版社，2020.

[5] 毕结礼．职业发展与就业指导［M］.北京：机械工业出版社，2021.

[6] 鲁玉桃．点亮未来——大学生职业生涯规划与就业指导［M］.镇江：江苏大学出版社，2019.

[7] 陈宇，付鹏．就业与创业指导［M］.北京：高等教育出版社，2020.

[8] 许远．职业教育专业建设与课程教材开发［M］.北京：中国人民大学出版社，2019.